LA RÉPUBLIQUE SOUVERAINE

DU MÊME AUTEUR

sur l'histoire politique de la France

La Vie politique en France. T. I : *1789-1848* ; T. II : *1848-1879*, Armand Colin, 1964 et 1969.

Léon Blum, chef de gouvernement (direction), Armand Colin, 1967.

Édouard Daladier, chef de gouvernement (direction), Presses de la Fondation nationale des sciences politiques, 1977.

La France et les Français en 1938-1939 (direction), Presses de la Fondation nationale des sciences politiques, 1978.

Les Droites en France, Aubier-Flammarion, 1982.

Quarante ans de cabinets ministériels (direction), Presses de la Fondation nationale des sciences politiques, 1982.

La Politique n'est plus ce qu'elle était, Calmann-Lévy, 1993.

Les Crises du catholicisme en France dans les années trente, Le Seuil, 1996.

Notre siècle, 1918-1995, Fayard, 1996.

L'Anticléricalisme en France, nouvelle édition, Fayard, 1999.

René Rémond
de l'Académie française

La République souveraine

La vie politique en France

1878-1939

Le Grand Livre du Mois

CHAPITRE PREMIER

Soixante ans de République

Le deuxième volume de l'*Histoire de la vie politique en France depuis la Révolution** s'arrêtait à l'année 1879 et, pour être plus précis encore, au mois de janvier de cette année-là. Faut-il rappeler les raisons qui nous avaient paru justifier le choix de cette date pour clore un chapitre de cette longue histoire ? Deux faits relatifs à la personnalité et à l'orientation politique de certains détenteurs du pouvoir. Le 5 janvier d'abord : le premier renouvellement triennal du Sénat avait assuré au parti républicain le contrôle de la Haute Assemblée, déjouant les calculs de la droite monarchiste qui avait espéré y conserver la majorité par l'effet conjugué de la présence inamovible d'un quart de sénateurs nommés à vie par l'Assemblée nationale avant de se séparer et de la composition des collèges sénatoriaux où les maires des petites communes rurales disposaient d'une très substantielle majorité. Second événement : trois semaines

* Le présent ouvrage prend la suite des deux volumes consacrés à l'histoire de la vie politique en France de 1789 à 1848 et de 1848 à 1879, dont les premières éditions publiées par Armand Colin ont paru en 1964 et 1969 et ont connu plusieurs rééditions.

plus tard, la démission du maréchal de Mac-Mahon de la présidence de la République, anticipant de quelques mois l'expiration de son mandat septennal qui devait prendre fin au printemps 1880. Si le retrait de cet homme des plus estimables et qui avait exercé avec scrupule et dignité sa haute fonction n'était pas en soi un événement historique, il l'était par ses conséquences : la vacance de la présidence ouvrait la voie aux républicains et achevait de les rendre maîtres de tous les pouvoirs dont ils étaient bien décidés à ne pas se laisser évincer. C'était la fin de ce qu'on ne songeait pas alors à appeler « cohabitation », mais qui en était bien une. Ils étaient désormais à même d'imposer leur interprétation parlementariste du régime : elle ne serait plus remise en question autrement que dans les débats d'idées et les controverses sur les institutions. Pour emprunter à François Furet une formule qui a fait date, la République était enfin entrée au port.

Une constellation d'autres faits, dont la concomitance était toute fortuite, a concouru aussi à faire de ce moment un tournant décisif de la vie politique : la disparition, à quelques années de différence, des prétendants dynastiques. En cette même année 1879, la mort du jeune Prince impérial dans une obscure embuscade en Afrique australe et, quatre ans plus tard, le décès du comte de Chambord, héritier sans descendance de la branche aînée, emportaient les derniers espoirs d'une restauration monarchique. Des signes de sens contraire se dessinaient dans le ciel des idées et des formations politiques avec, en cette même année 1879, la réunion à Marseille du premier congrès ouvrier et le vote de l'amnistie des communards, qui restituait à l'extrême gauche des chefs historiques. Tant pour le fonctionnement des institutions que pour la recomposition du système des forces politiques, 1879 marquait bien une césure.

Assurément cette date de 1879 ne serait pas restée aussi marquée dans le souvenir et l'histoire si la victoire du parti républicain avait été, comme l'espérait encore la droite, de courte durée et si, par exemple, l'alternance avait assez vite ramené à la Chambre une majorité proche de celle qui avait dominé l'Assemblée nationale ; à plus forte raison si, une fois de plus, la France avait, quelques années plus tard, changé de régime. Mais 1879 est à cet égard une césure absolument capitale : elle a mis fin pour longtemps à l'instabilité des régimes qui était depuis quatre-vingts ans une caractéristique apparemment congénitale et un trait constitutif de ce qu'on n'appelait pas encore l'« exception française ». Pour l'histoire des institutions, le contraste est éclatant entre la période qui précède et celle qui suit. Les chiffres parlent d'eux-mêmes. Avant, ce fut depuis 1789 une succession précipitée d'expériences dont aucune n'a duré plus d'une vingtaine d'années. Quatre de ces régimes – les plus stables – ont tenu entre quatorze et dix-huit ans : le premier régime impérial un peu moins de quinze, et encore à condition de coudre ensemble Consulat décennal, Consulat à vie, Empire et d'y rattacher le bref épisode des Cent-Jours ; la Restauration quinze ou seize ans, selon qu'on dissocie ou qu'on joint la première et la seconde. La monarchie de Juillet pose moins de problèmes pour le calcul de sa durée de vie : dix-sept années et demie. De tous c'est le Second Empire qui a duré le plus longtemps : dix-huit ans. Mais aucun n'a réussi à passer ce cap des dix-huit ans, comme si quelque fatalité leur avait interdit à tous de survivre à la génération qui les avait fondés, et les avait empêchés de s'enraciner.

Après 1879, c'est le contraire : la permanence l'emporte. La IIIe République a duré à elle seule presque aussi longtemps que toute la succession des expériences depuis 1789 : pas moins de soixante-dix ans. Elle a été le régime de trois générations au moins. Encore n'a-t-elle disparu qu'accidentellement, succombant à un choc extérieur, le désastre de nos armées au printemps 1940. Sans la guerre et la défaite, la République troisième du nom se serait certainement perpétuée quelque temps. Qui sait même si, sans cet événement qui a bousculé les rythmes naturels, nous ne vivrions pas aujourd'hui encore sous l'empire des lois constitutionnelles de 1875 ?

***

Le destin de cette troisième République, par un étrange maléfice, a été lié à la guerre. Elle a touché, directement ou indirectement, à trois guerres et son existence s'inscrit toute entre deux désastres, pareillement consommés ou amorcés par une extraordinaire coïncidence qui trouve son explication dans le tracé de nos frontières, en un même point de l'espace : par deux fois le sort du régime s'est joué à Sedan. En 1870, c'est la capitulation en ce lieu historique de l'armée française et la reddition aux Prussiens de l'empereur Napoléon III qui, en entraînant immanquablement la déchéance de l'Empire, a ouvert la voie à la République. Sans l'imprudence du régime impérial à déclarer la guerre et sans les défaites militaires, il n'est pas douteux que l'avènement de la République eût été retardé d'une décennie au moins ; tel était bien le sentiment des républicains au lendemain du plébiscite de mai 1870 : ne disaient-ils pas que l'Empire venait d'être reconduit pour vingt ans et ne désespéraient-ils pas pour leur génération de revoir un jour la République ? Un écart imprévu de l'histoire a rendu soudainement possible ce qui, la veille encore, restait une chimère. Soixante-dix ans plus tard, c'est la percée des Panzerdivisionen au débouché du massif des Ardennes, le franchissement par surprise de la Meuse et la dislocation du front qui ont encore sonné le glas d'un régime et entraîné par ricochet la déchéance de la République, le 10 juillet 1940, à Vichy.

Choc extérieur, avons-nous dit. C'est peut-être trancher un peu vite. La défaite d'une armée est-elle un simple accident qui ne relèverait que du hasard des combats ? Quelle est la part de responsabilité des politiques et, plus fondamentalement, des institutions et des pratiques politiques ? En 1940, comme en 1870, l'opinion accusa le régime, oubliant qu'entre ces deux guerres malheureuses la République avait gagné la Grande Guerre : la victoire de nos armes en 1918 avait été aussi la victoire de la République, démentant les assertions de ses adversaires pour qui elle était incapable de conduire une guerre, et renouant avec les glorieux souvenirs de la Révolution.

***

Un contraste aussi marqué entre l'avant et l'après, de part et d'autre de cette date de 1879 qui trace ainsi comme une ligne de crête séparant deux versants de la chronologie, ne laisse pas d'être troublant : comment expliquer un changement aussi radical ? Faut-il penser qu'après avoir longtemps erré en quête du meilleur des régimes les Français ont eu le sentiment d'avoir enfin trouvé la terre promise ? Telle était certes la conviction des républicains de toujours qui attendaient depuis si longtemps ce moment. Ou doit-on supposer – explication moins flatteuse – que les Français, lassés de tant d'expériences malheureuses, recrus de souvenirs douloureux, auraient rabattu de leurs exigences, renoncé à la recherche du régime idéal et se seraient accommodés d'un compromis qui avait l'avantage inappréciable, comme l'avait reconnu Thiers, d'être le régime qui divisait le moins ? Mais la vraie raison ne serait-elle pas plutôt que ce régime comportait des possibilités d'évolution dans le cadre des institutions et grâce à elles, en s'ouvrant largement, par l'exercice du suffrage universel, à l'expression des aspirations populaires ? Les régimes antérieurs avaient tous péri pour n'avoir pas su ou voulu accueillir de nouvelles générations. La démocratie au contraire se prêtait à leur relève, par le remplacement des équipes au pouvoir qui avaient fait leur temps et l'accession de talents nouveaux. Les institutions républicaines permettaient une respiration régulière de la vie politique. Il y aura bien de temps à autre des crises qui ébranleront la stabilité et dont les contemporains, tout pleins encore du souvenir des convulsions précédentes, redouteront, ou souhaiteront, selon leur inclination, qu'elles emportent le régime. Ces crises surgiront à des intervalles dont l'espacement presque régulier correspondra approximativement à celles qui avaient naguère été fatales aux régimes antérieurs. Mais elles se dénoueront pacifiquement par le recours au suffrage du peuple manifestant la volonté du pays légal et non plus, comme précédemment, par la violence, l'insurrection, le triomphe de la rue.

Ce type d'explication est corroboré par un autre trait également caractéristique du nouveau régime : sa capacité à dissoudre les oppositions et à rallier ses adversaires. La IIIe République n'a pas connu moins d'oppositions, non moins déterminées à la combattre et à la renverser, que les autres régimes. Le thème, aujourd'hui banalisé, du consensus républicain, d'une adhésion quasi unanime au modèle républicain est une aimable légende : jusqu'à ses derniers jours la République a eu des ennemis féroces. Mais, de droite comme de gauche, la plupart des oppositions se sont successivement ralliées. Le ralliement est l'une des modalités importantes de la vie politique sous la IIIe République. L'usage de ce mot, assorti pour la circonstance d'une majuscule, est ordinairement réservé à l'initiative du pape Léon XIII invitant les catholiques à accepter le cadre des institutions légales de leur pays, mais il y eut bien d'autres ralliements que le leur. À droite, après les catholiques par petits paquets, une bonne partie des royalistes après 1918 et le gros de la droite nationaliste. À gauche, les radicaux, qui avaient d'abord été des adversaires irréductibles d'un système dont ils n'acceptaient ni la présidence ni le Sénat ; puis la majorité des socialistes, ceux tout au moins qui n'entendaient pas sacrifier les libertés publiques à la collectivisation et qui recherchaient une synthèse entre démocratie politique et justice sociale, dont Jaurès fut le premier architecte avant Léon Blum ; et plus tard même le Parti communiste par intermittences, quand il se fit à son tour le défenseur de la démocratie contre le fascisme. Cette aptitude à dissoudre les oppositions et à les rallier, dont le secret réside probablement dans le recours au corps électoral pour arbitrer les différends, n'a pas été pour rien dans la pérennité de la République surmontant des épreuves qui ne lui ont pas été ménagées au cours de sa longue existence.

De cette exceptionnelle longévité une autre explication encore est concevable, qui est plus générale et moins flatteuse aussi pour l'amour-propre national. La permanence que nous avons relevée pour le régime s'observe aussi pour la société : la fixité des institutions a des répliques dans la stabilité – peut-être le terme de stagnation serait-il plus approprié – du corps social. Ainsi la démographie révèle-t-elle une étonnante rigidité : alors que la population de tous nos voisins continue de croître, et souvent à un rythme rapide, le chiffre de la population de la France enregistré par les recensements quinquennaux accuse une remarquable stabilité autour de quarante millions. Les seuls accidents qui s'inscrivent sur cette ligne horizontale transcrivent les conséquences d'événements extérieurs ; les bouleversements consécutifs aux guerres qui ont affecté le sort des trois départements d'Alsace et de Moselle arrachés à la patrie en 1871 par le traité de Francfort et qui reprennent leur place en 1918 dans la communauté nationale : ils concernent approximativement un million et demi d'âmes. La démographie n'a pas l'apanage de la fixité : certains analystes décrivent la IIIe République comme un temps de relatif immobilisme s'intercalant entre deux phases de croissance rapide et de mutation profonde : le Second Empire, régime progressiste en économie, et la IVe République, animée d'une volonté de modernisation, qui a jeté les bases des Trente Glorieuses. On évoque le « recueillement » qui suivit la défaite de 1871 et, à l'autre extrémité de la période, dans les années 1930, la grande dépression qui a gelé les investissements, tari les initiatives et entraîné le vieillissement de la société. Entre les deux, l'épreuve inouïe de la Grande Guerre et son effroyable hémorragie : la mort d'un million trois cent mille jeunes hommes dans la force de l'âge, le retour de quelque sept millions d'anciens combattants, dont trois millions atteints dans leur chair, marqués pour le reste de leur existence par le souvenir de ce qu'ils avaient vécu, ont sûrement atteint l'instinct de vie de la nation. Certains historiens ont cru de ce fait pouvoir décrire la société française de l'entre-deux-guerres comme une société bloquée. La stabilité de la vie politique ne serait-elle pas la transposition de cet affaiblissement de la force vitale ? Comme la succession des révolutions au XIXe siècle n'aurait peut-être été que l'expression du dynamisme d'un peuple jeune affirmant sa vitalité. Dans cette perspective, la signification de la pérennité de la République serait bien différente : la stabilité de nos institutions, alors que nos voisins expérimentaient d'autres formes de gouvernement, ne serait que la manifestation d'une certaine impuissance à inventer et d'une moindre ardeur à vivre. Ce type d'explication, pour séduisante qu'elle soit et utile, en orientant l'attention vers les relations entre politique et société, appelle plus d'une réserve : l'adopter sans nuances serait oublier toutes les inventions dont la France a eu l'initiative au début du XXe siècle et toutes les performances accomplies dans les années 1920. Reste que l'intelligence de la vie politique ne saurait être entièrement disjointe de la considération de la société globale.

***

Le tribut ainsi acquitté à la reconnaissance de la durée du régime et de la pérennité des institutions, on se gardera d'extrapoler. Tout ne s'est pas soudainement figé dans la vie politique de la France en 1879 ; elle a connu des spasmes : nous avons déjà fait mention de ces crises récurrentes qui ont périodiquement troublé l'esprit public, agité l'opinion, ébranlé le régime. Par ailleurs, s'il est indéniable que l'instabilité a spectaculairement cessé pour les institutions, elle a pris sa revanche avec une succession accélérée de cabinets : près d'une centaine en soixante-dix ans, comme si les Français avaient substitué l'instabilité des ministères à celle des régimes, remplaçant la déchéance de ceux-ci par celle des gouvernements.

Même les institutions ont subi quelques modifications à l'occasion des révisions constitutionnelles, qui n'ont pas, il est vrai, substantiellement changé la nature du régime. Mais la pratique aussi a évolué, ne serait-ce que du fait des questions nouvelles posées aux politiques. À cet égard, la guerre de 1914, par la nouveauté et l'urgence des problèmes, par l'ampleur des bouleversements induits comme des conséquences qu'elle a laissées, a probablement tracé dans la continuité de la IIIe République une coupure aussi décisive que celle symbolisée par l'année 1879.

La continuité relative de cette histoire est une raison d'adopter pour l'étude de la vie politique entre 1879 et 1939 un parti différent de celui qui avait régi le récit de 1789 à 1879. Pour ces neuf décennies tourmentées, fracassées, il était impossible de s'affranchir de la chronologie : chacune des expériences successives avait son caractère propre ; chacune aussi constituait une étape dans le long cheminement en quête de régime ; chacune enfin avait déposé dans la mémoire et les comportements des strates qu'il importait de repérer, comme font les archéologues pour les couches dont ils démêlent les superpositions. Pareille démarche est moins nécessaire pour les années 1879-1939. À en refaire le récit on ne pourrait que répéter après d'autres ce qu'ils ont fort bien mis en lumière : on renverra à leurs ouvrages.

On s'attachera plutôt à souligner les éléments permanents. Si le présent livre a quelque chance d'originalité, ce sera par son intention de saisir les constantes du fonctionnement de la vie politique. Il serait prétentieux et quelque peu pédant d'employer de grands mots et de parler d'analyse structurale de la vie politique. Et pourtant telle est bien l'ambition inspiratrice de l'entreprise. Elle se référera au triptyque dont les grandes lignes avaient été dessinées en introduction du premier tome de cette histoire : on s'intéressera donc tour à tour aux institutions, largement entendues, qui tracent le cadre fixe, puis aux forces qui introduisent un élément de dynamisme et aussi de conflit, et enfin aux problèmes qui sont l'objet des débats et des décisions du politique.

Trois ordres de facteurs qui ont chacun leur durée propre, dont les interférences et les entrecroisements composent les conjonctures singulières. Pour chacune de ces trois dimensions, on traitera les soixante années qui vont de la conquête de tous les pouvoirs par les républicains en 1879 à l'entrée en guerre, le 3 septembre 1939, comme un bloc relativement homogène, sans cependant jamais perdre de vue que le simple écoulement du temps suffit à renouveler imperceptiblement le paysage. Sans non plus méconnaître l'intervention à tout instant de la contingence, le surgissement de l'imprévu, le poids de l'événement qui déjoue brusquement les calculs, dérange l'ordre des choses et dont les crises, qui modifient de fond en comble l'état des données, sont la manifestation au suprême degré. Les expériences ont toutes laissé des traces dans les esprits et les comportements, et c'est à l'historien d'apprendre à les déchiffrer.

Que reste-t-il donc aujourd'hui de la IIIe République dans la mémoire collective, qui soit incorporé à notre culture et à notre pratique politiques ? Peu de chose à première vue, à s'en tenir aux souvenirs explicites et aux habitudes conscientes. Le temps a fait son œuvre d'oubli : plus de soixante années nous séparent aujourd'hui des derniers instants de ce régime, soit autant que de 1879 à 1939. Le moment approche où cette période aura tout entière basculé dans un passé définitivement révolu parce qu'il n'y aura plus un seul être vivant pour s'en souvenir. Les plus jeunes des électeurs à avoir voté aux dernières élections législatives de la IIIe République, au printemps 1936, n'ont en 2002 pas moins de quatre-vingt-six ou quatre-vingt-sept ans. Tous ceux qui ont tenu un rôle ont évidemment disparu depuis longtemps. Surtout, par un effet d'optique propre aux représentations du passé, la distance psychologique qui nous sépare de la IIIe République est agrandie par l'épaisseur des expériences intermédiaires : ce temps nous paraît d'autant plus éloigné que le pays a fait depuis plusieurs expériences : le régime de Vichy, le temps ensuite du provisoire et de l'attente, puis la IVe République et enfin les quarante et quelques années de la Ve République. Comment les dernières années de la IIIe République ne paraîtraient-elle pas aujourd'hui à des années-lumière ?

Ajoutons que les circonstances de sa disparition ne sont pas de nature à susciter à son endroit un mouvement d'intérêt ou de curiosité : la IIIe République ne s'est jamais complètement relevée du discrédit où l'a précipitée la défaite de 1940. Même si elle ne reprend pas à son encontre tous les attendus du procès que lui fit le gouvernement du maréchal Pétain, l'opinion ne l'absout pas de ses responsabilités dans le désastre ; au mieux elle lui accorde les circonstances atténuantes. La Résistance ne lui a guère été plus indulgente : elle ne lui reprochait pas seulement son aveuglement devant la montée des périls, elle critiquait aussi la trop grande discordance entre les principes et les pratiques. Si la mémoire de la IIIe République n'a plus besoin d'être défendue contre ceux qui lui faisaient essentiellement grief d'être trop démocratique, elle est depuis 1940 en butte aux reproches de ceux qui l'accusent de ne pas l'avoir été assez : combattue de son vivant sur sa droite, elle trouve aujourd'hui à gauche quelques-uns de ses censeurs les plus sévères – et souvent les plus injustes ; injustes parce qu'ils ne tiennent pas compte des situations et ne mesurent pas l'importance des progrès effectués.

Sous la pression de l'histoire qui continue de se faire, et qui revendique sa place dans l'enseignement, la IIIe République ne cesse de céder du terrain devant les périodes plus récentes et l'irruption des civilisations étrangères. Cette histoire dont les élèves connaissaient autrefois par le menu toutes les péripéties est de plus en plus mal connue. En l'absence d'un enseignement raisonné, le sentiment, le préjugé envahissent le champ de la conscience et peuplent la mémoire. Quelques épisodes surnagent du naufrage et prennent une dimension mythique : l'affaire Dreyfus, à laquelle l'intensité des controverses actuelles sur l'antisémitisme confère une importance disproportionnée, le 6 février, le Front populaire... Quelques noms demeurent, plus nombreux à gauche qu'à droite : Léon Gambetta, Jules Ferry, Jean Jaurès, Léon Blum, Georges Clemenceau, Raymond Poincaré...

Et pourtant cette période mérite mieux que l'oubli, l'indifférence, le discrédit ou cette histoire qui retourne à la friche. Non seulement son intérêt propre est grand ; c'est une leçon de choses qui n'a pas perdu toutes ses vertus. Mais nous en restons tributaires : elle nous lègue tout un héritage dont nous devons faire l'inventaire ; nous tenons d'elle des idées, des pratiques, des habitudes, des traditions sans lesquelles notre vie politique aujourd'hui ne serait pas ce qu'elle est. On ne comprendrait pas tout à fait ce que celle-ci est présentement dans l'ignorance de la IIIe République. En inventorier l'héritage, retrouver les traces de ses apports, tel est le propos de ce livre, et telle une de ses raisons d'être.

Un mot encore : pourquoi ce titre ?

Ce n'est ni un clin d'œil à une actualité passagère ni une concession à une problématique récente qui a remis en honneur la notion de souveraineté. Si l'appellation de République « absolue » n'avait été prise par Odile Rudelle pour intituler son beau livre sur la République, de Gambetta à Jules Ferry, c'est elle que j'aurais retenue ; mais « souveraine » en est proche et convient fort bien. Souveraine, la IIIe République l'est à plusieurs titres. La France d'abord est alors une nation souveraine. L'État aussi est souverain qui ne connaît pas de partenaire, ni ne partage le pouvoir. Le Parlement surtout est souverain : la République l'identifie à sa souveraineté.

CHAPITRE II

Élections et électeurs

La vie politique est un système complexe dont tous les éléments sont liés. Il y a donc inévitablement quelque arbitraire à donner à l'un plutôt qu'à l'autre la priorité dans l'ordre d'exposition des différentes composantes. Il en est un pourtant auquel on ne saurait la refuser : le fait électoral. Elle lui revient de droit et pas seulement parce que l'école française de science politique, à la suite d'André Siegfried et de François Goguel, s'est fait de son étude une spécialité, mais pour des raisons plus décisives.

La première est une raison de principe : l'élection est inséparable de la démocratie, l'expression du suffrage est la source du pouvoir auquel il confère sa légitimité. À vrai dire, la démocratie n'a pas inventé le recours à l'élection : la pratique du vote est aussi vieille que l'existence des sociétés politiques. C'est, avec la naissance par la transmission héréditaire ou l'adoption, le tirage au sort et la cooptation (mais qui est encore une modalité de procédure électorale), l'un des procédés utilisés pour la sélection des détenteurs du pouvoir. Les cités antiques, les républiques patriciennes connaissaient l'élection ; les compagnies marchandes, les sociétés savantes aussi ; les ordres religieux et les instances judiciaires pratiquaient le vote. Les uns et les autres ont peu à peu défini des règles pour les procédures de vote et le décompte des suffrages, élaboré des notions – majorités relative, absolue, qualifiée. L'adjonction apportée par la démocratie à cet héritage, qui en a transformé et la pratique et la signification, est l'exigence d'universalité : jusque-là n'avaient voix au chapitre – et l'expression prend alors tout son sens – que des minorités, des collèges restreints. Avec la démocratie se manifeste la revendication de l'universalité du suffrage. Le principe d'égalité qui est consubstantiel à la démocratie emporte comme conséquence logique que la totalité des citoyens participe à l'élection des représentants du peuple : le suffrage n'est plus conçu comme une fonction qu'exerce par délégation et comme par procuration, pour le compte de la nation, la minorité de ceux qui en sont jugés dignes, mais comme un droit élémentaire de tout individu, inhérent à la citoyenneté. Le suffrage universel devient ainsi au XIXe siècle le symbole même de la démocratie : le degré de démocratie d'un régime se mesurera désormais à la plus ou moins grande extension dans l'application de ce droit et à son exercice effectif ; c'est aussi la reconnaissance de la maturité politique d'un peuple. Conséquence logique et conquête historique de la démocratie, le suffrage universel en est aussi la condition *sine qua non.* Tout le reste s'en déduira progressivement par un enchaînement que rien ni personne ne pourra rompre, ni arrêter.

Deuxième raison de commencer la description de la vie politique par l'étude du fait électoral, historique celle-ci : le suffrage universel existait déjà en 1879, les républicains le trouvent en place. Précisons, une fois pour toutes, qu'en employant à notre tour l'expression consacrée pour cette période de suffrage universel nous n'ignorons pas l'exclusion de fait et de droit qui frappe la moitié, féminine, de la population, exclusion qui ne sera abolie en France qu'en 1944 et qu'en conséquence l'usage de l'expression ne signifie évidemment pas approbation des motivations qui ont retardé de près d'un siècle l'extension de ce droit aux femmes. En 1879, le suffrage universel masculin fait donc partie de l'héritage ; c'est l'apport de la précédente République : il date de 1848 et a donc déjà trente ans d'application. Non seulement Louis-Napoléon ne l'a pas supprimé, mais il l'a rétabli le 2 décembre 1851 en abrogeant la loi du 31 mai 1850 qui retranchait du corps électoral près d'un tiers des citoyens. En 1879, le vote fait donc déjà partie des habitudes politiques : en trente ans les électeurs ont eu le temps de se familiariser avec sa pratique : ceux qui, ayant, en avril 1848, l'âge de la majorité légale – vingt et un ans –, ont voté alors pour la première fois pour l'élection de l'Assemblée constituante, ont dépassé la cinquantaine et eu une bonne quinzaine d'occasions de participer à des élections générales ou à des plébiscites. Le recours à l'élection est si bien entré dans les mœurs que, pour trancher entre la poursuite de la guerre et la négociation de la paix, le gouvernement de la Défense nationale a obtenu de Bismarck une suspension d'armes pour consulter les électeurs et faire élire le 8 février 1871 une Assemblée nationale et que la première décision de la Commune de Paris au lendemain du 18 mars 1871 fut d'organiser des élections le dimanche suivant.

Non que l'idée de donner le droit de vote à tous les citoyens sans exception fasse déjà l'unanimité en 1879 . elle restera contestée au moins jusqu'à la fin de la IIIe République. Elle continuera de susciter des oppositions catégoriques qui critiqueront à la fois le principe même et ses applications. Les adversaires dénonceront l'absurdité d'un système qui fait dépendre les décisions les plus importantes pour l'avenir de la patrie du nombre et qui, en vertu de la maxime « Un homme, une voix », accorde le même pouvoir à l'illettré et au professeur au Collège de France. Le suffrage universel, ne cesseront de marteler les contempteurs du principe, c'est le mépris de la compétence et le triomphe de l'ignorance. C'est aussi le règne de la démagogie, les électeurs se laissant naturellement séduire par les promesses les plus fallacieuses, prêtant l'oreille à qui flatte leurs instincts. Le suffrage universel conduit inéluctablement les peuples à leur perte. Cette controverse fera rage pendant toute la IIIe République. À ses débuts, ces critiques viennent des libéraux qui rêvent d'un gouvernement des élites ; ces thèmes trouveront ensuite une vigueur renouvelée sous la plume de Charles Maurras et dans les polémiques de l'Action française. Pour atténuer la nocivité du système et réduire ses effets pernicieux, on imaginera toute sorte de formules de pondération des votes : vote plural, vote familial qui corrigeraient les inconvénients d'une application mécanique de l'égalité des suffrages.

Quoi qu'il en fût, le suffrage universel faisait bien partie de l'héritage et il ne sera au pouvoir de personne de l'en arracher ou d'en suspendre les effets. Il ne faudra rien de moins que le désastre de 1940 et la chute de la République pour suspendre le recours à l'élection : le régime de Vichy remplacera nombre de conseils municipaux élus en 1935 par des commissions nommées sur proposition des préfets. Encore le vote du 10 juillet 1940 prévoyait-il que le projet de Constitution que l'Assemblée donnait « au gouvernement de la République sous la signature du maréchal Pétain » mission de préparer devrait être approuvé par les assemblées qu'elle établirait et qui procéderaient elles-mêmes de l'élection, aveu implicite qu'on ne pouvait plus concevoir d'autre principe de légitimation que l'expression du peuple souverain par l'exercice du droit de vote.

De fait – et c'est une troisième raison de lui accorder la priorité –, l'élection a bien pendant toute la IIIe République été déterminante et les électeurs ont été, quoi qu'on en ait dit, les maîtres du jeu : il n'y eut personne d'autre pour attribuer le pouvoir ou le retirer, faire et défaire les majorités comme les carrières, ruiner les ambitions des uns, en favoriser d'autres. C'est encore le corps électoral qui a dénoué les crises, arbitrant entre droite et gauche, ou même entre les pouvoirs quand ils s'affrontaient. Le résultat des consultations a plus d'une fois surpris les intéressés eux-mêmes et déconcerté les observateurs les plus avertis, attestant que l'issue de la compétition dépendait bien de l'électeur et de lui seul.

En conséquence, l'histoire de la vie politique de la IIIe République a tout entière été rythmée par le retour régulier des consultations électorales, essentiellement les élections législatives. Les lois constitutionnelles de 1875 avaient fixé à quatre ans la durée de la législature des députés, et la succession des rendez-vous électoraux a approximativement respecté cette périodicité quadriennale, à quelques exceptions près, généralement imposées par des circonstances fortuites qui ont abrégé ou prolongé la durée d'une Chambre. Ainsi, la dissolution décidée en mai 1877 par le président de la République avait réduit à quinze mois seulement l'existence de la première Chambre élue en février 1876. Le déclenchement en août 1914 d'un conflit qui dura plus de quatre ans, prolongé jusqu'en juillet 1919, dans l'attente de la signature du traité de paix, par le maintien de l'état de siège qui interdisait la reprise d'une vie politique normale, repoussa au 16 novembre 1919 les élections qui auraient dû avoir lieu au printemps 1918, décalant toute la chronologie postérieure. Lors de l'entrée en guerre en septembre 1939, il fut décidé de renvoyer à 1942 les élections qui devaient survenir au printemps 1940 ; prudente décision, encore qu'on ne pût prévoir qu'en mai 1940 les électeurs, au lieu de se rendre dans les bureaux de vote, se battraient sur la Somme ou erreraient sur les routes de France.

Les élections n'ont pas toujours eu lieu au même moment de l'année. Les textes constitutionnels n'imposaient rien à cet égard. Les premières élections avaient eu lieu en février 1876. La dissolution de mai 1877 bouscula le calendrier : les électeurs votèrent en octobre 1877. Dès lors les élections furent organisées au second semestre de l'année, soit au cœur de l'été, moissons faites, en 1881, soit à l'automne, en 1885 et 1889. On revint ensuite au printemps, généralement au mois de mai, sauf, pour la raison que nous avons dite, en 1919, mais dès 1924 on retrouva la date habituelle, au prix d'un léger allongement de la législature de 1919. Ensuite la date ne fut plus modifiée.

Des premières élections, en février 1876, à celles d'avril-mai 1936, qui devaient être les dernières de la IIIe République, les électeurs furent seize fois convoqués pour désigner leurs députés. La succession de ces seize consultations constitue la colonne vertébrale de la chronologie politique de ce régime.

Si besoin était, il y aurait une autre raison encore d'accorder la priorité à l'étude du fait électoral, et qui ne serait pas la moins déterminante : le prix que l'électeur français attache traditionnellement à l'exercice de son droit de vote et qu'atteste, en dépit d'une tenace légende, l'importance de sa participation aux consultations. C'est un trait, relativement original, de la culture politique française : moins parlementariste, moins partisane aussi que celle d'autres démocraties, mais plus électoraliste. La relation que le citoyen français entretient avec la politique passe prioritairement par le vote.

Ainsi, toutes les raisons conspirent pour que l'étude de la vie politique commence par celle du phénomène électoral et de ses composantes.

*
* *

Le principe de la consultation des citoyens et de l'universalité du suffrage en vertu du droit de tout individu à y participer est une chose, son application en est une autre. De toute consultation la mise en œuvre appelle des choix pour son organisation matérielle. À plus forte raison quand c'est tout un peuple qui est invité à se prononcer et que les électeurs se comptent par millions. Son déroulement requiert un ensemble de dispositions relatives à des questions pratiques qui trouvent une réponse dans le code électoral.

Qui élit-on ?

La première question, dès lors qu'on a convenu de s'en remettre au choix des électeurs pour certaines désignations, est la délimitation du champ d'application de la procédure élective. Si la République a posé le principe de la souveraineté du peuple et si les républicains professent en conséquence qu'il n'y a de pouvoir légitime que celui qui a sa source dans l'expression du suffrage universel par la voie de l'élection, il ne s'ensuit pas nécessairement que toutes les fonctions publiques soient pourvues par le corps électoral ni même que tous les pouvoirs en procèdent directement. À cet égard, la pratique de la IIIe République est nettement en retrait sur les percées audacieuses de la première Révolution : pas question de faire élire, comme en 1790, les magistrats ni non plus les ministres des cultes comme le disposait la Constitution civile du clergé. Si la nomination de tous les fonctionnaires publics par l'élection faisait partie du programme de Belleville proposé en 1869 par Gambetta et qui restera la référence révérée du radicalisme, à aucun moment l'idée de l'appliquer ne traversera l'esprit des radicaux quand ils accéderont au pouvoir. Le champ de l'élection est strictement limité à la représentation politique.

Les républicains ont délibérément fait le choix de la démocratie représentative. Le régime impérial avait achevé de les guérir de toute sympathie pour la démocratie directe. Pas question en particulier d'instaurer une pratique référendaire. Pour eux la cause est entendue : ils ne font pas de différence entre référendum et plébiscite : c'est toujours un moyen pour le pouvoir de dessaisir les élus du peuple. La République sera parlementaire : dans l'intervalle entre deux élections, le pouvoir appartiendra en totalité à ceux que le peuple a choisis pour le représenter et exercer en son nom la souveraineté. Toute limitation de leurs compétences, toute ingérence du pouvoir exécutif dans leurs relations avec le corps électoral seront dénoncées comme autant d'atteintes à la démocratie identifiée à la majesté de la représentation nationale.

Sous l'empire des lois de 1875, les électeurs sont appelés à voter en trois circonstances, pour pourvoir à trois niveaux distincts de représentation. En premier lieu la représentation nationale, la Chambre des députés essentiellement. Car la seconde assemblée, le Sénat, s'il procède bien, lui aussi, de l'élection, n'est pas élue directement par les électeurs. L'expression du suffrage populaire est comme réfractée à travers des filtres : les sénateurs sont élus dans le cadre du département par un collège de quelques centaines d'électeurs, réunissant députés, conseillers généraux et d'arrondissement et tous les maires. Ce sont bien tous des élus mais qui constituent une classe politique de notables. Lors de la révision constitutionnelle de 1884, les républicains ont quelque peu corrigé le caractère oligarchique du recrutement de la Haute Assemblée par deux réformes :

la suppression, à terme, par extinction des sénateurs inamovibles dont la présence, bien qu'eux aussi aient procédé, indirectement, de l'élection puisqu'ils avaient été cooptés par leurs collègues de l'Assemblée nationale, dérogeait par trop au principe de l'unité de désignation ; une modification apportée à la composition des collèges électoraux par un renforcement de la délégation des villes, tendant à réduire la disproportion trop flagrante entre les chiffres de population et le nombre des électeurs sénatoriaux. Ainsi, le Sénat procédait bien du suffrage universel, mais à travers une cascade d'élections au deuxième ou troisième degré.

La Chambre, elle, était élue au suffrage direct : tous les électeurs participaient à la désignation des députés, au singulier ou au pluriel, selon que le mode de scrutin était uninominal ou de liste, pour quatre ans. Au sein des assemblées, toutes les fonctions – présidence, appartenance au bureau ou aux commissions – étaient électives. Quant à la présidence de la République, il n'était évidemment pas question pour les républicains de s'en remettre au corps électoral : le souvenir de l'élection du 10 décembre 1848 était encore trop vif. Le chef de l'État est élu par la réunion des députés et des sénateurs en congrès qui se tient à Versailles. Si sa désignation procède bien, elle aussi, du suffrage, ce n'est qu'au deuxième ou troisième degré, par les députés et sénateurs.

À l'autre extrémité de la pyramide des collectivités, les électeurs étaient appelés à choisir aussi ceux qu'ils chargeaient de gérer les affaires locales de la commune. C'est un trait caractéristique de la France que le nombre fort élevé des communes – quelque 38 000 – et l'attachement des citoyens à leur pérennité qui a longtemps opposé un obstacle insurmontable à leur regroupement. Aussi le nombre total des conseillers municipaux, qui varie d'une commune à l'autre en fonction du chiffre de la population, est-il, lui aussi, très élevé : autour du demi-million. L'avantage du système est de permettre à beaucoup de citoyens de faire localement l'apprentissage des responsabilités et de constituer un tissu nourricier pour la vie politique.

Renouant avec le mouvement, amorcé par la Monarchie de Juillet, de démocratisation de la vie politique locale, la grande loi municipale de 1884 a supprimé toutes les restrictions au droit des électeurs de désigner leurs conseillers municipaux. Les républicains se sont cependant gardés de tirer toutes les conséquences du principe démocratique. Par exemple, il n'a pas été question de faire élire le maire directement par les électeurs : le premier magistrat est choisi par les conseillers municipaux. Un signe entre autres de leur défiance pour la démocratie directe. Les républicains n'ont pas davantage abrogé les restrictions instituées par les précédents régimes : les délibérations des conseils municipaux restent soumises au contrôle de l'administration préfectorale, qui continue d'exercer la tutelle héritée de la monarchie administrative sur les collectivités territoriales.

Il en est de même pour le troisième niveau qui procède de l'élection : le département et l'arrondissement. Depuis 1872, les conseillers généraux et d'arrondissement sont élus par le suffrage universel direct au scrutin uninominal dans le cadre du canton. Le territoire national est divisé en cantons ; le canton est le cadre de la vie locale. Ils sont quelque trois mille, de population fort inégale : le découpage avantage inévitablement la France des villages et des bourgs. Les conseillers généraux sont élus pour six ans et les conseils se renouvellent par moitié tous les trois ans. Les élections cantonales ont une grande importance, surtout pour les cantons ruraux : le conseiller général est l'intermédiaire avec l'administration, l'intercesseur auprès des pouvoirs publics. En retour, l'appartenance au conseil général confère à l'élu un pouvoir d'influence et constitue souvent une étape importante dans le déroulement d'une carrière politique. Quant au président du conseil général, pas plus que le maire il ne procède directement des citoyens : il est l'élu de ses collègues. Ses pouvoirs comme ceux de l'assemblée départementale sont restreints : celle-ci n'est pas autorisée à prendre des positions politiques ; si d'aventure elle passait outre à cette interdiction, le préfet devrait se retirer sur-le-champ et son absence rendrait la délibération nulle et non avenue. C'est le préfet qui est l'exécutif du département.

Nulle part la défiance persistante qu'inspire aux politiques, de quelque tendance qu'ils soient, la pratique de la démocratie directe n'éclate mieux que dans le statut particulier de la capitale : au cours de la IIIe République aucun allégement ne sera apporté au régime d'exception qui date du Consulat. Le souvenir de la Commune, tout proche encore en 1884, n'a pu que renforcer les sentiments qui l'avaient dicté. Il ne sera abrogé qu'en 1977 à l'initiative du président Giscard d'Estaing. Il y a bien à Paris un conseil municipal élu par les Parisiens avec un président du conseil municipal, mais dont les compétences sont des plus réduites. La ville est administrée par deux hauts fonctionnaires qui exercent les attributions ordinaires des maires élus : le préfet de la Seine doublé d'un préfet de police.

De toute la IIIe République aucune modification ne sera apportée à l'ensemble de ces dispositions qui représentaient incontestablement, lors de leur adoption en 1884, une avancée démocratique.

Si le champ ouvert à l'expression du suffrage est resté pour la politique limité à ces trois applications, dans le même temps la pratique du vote et de l'élection a fait de grands progrès dans la société civile. Ainsi dans l'ordre économique pour la représentation des intérêts professionnels avec l'élection pour les corps consulaires, chambres de commerce et d'industrie, chambres d'agriculture, chambres des métiers...

La reconnaissance par la loi en 1901 de la liberté d'association étendit d'un coup considérablement le champ de la pratique électorale ; elle devenait la procédure ordinaire pour la formation des bureaux et la désignation des présidents d'associations. Ainsi, bien au-delà des institutions politiques, l'élection tendait à devenir la modalité ordinaire du choix des dirigeants responsables ; le citoyen se familiarisait avec le vote et l'écart se réduisait entre le principe démocratique et la pratique sociale. Ce développement ne pouvait être sans effet sur la vie politique en général et en particulier sur le fonctionnement des partis.

Les électeurs

L'universalité du suffrage – pour les hommes – était donc le principe depuis 1848 : tout citoyen était de droit électeur. Si telle était bien la norme, son application appelait une certaine réglementation pour en définir les conditions d'exercice. L'addition de celles-ci dessinait les contours du corps électoral qui ne coïncide pas avec la population totale. Certaines exclusions vont de soi, qui relèvent du simple bon sens : ainsi pour les enfants qui devront attendre d'avoir accédé à une certaine maturité pour exercer leur droit – encore faut-il que le législateur décide de l'âge de la majorité légale.

La IIe République, en proclamant le suffrage universel, avait aboli la plupart des conditions requises par les régimes antérieurs ; ainsi, il n'est plus nécessaire de justifier, comme sous le régime censitaire de la monarchie constitutionnelle, d'un certain niveau de ressources attesté par le paiement d'un minimum d'impôt : les pauvres ont désormais la parole comme les riches et les ignorants à l'égal des diplômés. Puisque le droit de vote est désormais acquis pour tous, les dérogations introduites en faveur des illustrations et des capacités dont les impôts n'atteignaient pas le seuil requis ont perdu leur raison d'être. Subsistent en revanche les exclusions qui frappent certaines catégories de délinquants ou *a fortiori* de criminels, la déchéance des droits civils s'accompagnant de la privation des droits politiques ; tel était le cas pour ceux que la justice avait condamnés à des peines afflictives et infamantes ; de même pour les faillis.

En matière de réglementation du droit de vote, la IIIe République n'a guère fait que reconduire les dispositions antérieures : les majorités républicaines, apparemment satisfaites de l'état du droit sur le sujet, ont fait la sourde oreille à toutes les propositions visant à élargir le corps électoral et à assouplir certaines conditions. À cet égard la IIIe République a été conservatrice, considérant sans doute que le régime en vigueur n'était pas éloigné de l'état de perfection et n'appelait donc aucune amélioration notable. Elle a notamment maintenu telles quelles les dispositions concernant l'âge et le sexe.

Les conditions d'âge : la majorité électorale

Toute participation à une activité collective requérant un minimum de conscience et une capacité de jugement qui ne s'acquièrent qu'avec le temps, les sociétés fixent un seuil d'âge minimum pour y accéder. La politique n'échappe pas à cette règle. L'Église catholique n'admet les enfants à la connaissance de la foi et à l'eucharistie qu'à partir de l'âge dit de discrétion, c'est-à-dire celui où l'on estime qu'un enfant est capable de distinguer le pain eucharistique du pain ordinaire : la tradition fixe cet âge à sept ans. La société civile est plus exigeante pour déterminer l'âge de la majorité légale à partir duquel l'adolescent est émancipé.

Pour le droit de vote, la IIIe République a tout simplement repris l'âge qui depuis la Révolution était celui de la majorité civile et politique : vingt et un ans révolus. Il ne variera pas de toute la période : aucun mouvement ne se dessinera pour préconiser son abaissement ; la jeunesse ne bénéficie pas alors du préjugé qui jouera plus tard en sa faveur. Ce n'est que beaucoup plus tard, sous la Ve République, en 1974, qu'à l'initiative du président Giscard d'Estaing l'âge de la majorité sera abaissé de vingt et un ans à dix-huit.

Du fait de la conjonction d'une faible natalité et des progrès de la médecine et de l'hygiène qui commencent à prolonger la durée moyenne de la vie, la pyramide des âges du corps électoral était relativement élevée : les pertes de la guerre de 1914-1918 qui frappèrent les cohortes les plus jeunes relèveront encore le centre de gravité qui se situera alors autour de la cinquantaine. Est-ce l'explication d'un certain conservatisme et d'un retard à faire des réformes ? Si la thèse de la société bloquée a une part de vérité, trouverait-elle sa justification dans cette dimension démographique ? On peut aussi supputer ses incidences sur la persistance des idées reçues, la stabilité des partages d'opinion, la permanence des traditions politiques.

Si l'on estime que pour voter il faut de l'expérience, à plus forte raison il le faut pour exercer un mandat électif. Aussi a-t-on toujours fixé, pour pouvoir briguer les suffrages de ses concitoyens, un âge plus élevé que celui du droit de vote. Sur ce point aussi, la IIIe République a tout bonnement reconduit les dispositions antérieures : vingt-cinq ans pour être député, quarante pour être sénateur. Cette différence entre les deux, qui n'est pas négligeable en un temps où la durée moyenne de la vie est encore inférieure à cinquante ans, contribue à esquisser un cursus : on passe plus souvent de la Chambre au Sénat qu'on ne parcourt le chemin inverse. L'entrée dans la Haute Assemblée présente des avantages et ménage des satisfactions : un mandat de plus longue durée – neuf ans –, un renouvellement moins aléatoire et moins onéreux, la quiétude d'une assemblée plus rassise, moins sujette aux emportements et aux passions. La différence d'âge entre les deux assemblées ébauche entre elles une distribution des rôles : à la Chambre de refléter les mouvements du corps électoral, de traduire les poussées de l'opinion par ses initiatives législatives ; au Sénat de modérer ces ardeurs réformatrices, de tempérer les audaces et les excès. C'était déjà le partage organisé par la Constitution de l'an III entre l'imagination représentée par le Conseil des Cinq-Cents et la sagesse incarnée par les Anciens.

Un suffrage exclusivement masculin

La législation réserve le droit de vote aux seuls citoyens de sexe masculin. Autrement dit, elle exclut toute la partie féminine de la population : les femmes ne sont pas des citoyennes à part entière. Cette éviction tacite de la moitié du peuple français est aujourd'hui perçue comme une exclusion délibérée qui surprend et qui choque : comment l'expliquer ? La question se double d'un paradoxe qui la rend plus incompréhensible encore : pourquoi la France, qui fut la première nation à proclamer la souveraineté du peuple et à en déduire le principe de la participation de tous les citoyens à la désignation de leurs représentants, qui fut la première et resta longtemps la seule grande nation européenne à pratiquer le suffrage universel pour les hommes, fut aussi l'une des toutes dernières, peu avant la Suisse, à en étendre l'application aux femmes ? Près d'un siècle, à quatre ans près, entre la décision du Gouvernement provisoire de 1848 instituant pour toujours le suffrage universel masculin et l'ordonnance prise à Alger en avril 1944 mettant définitivement fin à l'exclusion des femmes. Encore fallut-il, pour effacer cette discrimination, un concours de circonstances exceptionnelles : la participation des femmes à la Résistance et à la France libre et surtout la suspension des conditions ordinaires de la vie politique libérant la décision du contrôle parlementaire : c'est le général de Gaulle agissant comme chef d'un gouvernement provisoire (comme en 1848), débarrassé des contraintes et des lenteurs de la délibération, qui en prit l'initiative. Au cas où la décision eût encore dépendu d'une majorité de députés, tous de sexe masculin, qui sait si les femmes n'eussent pas dû attendre encore ? L'intervalle qui sépare ces deux dates extrêmes est le plus long dans l'histoire comparée de l'instauration du suffrage réellement universel : dans le même temps, la plupart des peuples d'Europe, dont aucun en 1848 ne s'était encore engagé sur la voie du suffrage démocratique, l'avaient adopté et pour les hommes et pour les femmes ; généralement au lendemain de la Première Guerre. La France a ainsi trouvé le moyen d'être à la fois le pays le plus avancé et l'un des plus retardataires : cette contradiction est l'une des énigmes de notre histoire politique.

À vrai dire, la question ne se posait pas en 1848 ni même en 1875 dans les termes où nous la formulons aujourd'hui. Si elle avait été posée alors, elle aurait immanquablement suscité une réponse négative sans que ce que nous percevons aujourd'hui comme une exclusion eût été ressenti comme tel. Ne serait-ce que parce que cette situation n'avait rien d'exceptionnel, aucun autre pays ne s'étant encore jeté dans l'aventure du suffrage universel, et qu'ailleurs les pionniers qui militaient pour cette cause n'envisageaient pas davantage d'en étendre le bénéfice à leurs épouses ou à leurs mères. Une distinction tacite et unanimement acceptée entre vie publique et vie privée confinait les femmes dans les tâches domestiques et réservait aux hommes le rôle social et les responsabilités politiques. À droite, les souvenirs de quelques épisodes où des femmes avaient pris des initiatives ne contribuaient pas à accréditer l'idée de les associer à la politique : les « tricoteuses » sous la Terreur, les clubs de femmes en 1848, dont Flaubert a tracé dans *L'Éducation sentimentale* un tableau sans indulgence, ou plus récemment encore les « pétroleuses » de la Commune. À gauche, les préventions étaient d'une autre nature : les femmes n'étant pas émancipées de l'influence de l'Église catholique, on craignait de perdre la majorité d'un corps électoral élargi. Cette crainte n'était pas tout à fait imaginaire : en 1945, le vote des femmes a contribué à la percée du MRP et, trente ans plus tard, on a pu calculer que, si les hommes avaient été seuls à voter à l'élection présidentielle de 1974, c'est François Mitterrand qui serait déjà entré à l'Élysée.

Ce n'est donc pas que les femmes n'aient pas d'emblée obtenu le droit de vote en 1848 ni en 1875 qui est une anomalie, mais qu'il ait fallu ensuite attendre si longtemps pour mettre fin à cette inégalité. Le plus étonnant est qu'il n'y ait pas eu en France un mouvement en faveur de l'émancipation féminine comparable à ceux qui en Grande-Bretagne, aux États-Unis, dans les pays du Nord, arrachèrent beaucoup plus tôt l'égalité. Comme si les Françaises avaient pris aisément leur parti d'être tenues à l'écart de la politique et s'étaient accommodées de cette relégation. Certes, il y eut bien quelques pionnières dès le début de la IIIe République autour de Maria Desraisme puis plus tard de Gabrielle Duchène, et dans l'entre-deux-guerres des militantes comme Louise Weiss et Edmée de La Rochefoucauld pour revendiquer l'abrogation de toute discrimination fondée sur le sexe. Il y eut aussi quelques parlementaires pour déposer des propositions de loi en ce sens, dont certaines rallièrent, le temps d'un scrutin, une majorité. Au lendemain du conflit, Maurice Barrès proposa de transférer aux veuves de guerre le droit de vote de leur époux mort pour la France. Entre 1919 et 1939, la Chambre des députés se prononça par cinq fois en faveur du vote des femmes, et à des majorités de plus en plus fortes, la dernière en 1936 par 488 voix contre une. Mais ces initiatives n'avaient guère de signification, les députés sachant pertinemment que les sénateurs se chargeraient de rejeter le texte, ce qui ne manqua jamais de se reproduire sans que l'opinion s'en indigne ni que les femmes se mobilisent à l'instar de leurs compagnes en d'autres pays.

Pourquoi donc pareille différence entre les peuples et cette indifférence massive pour la participation des Françaises aux élections et, plus généralement, à la vie politique ? Est-ce un effet de la différence confessionnelle entre les sociétés marquées par la Réforme et les sociétés catholiques ? De fait, on n'observe pas non plus en Italie ou en Espagne de mouvement pour l'émancipation des femmes, mais le rapprochement n'est qu'à demi éclairant, car, en Espagne comme en Italie, c'est la démocratie elle-même qui était en retard, le vote des hommes et pas seulement des femmes. De surcroît, en France, ce n'est pas la droite catholique qui était la plus hostile au vote des femmes : c'était plutôt la gauche anticléricale.

La raison la plus profonde du retard de la France est sans doute d'ordre culturel et en rapport direct avec l'importance que les Français attachent traditionnellement à la politique. Elle est pour eux une chose si considérable, et dont tant d'autres dépendent, qu'elle exige de qui est appelé à y prendre part capacité et responsabilité : c'est un honneur autant qu'un droit. Le droit de vote, en conséquence, doit être réservé à ceux-là seulement qu'on estime disposer d'une entière liberté de jugement et de décision.

Pour ce motif, on avait hésité un moment, en 1848, à l'accorder aux domestiques comme à toute personne engagée dans des liens de dépendance : en Grande-Bretagne, les lois de réforme électorale refusèrent longtemps le droit de vote aux enfants vivant sous le toit de leurs parents au motif que la cohabitation les empêchait d'être indépendants. Or, en France, au regard du droit civil, au XIXe siècle et encore au XXe, la femme est une éternelle mineure : à aucun moment de sa vie elle n'est émancipée : elle passe sans transition de l'autorité paternelle à celle du mari dont l'autorisation restera nécessaire jusqu'à la Ve République pour tout acte juridique, toute opération financière, y compris dans la gestion de ses propres biens. C'est la Ve République qui mettra fin à cette dépendance : de Gaulle aura ainsi affranchi les femmes par deux fois, politiquement d'abord, civilement ensuite. Mais jusque-là, ne pouvant acter valablement pour les questions les plus proches, comment aurait-on envisagé qu'elles puissent intervenir dans la gestion des affaires publiques ?

Pourtant, le droit de vote des femmes a enregistré quelques succès limités sous la IIIe République. Ainsi, dès 1907, les femmes sont admises à voter pour les élections aux conseils de prudhommes. Au lendemain de la Grande Guerre, pendant laquelle elles ont pris la relève des hommes mobilisés et permis à la France de survivre, une loi de 1919 inclut de plein droit dans le corps électoral des chambres d'agriculture les femmes qui, en l'absence du mari ou du frère, ont dirigé l'exploitation et remplissent par ailleurs les conditions générales de nationalité, d'âge et de capacité. La concession n'était pas symbolique : en 1936, par application de ladite loi, les femmes qui avaient le droit de voter pour les élections aux chambres d'agriculture n'étaient pas moins de 337 226, soit un dixième de la population totale employée dans l'agriculture. Ainsi, le vote qu'on continuait de leur refuser pour les élections politiques, les femmes le conquéraient sur le terrain de la représentation professionnelle.

Le paradoxe de cette démocratie qui s'honorait d'avoir été la première en Europe et qui s'obstinait à refuser aux Françaises le droit reconnu aux Britanniques, aux Allemandes, aux Néerlandaises ou aux Scandinaves n'éclata jamais autant qu'au lendemain de la dernière élection législative de la IIIe République quand Léon Blum, en juin 1936, formant son gouvernement, y fit entrer trois femmes dont il fit trois sous-secrétaires d'État : Cécile Brunschvicg, l'épouse du philosophe, elle-même militante féministe, Irène Joliot-Curie, la fille des prix Nobel et elle aussi savant, et une institutrice, Suzanne Lacorre. Quel défi pour tout le personnel politique que la présence au gouvernement de ces trois femmes qui n'avaient pu voter, qui pouvaient moins encore briguer un mandat électif et qui, n'étant ni électrices ni éligibles, s'adressaient maintenant aux parlementaires de la tribune ou du banc du gouvernement dans l'enceinte du Palais-Bourbon ou du Luxembourg !

L'initiative de Léon Blum inaugurait une tradition qui se perpétuera sous les IVe et Ve Républiques : ce sera presque toujours à l'initiative de l'exécutif, président ou gouvernement, et pour ainsi dire jamais du législatif que les femmes conquerront des positions et que tomberont les barrières. C'est, on l'a vu, le général de Gaulle qui leur accorda le droit de vote en 1944. Ce seront encore les présidents de la Ve République qui leur feront franchir les étapes suivantes. Valéry Giscard d'Estaing confia à des femmes des ministères et accéléra le rythme de leur accession à d'importantes responsabilités dans la haute fonction publique : ambassades, préfectures, premières présidences de cours d'appel et même à la Cour de cassation. C'est François Mitterrand qui le premier appellera une femme à la fonction capitale de Premier ministre. Si la tentative ne fut pas un succès, ce ne fut pas par misogynie de l'opinion française qui accueillit au contraire favorablement cette innovation, mais par une erreur d'appréciation sur les aptitudes de la personne choisie pour remplir ce rôle. Enfin, il ne fallut pas moins que l'accord par la grâce de la cohabitation entre un président de la République de droite et un Premier ministre de gauche pour forcer la résistance des appareils de partis et imposer le vote d'un texte qui fait de la parité entre les sexes une condition impérative dans la constitution des listes de candidatures. Une fois de plus, la France va d'un extrême à l'autre et corrige son retard par un bond en avant : hier à la traîne, elle se porte à l'avant-garde. La loi sur la parité efface le paradoxe qui a plus d'un siècle réglé la relation de la politique avec la différence des sexes.

L'exclusion des militaires

La différence des sexes n'est pas la seule que connaisse sous la IIIe République le code électoral et les femmes ne sont pas l'unique catégorie privée par la loi du droit de vote : la réglementation prend aussi en considération la distinction entre civils et militaires. À l'époque, en effet, la notion de civil se définit par une double opposition : au religieux (le mariage civil par rapport au mariage à l'église, les obsèques civiles par refus de funérailles religieuses, l'état dit civil par substitution aux registres de catholicité) et au militaire. Aujourd'hui il tend à s'individualiser par rapport au politique (la société civile opposée à la classe politique). Une loi de 1872 a retiré le droit de vote à tout militaire : aux soldats de carrière aussi longtemps qu'ils appartiennent à l'armée, aux appelés du contingent tout le temps où ils sont sous les drapeaux.

Cette exclusion qui durera toute la IIIe République peut surprendre d'un peuple qui a inventé la nation en armes et pratiqué le premier la conscription. Elle s'explique par plusieurs raisons. Des raisons historiques : le souvenir de l'intervention des militaires dans les coups d'État du Directoire et au 18 Brumaire et surtout de leur participation à celui du 2 Décembre qui est encore tout proche dans la mémoire des membres de l'Assemblée nationale, dont quelques-uns ont été arrêtés par les soldats de Saint-Arnaud. Peut-être aussi le souvenir de la garde nationale, milice citoyenne, qui, après avoir été sous le régime de Juillet l'instrument du maintien de l'ordre, a été en 1871 un élément subversif : ce sont les fédérés qui se sont soulevés le 18 mars 1871 et ont opposé ensuite une résistance acharnée aux troupes de Mac-Mahon. A joué aussi le souvenir des pratiques du Second Empire où les bureaux de vote dans les casernes étaient présidés par les officiers supérieurs et où le secret du vote n'était pas assuré.

Il y a aussi, au principe de cette interdiction, une raison plus profonde et moins directement liée à des circonstances historiques. En 1872, tous les partis, les républicains comme les royalistes, s'accordent à penser que dans la France vaincue l'armée est, selon l'expression courante alors, le palladium de l'unité de la nation et le garant de son indépendance. Aussi rien ne doit venir troubler sa sérénité ni ébranler la discipline : l'armée doit se vouer exclusivement à la défense de la patrie. Or par nature la politique divise : si les campagnes électorales pénétraient dans les casernes et les quartiers, elles y introduiraient trouble et discorde. Comme la religion, autre sujet de division, doit être bannie de l'école, pour la même raison la politique doit être tenue à l'écart de l'armée. Le meilleur moyen n'est-il pas de retirer le droit de vote à tous les militaires ?

Plus tard, à l'occasion notamment de l'affaire Dreyfus, une autre raison se dégagera, mais qui n'était pas perçue en 1872 : l'incompatibilité entre le principe d'obéissance inconditionnelle sur laquelle est fondée l'institution militaire (selon la formule fameuse du règlement, la discipline fait la force principale des armées) et le principe démocratique de la liberté d'expression et du droit de tout citoyen à la critique.

Pour toutes ces raisons, les militaires ne font pas partie du corps électoral : d'où l'expression courante pour désigner l'armée de « grande muette ». Cette exclusion sera levée en 1945 : le Gouvernement provisoire restituera le droit de vote aux militaires de carrière aussi bien qu'aux soldats du contingent, comme il l'accorde aux femmes. La pratique est renversée : désormais, avoir devancé l'appel conférera le droit de voter en avance sur l'âge de la majorité.

Le vote des colonies

Exclusion des femmes, retrait du droit de vote aux militaires : autant de dispositions restrictives. À l'inverse, sans que cette ouverture compense les effets des mesures précédentes, la tradition française ne limite pas le droit de vote aux seuls habitants de la métropole. Conformément à la doctrine française qui rejette, à la différence d'autres puissances colonisatrices, l'idée d'une inégalité foncière des races condamnant certaines à rester indéfiniment sujettes en raison de leur infériorité congénitale, le droit électoral comporte la possibilité d'accéder à la citoyenneté française pour les indigènes évolués et assimilés. De bonne heure la République avait accordé une représentation élective aux colonies les plus anciennes, celles héritées du premier empire colonial de la France, antérieur à la Révolution : les cinq comptoirs, vestiges de notre empire des Indes, les Antilles, la Réunion. Chacune de ces colonies avait droit à un sénateur et à des députés. Ce privilège fut étendu aux quatre vieilles communes du Sénégal, Saint-Louis, Rufisque, Dakar et Gorée, ainsi qu'à la Cochinchine qui jouissait d'un statut privilégié dans la Fédération indochinoise. Les trois départements d'Algérie eurent aussi droit à être représentés au Parlement.

L'octroi d'une représentation élue n'impliquait pas que les habitants de ces territoires fussent tous électeurs : seule une minorité avait le droit de vote, à l'instar des collèges de la monarchie constitutionnelle, à cette différence près, qui n'est pas mineure, que la condition requise n'était pas de nature financière. Le critère d'admission était essentiellement fondé sur les origines : étaient de droit électeurs les citoyens venus de France, expatriés pour servir dans les colonies, administrateurs, militaires, marins, et aussi les colons. Un certain nombre d'indigènes se voyaient accorder le droit de vote pour avoir servi la France dans ses armées ou obtenu certains diplômes, mais en quantité très restreinte. Là où les Français de souche étaient nombreux, comme en Algérie, ils firent obstinément barrage à tout projet tendant à élargir l'accès des indigènes à la citoyenneté pleine et entière, de peur de perdre la majorité. C'est ainsi que les colons firent échec en 1936 au projet appelé Blum-Violette (du nom du président du Conseil et de l'ancien gouverneur général), qui envisageait d'étendre le droit de vote à plusieurs catégories de musulmans. Il faudra attendre l'installation à Alger du gouvernement de la France libre en 1943 pour réaliser une partie de ces promesses.

La combinaison de ces diverses dispositions relatives aux conditions d'exercice du droit de vote circonscrit précisément les contours du corps électoral. En la matière, la IIIe République n'a pas innové : elle est restée attachée aux règles antérieures, les unes héritées des régimes précédents, les autres adoptées au début des années 1870, et son exceptionnelle longévité a assuré la pérennité et l'intangibilité du code électoral.

Un électorat minoritaire et stable

La constance de ces dispositions conjuguée avec la stagnation démographique eut pour conséquence une très grande stabilité arithmétique du corps électoral, dont le volume n'a que très faiblement et très lentement augmenté : de son niveau le plus bas, en 1877 – 9 948 000 inscrits –, au plus élevé, atteint aux dernières élections de la IIIe République, en 1936 – 11 768 000 inscrits –, il n'a crû en soixante ans que de 18,5 %, et encore les chiffres de l'entre-deux-guerres sont-ils grossis par le retour de l'Alsace et de la Moselle de plusieurs centaines de milliers d'électeurs supplémentaires sans lesquels l'augmentation eût été plus faible encore. Quatre-vingt-dix ans après l'instauration du suffrage universel qui créa d'un trait de plume 9 395 000 électeurs, le corps électoral ne s'était accru que de 2 300 000 unités, moins de 25 %. Dix ou douze millions, l'ordre de grandeur est modique, comparé aux quelque quarante millions de notre corps électoral d'aujourd'hui, mais aussi par rapport à la population totale qui tournait autour de quarante millions. À peine un Français sur quatre est électeur et quelque trente millions de Français et de Françaises ne jouissent pas du droit de vote, symbole de la citoyenneté et condition de la démocratie.

Encore ces quelques millions de citoyens qui figurent sur les listes électorales, qui ont leur carte d'électeur ne sont-ils pas tous des votants. Ils ne sont pas tenus de l'être : rien ne les y contraint. À la différence de pays comme la Belgique ou l'Italie, le vote n'est pas obligatoire. L'abstention, si elle a mauvaise réputation et donne mauvaise conscience à ceux qui la pratiquent et qui sont pour cette raison généralement moins nombreux à s'avouer abstentionnistes qu'ils ne sont effectivement, n'est pas sanctionnée. Périodiquement des voix s'élevèrent pour préconiser de rendre le vote obligatoire sous peine de sanctions : plus souvent à droite qu'à gauche, la droite inclinant à voir dans le vote l'accomplissement d'un devoir civique plutôt que l'exercice d'un droit et s'imaginant, à tort, que les abstentionnistes viennent davantage de ses propres rangs : elle compte sur la coercition de la loi pour compenser l'absence de son côté de partis organisés et disciplinés comme à gauche.

L'écart entre le total des électeurs inscrits et celui des votants est un élément significatif, car l'abstention, pour être l'envers de la participation, comportement positif, n'en a pas moins des effets politiques. C'est surtout un indicateur de la relation entre les citoyens et la vie politique. Si l'on estime que le vote est le premier degré de la participation individuelle à la politique, l'abstention en est le degré zéro. Ses variations surtout ont un grand intérêt : l'abstention a une histoire dont les accidents sont riches de signification.

En nombre absolu, l'abstention a connu son chiffre le plus élevé aux élections de 1881, celles qui suivirent au plus près la victoire du parti républicain, avec 3 180 000 abstentionnistes, soit un taux de 31,4 %, qui s'explique très vraisemblablement par le découragement de la droite : celle-ci, en plus d'une circonscription, a renoncé à livrer bataille, ne présentant pas de candidat, même pour compter ses voix. Dans ces conditions, pourquoi l'électeur de droite se serait-il dérangé ? En la circonstance, le vieux préjugé qui veut que les abstentionnistes soient de droite s'est vérifié mais à cause de la conjoncture et pour des raisons hautement politiques. L'abstention est tombée à son niveau le plus bas, à l'autre extrémité de la période, pour les élections de 1936, avec seulement 1 830 000 abstentions et un taux de 15,5 %, inférieur de moitié au pourcentage record de 1881. Ce record de participation s'explique aussi par les circonstances : la dramatisation de la vie politique, l'affrontement de deux camps dressés l'un contre l'autre, antifascisme contre anticommunisme, la violence des passions antagonistes, l'intervention de la radiodiffusion, la montée des périls extérieurs. Mais aussi ce chiffre couronne une évolution vers une participation toujours accrue : avant 1914, l'abstention ne descendit jamais au-dessous de 20 % ; après, elle ne fut jamais supérieure à 17 %, à l'exception des élections de novembre 1919 où elle aurait approché du niveau de 1881 avec un taux présumé de 28,9 %, mais ces chiffres ne sont guère fiables : le désordre était grand dans les listes électorales, en particulier dans les départements occupés durant quatre ans par l'ennemi. La différence, du simple au double entre 31,4 % et 15,5 %, aux deux consultations qui encadrent l'histoire de la participation aux élections législatives de la IIIe République a une signification incontestable : avec le temps et la pratique répétée, le vote est devenu pour la majorité des citoyens comme une seconde nature.

Même si elle est allé ainsi se rétractant progressivement, l'abstention a sensiblement réduit l'effectif total des votants. Il nous faut donc reprendre nos calculs pour déterminer le chiffre des électeurs ayant participé aux scrutins. Le chiffre le plus bas est celui, on ne s'en étonnera pas, de 1919 : 7 800 000. Et le chiffre le plus haut a été atteint en 1936 : au premier tour, le 26 avril, on décompte exactement 9 938 058 électeurs ayant accompli leur devoir de citoyen – pas tout à fait 10 millions. Ainsi, la masse des électeurs lors des consultations échelonnées sur seize législatures a oscillé entre 8 et 10 millions, l'un et l'autre chiffres par défaut ; soit entre un quart et un cinquième des Français. C'est bien un corps électoral minoritaire.

Si de surcroît on déduit de ce total le nombre des bulletins blancs et nuls que le code électoral se refuse à distinguer, on découvre que l'issue des compétitions électorales a dépendu de déplacements de faible amplitude : l'écart entre les deux blocs qui se disputent les suffrages des électeurs étant relativement étroit, il pouvait suffire du déplacement de quelques centaines de milliers de voix, parfois même moins, pour renverser une majorité à l'échelle de la France entière. Comme le confiait un jour Léon Blum à André Chamson, « dans ce pays on gagne les élections en déplaçant 300 000 voix ». 300 000 sur 10 ou 12 millions d'inscrits et 40 millions de Français : moins de 1 % ! Ce qui est souvent apparu aux contemporains comme un raz-de-marée qu'ils étaient tentés d'interpréter comme une révolution de l'esprit public n'était généralement qu'un faible glissement. Mais l'opinion, les journalistes, les politiques eux-mêmes raisonnaient alors presque exclusivement en sièges gagnés ou perdus : si curieux que cela puisse paraître pour des hommes qui se référaient constamment à la volonté des électeurs, ils ne s'intéressaient pas aux votes pour eux-mêmes : on ne retenait que leurs conséquences pour l'attribution des mandats parlementaires. Il n'est pas certain que nous ne soyons pas nous-mêmes, historiens compris, aujourd'hui encore, victimes de cette façon de compter. Nous restons impressionnés par les commentaires que les déplacements en sièges ont inspirés aux observateurs contemporains ; ainsi, le succès de la gauche aux élections de 1902, qu'on a coutume de présenter comme une grande victoire (ne rapporte-t-on pas que Waldeck-Rousseau s'en serait même effrayé par crainte de ne pouvoir tenir tête aux exigences d'une pareille majorité ?), a été acquis avec une avance sur la droite de 200 000 voix, soit à peine 2 % du corps électoral. De même pour les élections de 1928 où la majorité poincariste ne distance la gauche que de 200 000 voix également. C'est dire qu'il eût suffi en ces deux circonstances qu'une petite centaine de milliers d'électeurs aient modifié leur vote pour inverser le résultat.

Il y a un exemple plus manifeste encore de la discordance entre la réalité arithmétique et l'image entraînée par le décalage entre le décompte des suffrages et l'attribution des sièges : les élections des 26 avril et 3 mai 1936. S'il est une consultation qui a laissé à droite aussi bien qu'à gauche l'impression d'un mouvement de fond et le souvenir d'un triomphe éclatant de la gauche, c'est bien celle qui a amené la victoire du Front populaire. Or l'examen des chiffres révèle que l'écart entre droite et gauche n'a été que de 400 000 au plus sur 10 millions de suffrages. Qui plus est, il n'y a eu alors, par rapport aux élections précédentes de 1932, qu'un très faible déplacement de voix entre les deux blocs. Les changements les plus importants se sont effectués à l'intérieur de la gauche avec le recul des radicaux et surtout la progression du Parti communiste qui a approximativement doublé ses suffrages.

Si se sont néanmoins produits, en dépit de la stabilité des électeurs, de vrais bouleversements dans la répartition des sièges, ce fut davantage du fait des modes de scrutin amplifiant les faibles oscillations du suffrage. À cet égard, la comparaison entre les élections de 1919 et de 1924 est éclairante : le même régime électoral, institué par une loi de juillet 1919, qui combinait des éléments de proportionnalité avec des fragments de système majoritaire, a amené tour à tour une majorité axée à droite, celle du Bloc républicain national, et une majorité orientée à gauche, celle du Cartel des gauches. Serait-ce que dans l'intervalle entre les deux consultations une fraction importante du corps électoral aurait modifié son choix politique ? Point du tout, mais la droite a su tirer parti en 1919 des avantages que le mode de scrutin allouait aux coalitions en face d'une gauche alors divisée, tandis qu'en 1924, instruits par l'expérience, les radicaux, en s'alliant aux socialistes, ont bénéficié des mêmes avantages. On ne saurait donc accorder trop d'attention à l'histoire des régimes électoraux qui interposent comme un filtre entre l'électorat et sa représentation parlementaire.

Est-ce à dire qu'il faille réviser la lecture traditionnelle de l'histoire électorale de la IIIe République pour lui en substituer une autre qui serait réécrite en fonction non plus des sièges gagnés ou perdus, mais des suffrages émis ? Une lecture nouvelle ne prescrit pas les interprétations antérieures. De plus, la signification que les contemporains ont sur le moment prêtée aux résultats s'est inscrite dans les consciences et dans la réalité en vertu de l'adage selon lequel ce qui est cru vrai est en politique au moins aussi déterminant que ce qui l'est objectivement. Les deux regards doivent donc être conjugués.

Mais on comprend que, compte tenu de l'étroitesse des écarts entre droite et gauche, de la faiblesse des déplacements d'une élection à l'autre et plus encore des déformations que les modes de scrutin introduisent dans la traduction des suffrages en sièges, les adversaires du système en aient pris argument pour en dénoncer les effets et en critiquer le principe. Ce fut la thèse soutenue par André Tardieu dans son livre *Le Souverain captif.*

Ainsi arrive-t-on, à partir de données brutes sur l'universalité du suffrage, par approximations successives, à une évaluation plus serrée de la réalité effective de l'application du principe et à des ordres de grandeur plus exacts. Voilà pour la dimension arithmétique. Mais quelle est la signification politique de ces chiffres ? La question se dédouble. D'une part, les résultats n'ont-ils pas été falsifiés ? C'est le problème de la fraude et des manipulations possibles. D'autre part, l'électeur a-t-il été entièrement libre de son vote ? C'est la question des pressions dont il a pu être l'objet. Ces interrogations ne sont pas académiques : les régimes précédents avaient recouru à toute sorte d'expédients pour intimider les électeurs et peser sur leur vote. L'instauration du suffrage universel, si elle avait rendu inopérants les procédés mis en œuvre par la monarchie censitaire avec des collèges restreints, n'avait pas mis fin à ces pratiques : le Second Empire n'avait pas été en reste avec la pratique, avouée et justifiée par le devoir d'éclairer une opinion mal instruite et de la soustraire aux mauvaises influences, de la candidature officielle. C'était une raison pour les républicains qui avaient particulièrement souffert de ces pratiques de rompre avec elles, même si elles n'avaient pas été contraires à leurs principes. Les conditions aussi s'y prêtaient moins bien : la généralisation de l'instruction, la liberté nouvelle de la presse garantie par la loi de 1881, qui permettait aux journaux d'exercer un contrôle sur les agissements de l'administration, le développement d'une petite presse à bon marché qui atteignait des couches nouvelles limitaient la liberté de manœuvre de la majorité au pouvoir. La pluralité des candidatures et des listes concurrentes garantissait un contrôle réciproque. Les maires, n'étant plus nommés, ne sont plus dans la dépendance du gouvernement et de son représentant, le préfet. Le fait aussi que les élections se fassent désormais en une seule journée, que le dépouillement commence dès la clôture du vote et se poursuive sans désemparer jusqu'à son terme privait les municipalités des possibilités de fraudes offertes par un scrutin s'étalant sur deux jours.

On se gardera cependant d'idéaliser le tableau. Les républicains ne renoncent pas complètement à peser sur les élections : ils justifient leur intervention par la nécessité de défendre la République menacée par ses ennemis, monarchistes et cléricaux. Le gouvernement attend des préfets qu'ils fassent élire ou réélire les bons candidats : ils sont jugés sur leurs résultats. Leur carrière en dépendant, ils ne ménagent pas leurs efforts pour décourager les candidats de l'opposition et provoquer des ralliements en faveur des candidats du gouvernement. Les fonctionnaires aussi sont invités à bien voter. Quand Combes fait la théorie du devoir du gouvernement d'éclairer les électeurs, son discours n'est pas très éloigné de celui tenu par le Second Empire pour légitimer la candidature officielle. Les républicains ne se sont pas pressés de garantir la liberté de l'électeur et la sincérité du vote par des dispositions concrètes. Quand on sait les précautions méticuleuses adoptées par le Parlement britannique pour combattre la brigue et la corruption, comment ne pas être étonné de découvrir qu'il ait fallu attendre jusqu'en juillet 1913, soit plus de trente ans après l'arrivée des républicains au pouvoir, pour qu'une loi garantisse le secret du vote en disposant que les bulletins de vote devraient être mis sous enveloppe, en obligeant les électeurs à passer par l'isoloir que les municipalités étaient en conséquence tenues d'installer et en assurant une représentation des candidats parmi les scrutateurs ? C'est aux élections de 1914 que les électeurs se plièrent pour la première fois à ces dispositions et que fut assurée effectivement avec le secret du vote sa sincérité présumée. Étape importante dans l'histoire du vote et de la démocratie.

Que le déroulement des opérations électorales ne fût pas toujours irréprochable et que les résultats proclamés pussent inspirer parfois quelque doute, la fréquence des demandes d'invalidation introduites par les candidats battus le donne à penser. Mais on se gardera de prendre pour argent comptant les arguments des candidats malheureux. On se tromperait plus encore à croire que la décision qui tranche le litige est nécessairement juste.

Car elle est sujette à une suspicion légitime qui peut affecter aux yeux de l'opinion le résultat global des élections et, par ricochet, la légitimité de la représentation nationale. À l'époque – et il en sera ainsi jusqu'en 1958, en vertu du principe de la séparation des pouvoirs conjugué avec celui de la souveraineté des Chambres –, ce sont elles qui sont juges de la validité des élections. La première tâche d'une Chambre nouvellement élue est de vérifier la validité des mandats proclamés et donc d'examiner les demandes d'invalidation. Celles-ci sont fort nombreuses ; les candidats battus trouvent toujours quelques irrégularités dans la campagne de leur adversaire ou dans le dépouillement et espèrent arracher une invalidation qui entraînerait une nouvelle élection. Les dossiers sont examinés par les bureaux qui proposent de valider ou d'invalider à l'assemblée en séance plénière. La tentation est grande, et les majorités n'y résistent pas toujours, de valider les siens et d'invalider les élus de l'opposition : expédient commode pour creuser l'écart et consolider sa supériorité. Aussi les sentences rendues n'ont-elles guère de valeur juridique. La toute première Chambre, élue en 1876, a donné le mauvais exemple en invalidant dix-huit députés conservateurs : pour qualifier ce mauvais procédé, Bergasse eut une formule heureuse : « Après les élections dirigées du Second Empire les élections corrigées de la IIIe République. » La formule n'est que trop vraie, hélas ! En 1877 derechef, la Chambre élue après le 16 mai prononce une trentaine d'invalidations : il est vrai que le gouvernement du duc de Broglie n'y était pas allé de mainmorte dans la mise de l'appareil administratif au service des candidats de l'Ordre moral. Les assemblées ultérieures furent plus discrètes mais le doute persista sur l'honnêteté de ces opérations. La tradition survécut à la IIIe République : au lendemain des élections du 2 janvier 1956, provoquée par une autre dissolution, la majorité dite de Front républicain invalida sans barguigner une douzaine d'élus poujadistes au motif, littéralement exact, mais qui parut à l'opinion un prodige de mauvaise foi, que la pluralité des listes présentées par les séides de Pierre Poujade enfreignait les dispositions de la loi de 1951 sur les apparentements. Cette façon de faire causa un tort irréparable au régime et à la classe politique accusée de n'avoir d'autre règle de conduite que son propre intérêt. Le souvenir de cet incident ne fut pas étranger sans doute au changement apporté sur ce point délicat par la Constitution de 1958 qui retira aux Assemblées le contrôle de validité des élections pour le confier au Conseil constitutionnel présumé plus impartial. De fait, depuis quarante ans, la validation des élections n'a plus jamais donné lieu à débat comme c'était le cas après chaque élection de la IIIe République et il est permis de penser que le contrôle ainsi exercé a contribué à moraliser les élections elles-mêmes.

Chapitre III

Régimes électoraux et modes de scrutin

À l'origine des distorsions entre l'expression des suffrages et la composition des majorités sorties des urnes, nous avons évoqué la responsabilité de ce qu'on appelle les régimes électoraux, c'est-à-dire l'ensemble des dispositions qui définissent les modes de scrutin pratiqués. Impossible de s'en passer. On le pourrait s'il ne s'agissait que de connaître le sentiment des citoyens sur un problème : il suffirait alors de recenser les Oui et les Non sur la totalité du territoire, et l'addition déciderait de la solution qui l'emporterait – c'est ce qui se passe pour un référendum. Mais les élections n'ont pas pour unique objet, ni même pour finalité principale, de fixer une image aussi exacte que possible des aspirations des électeurs. Le nom dit bien la chose : ce sont des élections, c'est-à-dire le choix de personnes pour occuper des fonctions, exercer un mandat. Le décompte des voix, aussi honnête et scrupuleux qu'il soit, n'est donc qu'une première opération, suivie d'une seconde qui est la plus importante et celle, on l'a vu, à laquelle l'opinion a longtemps accordé plus d'attention qu'au déchiffrement des courants qui traversent l'opinion. La chose serait simple si un seul poste était à pourvoir, comme sous la Ve République depuis la révision de 1962 pour la désignation du président de la République : le territoire national ne forme alors qu'une seule circonscription où il suffit de décompter les suffrages.

Mais l'élection des députés ou des sénateurs pose un problème singulièrement plus ardu du fait que les assemblées comptent plusieurs centaines de membres. Comment passer des millions de suffrages exprimés à quelques centaines de députés ? La tradition politique française voulant qu'il y ait un lien entre la représentation nationale et le territoire, celui-ci est divisé en circonscriptions, plus ou moins nombreuses, selon l'unité retenue : elles peuvent se réduire à un arrondissement, ou même à un canton, mais sous la IIIe République aucune n'a jamais dépassé le cadre du département. Le problème devient donc le suivant : comment passer des suffrages exprimés aux sièges en tenant compte du découpage en circonscriptions ? À un bout de la chaîne entre huit et dix millions de voix, à l'autre cinq ou six cents députés. La solution n'est pas évidente. La transmutation pour l'attribution des sièges ne s'effectue pas automatiquement : elle doit transiter par des filtres qui modifient les résultats. C'est l'aspect technique d'un problème de philosophie politique : comment passer d'une multiplicité d'opinions, à la limite aussi nombreuses et différentes qu'il y a d'individus à voter, à l'énonciation d'une volonté générale qui deviendra la loi pour tous ? Si en l'espèce l'enjeu est moins grave, reste qu'il faut transformer la pluralité des voix en un nombre déterminé de désignations.

C'est à ce point du processus qu'interviennent les régimes électoraux : ils convertissent les voix en sièges. Ils fonctionnent un peu comme les transformateurs d'énergie électrique qui fractionnent un courant de plusieurs centaines de milliers de volts en courants de 110 ou 220, ou, pour user d'une autre image, les écluses sur les voies navigables. Ces régimes ne sont pas, comme on l'imagine parfois ou comme l'insinuent des démagogues, une astuce inventée par des politiciens avides de se maintenir au pouvoir : ils répondent à une nécessité objective. Sans régime électoral, pas de passage des voix aux sièges.

Ces régimes combinent les réponses à quatre questions principales. La première de toutes, car c'est un préalable qui commande les réponses aux autres et c'est elle qui donne son nom aux différents systèmes, est une question de principe qui donne lieu en conséquence à un débat de fond. Elle concerne le principe même du mode d'attribution : majoritaire ou proportionnel ? Dans le premier cas l'emportera le candidat ou la liste arrivés en tête, qui ont obtenu une majorité de suffrages : majorité absolue ou relative ? C'est à voir ; la question est subsidiaire. Dans le second cas, la distribution des sièges se fera au prorata des voix décomptées pour chaque nuance d'opinion. Le dilemme entre les deux principes ne comporte pas d'issue qui puisse donner satisfaction à tous. Pour une raison que nous avons entrevue quand nous avons souligné la dualité des fonctions inhérente à toute consultation : à la fois expression de l'opinion et procédé de sélection de titulaires pour exercer des mandats. Selon que l'on accorde plus ou moins d'importance à l'un ou l'autre de ces deux aspects, on privilégiera l'un ou l'autre principe. Attache-t-on plus de prix à ce que la représentation nationale soit le reflet le plus fidèle possible de la diversité des opinions et la traduction la plus approchée du rapport des forces dans le corps électoral, la proportionnelle s'impose comme la conséquence logique. Mais si l'on est plus soucieux d'assurer la continuité du pouvoir et de garantir la prise de décision, la préférence ira nécessairement au principe majoritaire. Au vu des déformations, souvent très prononcées, les unes inévitables, d'autres résultant de dispositions, plus contestables, qui accompagnent ordinairement le scrutin majoritaire et sont dénoncées comme autant de trahisons de la volonté populaire, le régime proportionnel bénéficie généralement du préjugé favorable des démocrates et a souvent été présenté, notamment à gauche, comme le vrai, voire le seul scrutin démocratique. Le soutenir c'est oublier que la démocratie n'a pas moins besoin d'une majorité qui fasse des choix et soit en mesure de gouverner.

La deuxième question à laquelle doivent répondre les régimes électoraux porte sur le cadre et la dimension des circonscriptions. Le choix fixe leur nombre : il est évident que plus les circonscriptions sont étendues, moins elles sont nombreuses. Elles peuvent être aussi nombreuses que de sièges à pourvoir. Il y en eut toujours au moins autant que de départements.

Le choix sur ce point dicte la réponse à la troisième question, à moins que ce ne soit l'inverse : un seul siège à pourvoir ou plusieurs ? Avec une question subsidiaire en cas d'option pour la pluralité : candidatures individuelles ou groupées sur des listes communes par circonscription ? C'est-à-dire, selon le vocabulaire technique, scrutin uninominal, plurinominal, ou de liste ?

Quatrième et dernière question préjudicielle : le nombre de tours, un ou deux ? La réponse est liée à la définition de la majorité requise : si c'est la majorité absolue, un second tour sera souvent nécessaire en l'absence au premier de majorité qualifiée. Si l'on se contente comme en Grande-Bretagne de la majorité relative, celui ou ceux arrivés en tête au tour unique, même s'ils sont loin d'atteindre les 50 %, sont considérés comme élus. Avec le scrutin proportionnel la question devient évidemment sans objet puisqu'il n'y a plus de référence à la notion de majorité.

On aura à mesure perçu que ces questions ne sont pas indépendantes les unes des autres : leurs réponses se commandent réciproquement. Ainsi le choix du département comme circonscription entraîne-t-il automatiquement une pluralité de sièges à pourvoir ; en sens inverse, l'adoption de la proportionnelle exclut le scrutin uninominal et impose un cadre assez large pour comporter une pluralité de sièges. Les réponses à ces quatre questions s'articulent et s'emboîtent entre elles, pour composer ce qu'on appelle précisément des systèmes électoraux.

Si la IIIe République a fait preuve d'une grande stabilité dans la définition des conditions d'exercice individuel du droit de vote, elle a en revanche fait preuve d'une grande instabilité pour les régimes électoraux : elle en a souvent changé. Ce qui concerne l'organisation des élections législatives n'étant pas considéré dans la tradition française comme matière constitutionnelle, les lois de 1875 sont restées silencieuses sur le sujet, alors qu'elles ont minutieusement défini ce qui concerne l'élection des sénateurs. Les choix relatifs au régime électoral ont été laissés à l'appréciation des gouvernements et des Chambres à venir, qui ne se sont pas privés d'y apporter les changements qui découlaient de leur philosophie politique ou dont ils escomptaient qu'ils leur garantiraient de garder le pouvoir : la volonté de la majorité du moment faisait loi. Pour être des choix principalement techniques les options prises n'en procèdent pas moins de la conjonction de considérations proprement idéologiques liées à des philosophies politiques et d'arrière-pensées, pas toujours avouées mais assez évidentes, inspirées par des calculs stratégiques.

La IIIe République a pratiqué plusieurs régimes dont la succession compose une histoire mouvementée où les péripéties sont chargées de signification pour l'intelligence des situations et des volontés politiques. Elle a oscillé entre deux configurations plus stables que les autres : le scrutin uninominal d'arrondissement à deux tours et le scrutin proportionnel de liste départemental à un tour.

Pour les premières élections, celles de 1876, les républicains n'ont pas eu leur mot à dire, ce fut le scrutin uninominal d'arrondissement. Il n'avait pas leur faveur : c'était celui de l'Empire, il avait permis à l'administration de garder longtemps le contrôle des élections. Gambetta avait dénoncé éloquemment ce scrutin qui proposait du corps électoral une représentation où la France ne se reconnaissait pas dans ce « miroir brisé ». Le régime qui avait leur préférence et des titres à leur estime en raison du passé était celui pratiqué par deux fois sous la IIe République : le scrutin plurinominal majoritaire départemental. La dissolution survint inopinément en 1877, trop tôt pour qu'ils aient eu le temps de modifier le système : les élections eurent donc lieu encore sous ce régime. Le résultat ne leur ayant pas été contraire, leurs préventions s'atténuèrent et ils maintinrent ce régime pour les élections de 1881.

C'est à l'approche de celles de 1885 et en harmonie avec les grandes réformes qui visaient à démocratiser les institutions et la société qu'ils lui substituèrent le mode de scrutin qui avait la réputation d'être républicain, le scrutin de liste départemental : la majorité absolue était requise au premier tour, la relative suffisant au second. L'expérience fut décevante : au premier tour, la droite effectua une inquiétante poussée et enleva la majorité des sièges attribués d'emblée ; au second tour, les républicains redressèrent la situation, mais ils avaient senti le vent du boulet et pris conscience des risques d'un mode de scrutin qui favorisait les lames de fond et amplifiait les mouvements de masse. L'heure étant à la défense de la République, la prudence commandait de sacrifier la préférence de principe pour le scrutin de liste et de revenir au scrutin uninominal d'arrondissement à deux tours qui ferait office de brise-lames. Par un surcroît de précaution, on interdit en outre les candidatures multiples dont les campagnes de Boulanger avaient montré qu'elle pouvaient tourner à un plébiscite déguisé. Dès lors, ce mode de scrutin, qui avait consommé la fin du boulangisme, affranchi de sa fâcheuse réputation, allait acquérir celle d'être le vrai scrutin démocratique et s'identifier à la République. Plus question d'en changer : les sept consultations qui s'échelonnèrent de 1889 à 1914 eurent toutes lieu au scrutin uninominal d'arrondissement à deux tours.

Toute pratique répétée sur une période prolongée développant progressivement des effets pervers, comme des corps qui sécrètent des toxines, d'élection en élection les inconvénients de ce mode de scrutin devinrent de plus en plus manifestes. Aux yeux d'abord de l'opposition qui lui imputait assez naturellement ses échecs répétés et se flattait de l'espoir qu'avec un autre mode de scrutin elle retrouverait ses chances. Mais aussi de larges secteurs de l'opinion. Dans les années 1900, des essayistes, des politiques instruisirent le procès du scrutin d'arrondissement tenu pour responsable de tous les maux qui affligeaient le fonctionnement des institutions. « Scrutin de gladiateurs » qui, au lieu d'opposer des idées et des programmes, tourne à l'affrontement d'ambitions individuelles et dégénère en polémiques *ad hominem.* Scrutin démagogique qui suscite les promesses les plus fallacieuses pour acheter les suffrages et met l'élu dans la dépendance des électeurs. On lui reproche aussi de fractionner le corps électoral, de briser l'unité de la nation et de faire obstacle aux grands mouvements porteurs d'idées généreuses. Dans un discours prononcé à Périgueux en 1911 et qui fit grand bruit, Aristide Briand, président du Conseil, parle des circonscriptions arrondissementières comme de « mares stagnantes » qui entravent l'expression des courants qui renouvelleraient la vie politique ; ce scrutin engendre l'immobilisme, fait obstacle aux réformes : les Chambres qui en procèdent ne représentent ni l'état présent de l'opinion ni moins encore l'avenir, le député ne défendant plus que les intérêts locaux et des vues à court terme.

Un mouvement se dessine alors pour substituer au principe majoritaire qui étouffe la voix des minorités la représentation proportionnelle – la RP – à laquelle on attribue tous les mérites inverses des défauts de celui-là. Plus juste, puisque toutes les opinions sont représentées ; se pratiquant nécessairement dans un cadre plus large, elle soustraira les candidats aux tentations démagogiques et les élus à la tutelle des électeurs. Elle supprimera la corruption et permettra le renouvellement de la vie politique en favorisant les débats de fond sur les vraies questions. La France du Nord escompte aussi qu'elle mettra fin à la domination des élus du Midi dont elle pense, à tort ou à raison, qu'ils accaparent les places et les positions de pouvoir. Le partage entre tenants du scrutin majoritaire et partisans de la RP transcende le clivage habituel entre droite et gauche. Les extrêmes, de droite comme de gauche, qui avec le scrutin d'arrondissement sont automatiquement éliminés au second tour par la concentration républicaine, sont spontanément acquis la réforme ; les socialistes s'y rallient : ils la tiennent pour plus démocratique parce que plus juste. Y sont tout aussi naturellement opposés les partis qui gouvernent, à qui la RP risquerait de faire perdre la majorité, mais ils croient sincèrement aussi défendre la

République en défendant le scrutin d'arrondissement. Toutes les propositions en faveur de l'instauration de la proportionnelle viennent immanquablement se briser sur la résistance des centres et si, d'aventure, il se trouve à la Chambre une majorité pour prendre la réforme en considération et émettre un vote favorable, le Sénat est là qui fait bonne garde et rejettera le projet, comme pour le vote des femmes.

Mais en 1919, après la guerre qui a bousculé toutes les habitudes politiques, l'aspiration à faire du neuf est telle qu'il n'est plus concevable de s'opposer à une réforme du mode de scrutin, à condition de ne pas aller trop loin. La loi du 12 juillet 1919 institue un régime qui combine principe majoritaire et proportionnelle. Le cadre est normalement le département avec, en conséquence, un scrutin de liste à un tour : les départements où il y a plus de dix sièges à pourvoir sont sectionnés. Une première répartition des sièges s'opère selon la règle majoritaire : les listes qui ont obtenu la majorité absolue des suffrages exprimés les enlèvent tous. La seconde répartition, s'il n'y a pas eu majorité absolue, se fait à la proportionnelle. Ce système avantage les regroupements : il invite fortement les partis à passer des accords pour entrer en possession de tous les sièges. De fait, à deux élections générales consécutives, à cinq ans d'intervalle, en 1919 et 1924, il donnera la majorité à deux coalitions de sens contraire, de droite d'abord puis de gauche. Bel exemple de l'ambivalence des dispositions juridiques, qui oblige à nuancer les généralités théoriques sur les effets présumés automatiques des régimes électoraux : les résultats sont tout autant ceux que l'intelligence stratégique des formations politiques sait en tirer.

La SFIO ayant ensuite relevé le groupe parlementaire socialiste de l'obligation de défendre la RP et s'étant rapprochée des radicaux, en partie pour contrecarrer la propagande du Parti communiste, la Chambre vote en juillet 1927 le retour au vieux scrutin d'arrondissement pour les élections de 1928. On n'en changera plus. C'est sous ce régime que les Français votèrent donc aux trois dernières élections de la IIIe République, en 1928, 1932 et 1936.

Faisons les comptes. La IIIe République a ainsi connu cinq séquences successives, de durée fort inégale, et pratiqué trois modes de scrutin différents : deux majoritaires, l'un départemental de liste, une seule fois en 1885, l'autre d'arrondissement, et un mode hybride aux deux élections qui suivirent la Grande Guerre. Jamais la proportionnelle intégrale. Le principe majoritaire l'emporte ainsi haut la main : exclusif dans deux de ces régimes et en partage dans le troisième. Le plus usité de tous – treize fois sur seize – a été le scrutin d'arrondissement, celui-là même dont les républicains qui avaient connu le Second Empire avaient horreur, mais qui est devenu le scrutin républicain au point de devenir le symbole du régime avec ses qualités et ses défauts. Au point qu'il sera englobé en 1945 dans la critique de la IIIe République et en partagera l'impopularité.

***

Au reste, la IIIe République a connu sur sa fin un curieux retour de faveur pour la proportionnelle. Sous le gouvernement dirigé par Édouard Daladier en 1938-1939, qui marque un effort pour enrayer le déclin et corriger les défectuosités du fonctionnement des institutions, en même temps qu'est décidée la prorogation des Chambres jusqu'en 1942 et que les partis se mettent d'accord pour réélire à la présidence de la République le président sortant, la Chambre adopte *in extremis*, le 27 juin 1939, une réforme électorale qui institue le scrutin de liste avec répartition proportionnelle des restes au plan national : c'est la victoire de la RP. Cette réforme restera évidemment sans lendemain, emportée avec la IIIe République. Mais qui sait si ce vote ultime des députés n'a pas indirectement frayé la voie à la décision du général de Gaulle en 1945 de faire élire la future Assemblée constituante à la proportionnelle ?

Quel eût été le résultat des élections si elles s'étaient tenues à l'échéance normale, en mai 1940, à la proportionnelle ? On est évidemment réduit à des supputations. Le Parti social français du colonel de La Rocque, qui était absent des élections de 1936, aurait-il eu la centaine de députés que lui laissaient espérer ses centaines de milliers d'adhérents recrutés depuis et ses succès aux élections partielles ? À défaut, on peut calculer ce qu'aurait été la Chambre du Front populaire si elle avait été élue selon le régime adopté en 1939 : les socialistes n'auraient été que 130 au lieu de 150 et les radicaux auraient eu 20 députés de moins ; le reste n'aurait pas été notablement différent ; l'écart entre les deux camps eût ainsi été moins prononcé, mais le Front populaire aurait gardé la majorité. Ce qui donne à penser que, s'il amplifie assurément les mouvements, le scrutin majoritaire déforme moins la représentation que ses adversaires ne le disent et que les conséquences de la différence des régimes électoraux sur la formation des majorités ne sont, tout compte fait, pas si considérables.

Néanmoins, les choix en la matière ne sont pas totalement neutres : les modes de scrutin ne sont pas indifférents. Ils ont en particulier des incidences certaines sur le nombre des partis et sur leurs relations : il y a un jeu de rapports entre régimes électoraux et systèmes de partis. Le scrutin majoritaire uninominal préserve mieux l'indépendance des élus contre les appareils, les systèmes proportionnels les placent davantage dans leur dépendance. Les régimes électoraux ont aussi des effets sur la stratégie des partis et sur leurs rapports : la proportionnelle encourage la prolifération des formations, qui ne sont pas tenues de se chercher des alliés ; les systèmes majoritaires font obstacle à l'émergence de nouvelles formations et obligent celles qui existent à passer des accords en vue du second tour. Le scrutin d'arrondissement pratiqué par la IIIe République a eu un rôle déterminant sur la constitution du paysage politique et a notamment entretenu vivace l'opposition droite-gauche. Le régime retenu pour les élections oriente ainsi indirectement l'expression du suffrage populaire, qui exerce lui-même une influence décisive sur l'ensemble de la vie politique dont il est l'origine et la référence.

Les seconds tours

Le scrutin d'arrondissement, qui a si fortement marqué la IIIe République, comportait entre autres une disposition qui a puissamment contribué à modeler la vie politique en façonnant le comportement des candidats comme des électeurs. Le code électoral disposait que, pour être élu dès le premier tour, il ne fallait pas seulement obtenir la majorité absolue des suffrages exprimés mais que, de surcroît, cette majorité devait être au moins égale au quart des électeurs inscrits : une forte abstention rendait plus difficile d'être élu d'emblée et la conjonction de ces deux conditions imposait un second tour. La fréquence de ces seconds tours a grandement varié au long de la période : d'exception ils sont peu à peu devenus la règle. On peut de ce point de vue distinguer, comme pour les modes de scrutin – et la corrélation n'est pas faite pour surprendre –, plusieurs séquences.

Aux élections de 1877 et de 1881, le second tour concerne moins de 10 % des circonscriptions, la première fois sans doute à cause de la dramatisation qui a entraîné des affrontements dualistes, la seconde en raison de la renonciation de la droite à livrer bataille : neuf sièges sur dix sont pourvus dès le premier tour. Du retour au scrutin d'arrondissement, en 1889, aux élections de 1906 incluses, un second tour a été nécessaire dans un quart environ des circonscriptions. En 1910 et 1914, la proportion passe à 40 % approximativement : ainsi, aux élections du printemps 1914 étudiées par

Jean-Jacques Becker, 350 sièges sont pourvus au premier tour, 250 sont en ballottage. De 1928 à 1936 il n'y a plus qu'une minorité de sièges à être pourvus d'emblée, un tiers environ ; 29 % seulement en 1936. L'exception est devenue la règle.

Cette augmentation régulière des ballottages s'explique en partie par l'accroissement du nombre des candidats, qui réduit mécaniquement les chances arithmétiques d'atteindre la majorité absolue dès le premier tour, en encourageant la dispersion des votes. C'est une conséquence de l'émergence et du développement de partis organisés à l'échelle nationale qui tendent de plus en plus à présenter partout des candidats, même dans les circonscriptions où ils n'ont aucune chance de gagner, à seule fin d'exploiter l'occasion de se faire connaître des électeurs, de présenter leur programme et de préparer l'avenir. C'est notamment la stratégie du Parti communiste à partir de 1924 : elle se révélera payante. Il y a aussi de moins en moins de situations héréditaires, de fiefs qui se transmettent de père en fils.

L'existence d'un second tour n'a pas à ce jour obtenu des observateurs et des historiens toute l'attention que mérite son importance politique : elle a pourtant marqué profondément la vie politique de la IIIe République. À mesure que grandissait sa probabilité, son éventualité a pris une place croissante dans les supputations et les calculs des politiques. La perspective favorise la multiplication des candidatures. Chez l'électeur, elle a suscité un raisonnement et un comportement en deux temps, fort bien résumé par l'adage « Au premier tour on choisit, au second on élimine ». Le second tour tend à devenir le tour décisif. L'intervalle d'une semaine entre les deux se prêtait à toute sorte de tractations et de combinaisons, certains candidats monnayant leur désistement. Ce sont ces manœuvres entre autres qui ont alimenté le procès instruit par les partisans de la RP contre le scrutin uninominal, pour immoralité. D'autant que des candidatures inopinées pouvaient fort bien surgir entre les deux tours : l'un des cas les plus connus est celui, dans la Loire, en 1936, d'Antoine Pinay, sollicité de se présenter au lendemain du premier tour et se faisant élire. D'un tour à l'autre s'opéraient des déplacements de voix. Est-ce à dire que le second tour faussait l'expression du suffrage en infléchissant le résultat définitif ? Le reproche, qui lui a été fait, est injuste : en reportant sa voix au second tour, l'électeur désigne les limites qu'il entend ne pas franchir à droite ou à gauche, et dessine les contours d'une majorité. Sous la IIIe République, la succession des deux tours a beaucoup fait pour fortifier la cohésion des blocs, maintenir vivace la frontière entre droite et gauche et donner un sens aux débats politiques.

Les inégalités de représentation

Le principe, à la base de la démocratie, qui avait inspiré l'instauration de l'universalité du suffrage, est qu'une voix en vaut une autre : elles sont toutes égales.

Son application intégrale voudrait que tous les élus pèsent le même poids, en d'autres termes qu'ils représentent tous un nombre égal de suffrages. La réalisation de ce vœu est fort malaisée à cause du lien avec le territoire, qui engendre le découpage de l'ensemble géographique français en circonscriptions plus ou moins calquées sur les divisions administratives, canton, arrondissement, département. Or il n'y a pas, et il ne peut y avoir stricte égalité entre les unités ainsi constituées ; la population n'est pas uniformément répartie à la surface du territoire : une partie est concentrée dans des villes, d'un département à l'autre les densités sont inégales. En outre, la distribution de la population n'est pas immuable : elle se modifie avec les années. À supposer qu'on ait réussi un moment à réaliser une adéquation satisfaisante entre la distribution des habitants et le nombre des sièges, en quelques années le rapport aura été modifié par les déplacements de population, l'exode rural, qui dépeuple les cantons ruraux, et l'attirance des villes qui gonfle les secteurs urbains. Les inégalités sont donc inévitables. Elles sont aggravées par la décision d'accorder même aux départements les moins peuplés plusieurs députés. Ainsi la loi de juillet 1919, celle-là même qui faisait la part belle au principe proportionnel, avait-elle tenté de réduire les inégalités en instituant un quotient électoral d'un député pour 75 000 habitants. La chose était facilitée par le choix du cadre départemental, mais une disposition annexe en contrariait aussitôt l'application : aucun département ne devait avoir moins de trois députés et la Chambre ne devait pas en compter plus de six cents.

Cette règle avantageait la France rurale en privant la population des villes d'une représentation proportionnée à son importance numérique. Jusqu'à la fin de la IIIe République, le monde de la campagne bénéficia d'une nette surreprésentation. La société française restera tardivement, il est vrai, en majorité rurale : ce n'est pas avant le recensement de 1931 que la population dite rurale cessera de détenir la majorité absolue, encore faut-il se souvenir que le seuil qui délimitait le passage du rural à l'urbain était fixé à deux mille habitants groupés au chef-lieu de la commune, chiffre fort bas, inférieur à celui adopté par les pays voisins et qui faisait passer dans l'évaluation de la population réputée urbaine nombre de bourgs où le mode de vie est incontestablement plus proche de celui des villages que des agglomérations urbaines. Se superposant à cette situation, le découpage du territoire en circonscriptions eut pour conséquence que, jusqu'à la fin de la IIIe République, une majorité de députés fut élue par une majorité rurale. Ne parlons pas du Sénat où les maires des trente et quelque mille communes rurales détenaient la majorité dans les collèges appelés à désigner leurs représentants dans le Grand Conseil des communes de France.

Ce pouvoir du monde rural n'allait pas à l'encontre des intentions du parti républicain. Gambetta avait eu la clairvoyance de reconnaître que la République n'avait de chance de s'établir durablement en France que si elle gagnait la confiance des paysans qui voyaient jusque-là dans les républicains des « partageux ». Sous son impulsion, le parti républicain avait opéré une conversion et transféré son centre de gravité des villes aux campagnes. Lui-même avait créé un ministère de l'Agriculture qui devait être le ministère de l'Intérieur des agriculteurs. Après lui Jules Ferry s'était écrié en 1888, dans un important discours à Bordeaux à propos du « suffrage universel des campagnes » : « Gardons-le bien, ne l'inquiétons pas. Ne le lassons pas. » Cet avertissement restera un impératif jusqu'à la chute du régime. Il explique, entre autres conséquences, que les paysans ont toujours bénéficié d'un régime fiscal particulièrement avantageux. Il est vrai que la plupart des petits exploitants n'auraient pas été en mesure de payer plus d'impôts. Cette sollicitude de tous les gouvernements pour la paysannerie ne lui a pas nécessairement été favorable dans le long terme : à l'abri d'une protection douanière renforcée, elle a pu prospérer médiocrement sans innover. De là qu'à la veille de la Seconde Guerre, en dehors de quelques régions plus dynamiques ou de certaines productions de pointe, notre agriculture a pris du retard sur celle d'autres pays européens. Ce sera l'une des grandes entreprises de l'après-guerre que de rattraper ce retard et de rejoindre le peloton de tête.

Les autres types de consultation

Pour être indiscutablement les plus visibles et celles qui ont structuré le déroulement de la vie politique, les élections législatives ne sont pas les seules : les citoyens sont, on l'a dit, appelés à choisir aussi le conseiller général, qui représente leur canton au conseil général et participe à la gestion des affaires du département, et les conseillers municipaux, qui gèrent celles de la commune. Le rythme de leur renouvellement est plus espacé : sexennal avec renouvellement par moitié pour les conseillers généraux, sexennal aussi pour les municipalités.

Ces élections sont-elles des élections politiques ? Ne seraient-elles pas plutôt, comme les désignent nos voisins italiens, des élections administratives, l'activité essentielle de ces élus consistant à gérer au quotidien la vie des collectivités locales ? La loi leur interdit expressément de se prononcer sur les questions politiques dont l'examen est jalousement réservé aux seuls parlementaires siégeant à Paris : elle fait défense aux conseils généraux d'émettre des vœux à tonalité politique.

Et pourtant si, dans de petites communes, le choix entre les candidatures individuelles ou même entre des listes concurrentes peut n'obéir qu'à des considérations de personne, traduire des préférences dictées par la sympathie, la défiance ou de vieilles rancunes transmises de génération en génération, la plupart de ces élections locales se chargent d'un contenu politique plus ou moins explicite, qui mérite donc de retenir l'attention de l'historien de la vie politique. Le renouvellement périodique des conseils généraux est attendu et on scrute ses indications sur l'évolution du rapport des forces. Les campagnes pour les élections locales ont souvent donné lieu à des compétitions acharnées dont l'enjeu ne se réduisait pas à départager des ambitions individuelles. Il dépendait des conseils municipaux de mettre en œuvre les orientations générales tracées par le législateur : par exemple, dans la querelle religieuse qui a si profondément divisé le pays entre 1880 et 1905, il leur incombait d'appliquer les lois de laïcisation : à eux de remplacer les religieuses par des infirmières civiles dans les hôpitaux, de séculariser les cimetières ; ils pouvaient y mettre du zèle ou en différer la mise en œuvre. Le conseil municipal de Paris, qui est alors orienté à gauche, n'a pas traîné pour laïciser les établissements de l'Assistance publique tandis qu'en certaines communes de l'Ouest ou dans le Haut Doubs des municipalités se sont opposées au retrait du crucifix des salles de classe de l'école communale. En plusieurs circonstances, le renouvellement général des conseils municipaux a revêtu une importance historique : Daniel Halévy a évoqué la révolution des mairies qui suivit la crise du 16 mai 1877. Les élections municipales de 1935 furent la première occasion de tester la politique du Rassemblement populaire et la force du mot d'ordre d'union contre le fascisme. Aussi le calendrier de ces élections s'entrelace-t-il avec celui des élections majeures, les législatives, pour composer une suite rapprochée de rendez-vous avec les électeurs, qui les tiennent en haleine, maintiennent la pression et assurent une animation politique presque continue. C'est du reste un reproche qu'adressent au suffrage universel ses adversaires, d'entretenir des passions immodérées, de susciter des querelles stériles et d'empêcher le pays de travailler.

Aux autres élections, on l'a dit, les millions d'électeurs ne participent point : ils sont tenus à l'écart des élections sénatoriales comme de l'élection présidentielle. Cette exclusion ne les empêche pas de s'y intéresser et parfois de peser peut-être sur le résultat. Par exemple s'est dessiné en 1913 un mouvement d'opinion en rapport avec l'aggravation de la situation internationale et un réveil du sentiment patriotique autour de l'élection présidentielle : l'élection de Raymond Poincaré a ainsi tranché sur les précédentes. Élection singulière à plus d'un titre : c'était la première fois qu'était élu à la magistrature suprême le président du Conseil en exercice.

CHAPITRE IV

La présidence de la République et les présidents

Si l'ordre de présentation des divers acteurs de la vie politique devait se calquer sur la hiérarchie implicite de préséance qui règle leurs rapports, ce n'est assurément pas par l'exécutif que l'on commencerait. À l'encontre de la priorité à laquelle nous a accoutumés depuis plus de quatre décennies la pratique de la Ve République dessinée par Charles de Gaulle et maintenue par ses successeurs en faveur de la fonction présidentielle, sous la IIIe République la primauté de pouvoir comme de prestige pour toute sorte de raisons appartient sans conteste à la représentation nationale, avec les conséquences que l'on verra sur le fonctionnement des pouvoirs et les processus de décision : les répercussions s'en feront sentir sur toutes les composantes de la vie politique.

Selon un schéma devenu banal avec la monarchie constitutionnelle, le pouvoir exécutif, tel qu'il a été organisé par les lois constitutionnelles de 1875, se dédouble. Parler d'exécutif à deux têtes, comme on fait parfois aujourd'hui, serait un anachronisme et pourtant l'expression décrit assez exactement la réalité. Il y a un chef de l'État qui porte le titre de président de la République et un cabinet composé de ministres dont le nombre et la répartition varient. Nous les considérerons tour à tour.

La présidence de la République

C'est la magistrature suprême, charge prestigieuse. Il n'y a pas plus grand honneur pour un homme politique. C'est le couronnement d'une carrière et beaucoup y ont aspiré qui n'ont pas obtenu de leurs pairs cette consécration.

Le président est d'une certaine façon le successeur des rois de France. C'est bien ce qu'avaient voulu les auteurs des lois constitutionnelles : à défaut d'une monarchie, ils avaient pensé donner un monarque à la France. La fonction présidentielle était conçue comme une structure provisoire dans l'attente de circonstances qui permettraient d'y installer un prétendant : la restauration de la monarchie conformerait alors le droit à la réalité. D'un monarque le président avait toutes les attributions y compris la plus régalienne, le droit de grâce : il ne lui manquait que la durée à vie et l'hérédité. À défaut de magistrature viagère, on avait reconduit le septennat adopté pour le maréchal de Mac-Mahon. C'était la durée la plus longue pour les pouvoirs publics : sept ans en face des quatre années de la Chambre des députés. Ses pouvoirs étaient étendus et s'exerçaient en divers domaines, y compris le législatif.

Car la Constitution de 1875 n'institue pas une véritable séparation des pouvoirs. Le président participe à l'élaboration de la loi : il en partage l'initiative avec le Parlement, il a la faculté de demander une nouvelle délibération avant de promulguer un texte et il lui revient ensuite de veiller à son exécution. Il a barre sur la représentation nationale, au moins sur la Chambre, par le droit de dissolution qui l'habilite à abréger la durée d'une législature et l'autorise à renvoyer les députés devant les électeurs. À une condition : obtenir un avis conforme du Sénat, mais qui doute en 1875 que la Haute Assemblée, composée pour un quart de sénateurs inamovibles et pour le reste d'élus de collèges de notables ruraux, refuse jamais au chef de l'État engagé dans un conflit avec la Chambre basse son approbation ? Dans l'esprit des constituants, président et Sénat sont alliés pour tenir en respect les élus du suffrage universel.

Le président choisit les ministres dont il préside le Conseil : disposition capitale dont ne peuvent se prévaloir la plupart des monarques constitutionnels, qui lui garantit qu'il ne sera pas tenu en dehors de la conduite des affaires et lui permet d'être l'arbitre des différends éventuels entre ministres. Il a un droit de regard sur la politique extérieure : c'est auprès de lui que sont accrédités les ambassadeurs des puissances étrangères. Il entretient avec le ministre des Affaires étrangères des relations plus étroites qu'avec les titulaires des autres départements ministériels et est tenu informé des négociations en cours. On peut presque dire, à condition de n'user de l'expression qu'avec prudence, que la politique extérieure fait partie d'une sorte de domaine réservé : l'expression ne trahit pas la réalité. Il nomme à tous les emplois civils et militaires. En vérité, quelles compétences pourrait-il bien avoir en plus ? Le président dont les lois constitutionnelles ont dessiné le profil est bien un monarque.

La réalité fut fort différente : la pratique eut tôt fait de s'écarter de ce schéma pour lui substituer une tout autre coutume, sans qu'il y ait eu la moindre révision des textes, qui demeureront jusqu'à la chute du régime ce qu'ils étaient lors de leur adoption en 1875. On ne connaît guère d'exemples de divorce aussi prononcé entre les textes et la pratique. L'évolution est essentiellement due aux circonstances et aux comportements des hommes qui ont fait prévaloir une interprétation fort éloignée de celle qui avait inspiré la rédaction de la Constitution.

À vrai dire, les textes eux-mêmes n'étaient pas dépourvus d'ambiguïté : c'est elle du reste qui avait rendu possible la réunion d'une majorité pour les adopter. Ils comportaient des dispositions qui restreignaient les possibilités d'intervention du président dans les délibérations parlementaires : la majorité royaliste de 1873, qui se défiait de Thiers et redoutait son talent de persuasion, avait adopté un texte qui interdisait sa venue à l'Assemblée et ne lui permettait de communiquer avec elle que par un message écrit dont le président de l'Assemblée donnerait lecture. En un temps où la parole avait encore un grand pouvoir dans la délibération, et dans un système où, en l'absence de structures partisanes contraignantes, il n'y avait pas de discipline de vote imposée, cette disposition – dite loi chinoise – privait le chef de l'État d'un pouvoir d'influence. Une autre disposition, justifiée par l'irresponsabilité politique du président, requérait, afin de le soustraire à un vote de défiance, pour chacun de ses actes un contreseing ministériel : elle devait produire des effets contraires à l'intention qui l'inspirait. Aucun ministre ne consentant évidemment à porter la responsabilité d'actes ou de déclarations qu'il n'aurait pas approuvés, c'est la signature du président qui devient la formalité. L'obligation du contreseing est insidieusement étendue par la coutume à tous les actes et à tous les gestes du chef de l'État : il ne peut voyager, que ce soit en France ou à l'étranger, sans être accompagné d'un membre du gouvernement appelé à assumer éventuellement la responsabilité de ses faits et gestes. De même pour ses déclarations : tous ses discours ou allocutions doivent avoir été approuvés par le gouvernement et lui avoir donc été soumis au préalable, tout comme le discours du trône prononcé par le souverain britannique à la rentrée du Parlement de Westminster, dont il est notoire qu'il est rédigé par le gouvernement. D'où la justesse du mot que l'on prête au président Félix Faure : « Je suis la reine d'Angleterre. »

La référence à l'expérience politique de la Grande-Bretagne rappelle que les régimes de monarchie constitutionnelle se prêtent à des interprétations différentes. Déjà sous la Monarchie de Juillet, s'il y avait bien un accord assez général sur la forme monarchique du régime, s'affrontaient avec violence des interprétations contradictoires : à ceux qui, déclarant que le trône n'était pas un fauteuil vide, jugeaient que le roi avait le droit d'intervenir dans la conduite politique et défendaient la prérogative royale, s'opposaient ceux qui professaient que le roi règne mais ne gouverne pas et estimaient en conséquence que ses interventions dans la décision politique étaient autant d'ingérences inadmissibles. La controverse n'avait pas été définitivement tranchée : elle demeurait en suspens.

Elle sera vite résolue. Ce fut l'effet de la malheureuse crise du 16 mai, imprudemment engagée par le président. On sait l'importance au début de tout régime des premières décisions : elles déterminent l'avenir des institutions qui prennent alors, comme un vêtement, un pli qui ne s'effacera plus. Contrairement au point de vue de l'opposition républicaine, qui deviendra la thèse officielle, Mac-Mahon n'avait pas tort sur le fond et son initiative n'était en contradiction ni avec le texte des lois constitutionnelles ni avec les intentions de leurs auteurs, mais une stratégie maladroite a fait le jeu de ses adversaires. Le maréchal a dû se ranger au point de vue des républicains et valider l'interprétation parlementariste des institutions. Dès lors, le sort est scellé de la prérogative présidentielle : elle est morte. Sa reddition assure le triomphe définitif de la lecture de la Constitution qui affirme la supériorité des Chambres sur l'exécutif, président et gouvernement confondus. Elle fonde durablement la tradition dite républicaine : il est désormais entendu, pour tout démocrate, que la suprématie appartient à la représentation parlementaire et que toute tentative pour restituer à l'exécutif une partie des pouvoirs perdus est un attentat contre la démocratie, identifiée à la souveraineté de la représentation nationale, elle-même considérée comme l'expression du peuple souverain. Le souvenir tout proche encore du régime impérial et de ses pratiques n'a pas peu contribué à conforter cette interprétation. La rupture est consommée entre la démocratie, identifiée à l'omnipotence du Parlement, et l'autorité de l'exécutif, confondue avec le despotisme césarien.

Par conviction républicaine, à moins que ce ne soit pour certains par faiblesse de caractère, les successeurs de Mac-Mahon se conformeront à ce modèle et se feront un devoir de respecter la prépondérance parlementaire. À commencer par le premier, Jules Grévy, porté à la magistrature suprême lors de la démission de Mac-Mahon. Fidèle à ses convictions de toujours – en 1848, il avait pris position contre l'instauration d'un président et s'était prononcé en faveur d'une présidence collégiale, plus conforme au dogme républicain de fonctions impersonnelles –, il fixe la tradition. On parlera de constitution Grévy pour qualifier l'inflexion qu'il imprime à la pratique institutionnelle. On se gardera cependant d'y insister trop : s'il est vrai que le président Grévy prend le contre-pied d'une présidence monarchique ou aristocratique et flatte le goût républicain pour une présidence sans faste ni éclat, il n'en exerce pas moins une influence sur la conduite des affaires, en particulier à l'occasion de la formation des cabinets. Ainsi, il s'est longtemps refusé à appeler Gambetta et, quand il s'y résout, il est trop tard pour celui-ci : il a empêché Gambetta de jouer le grand rôle auquel il aspirait et dont l'animateur de la Défense nationale avait vraisemblablement les capacités et le talent. Ce fut peut-être dommageable aussi pour la République.

Le choix des successeurs de Jules Grévy ne renversa pas la tendance. C'est la conséquence d'un troisième facteur qui concourt à expliquer l'affaiblissement durable de la fonction : les conditions de son élection. Le texte de la loi dit : « Le président de la République est élu à la majorité absolue des suffrages par le Sénat et la Chambre des députés réunis en Assemblée nationale. » Ne commettons pas d'anachronisme en nous méprenant sur le sens des mots : ce que la Constitution de la IIIe République appelle Assemblée nationale ne désigne pas la chambre élue au suffrage universel, mais la réunion des deux chambres qui composent le Parlement, ce que nous appelons aujourd'hui le Congrès. L'addition des deux avoisinant un total de 900 parlementaires, la majorité requise se situe autour de 450. La tradition veut que l'élection ait pour cadre le lieu de naissance de la IIIe République, la salle des séances du château de Versailles où l'Assemblée avait siégé quatre ans et demi, de mars 1871 à décembre 1875, et où les Chambres siégèrent jusqu'en 1879. Cet usage survivra au régime : c'est encore à Versailles que seront élus les deux présidents de la IVe République, Vincent Auriol et René Coty, comme c'est toujours à Versailles que retournent sénateurs et députés pour réviser la Constitution. Symbole de continuité à travers la succession des régimes.

Ce mode d'élection n'est pas sans conséquence sur le choix des hommes et sur l'exercice de la fonction. L'élection proprement dite est précédée par toute sorte d'intrigues personnelles et de tractations entre les groupes. La coutume républicaine a institué une procédure qui a quelque ressemblance avec les *caucus* américains, le vote indicatif d'une instance qui n'a pas d'autre occasion d'exister, formée de la réunion des groupes républicains des deux Chambres. Cette pratique a été suscitée et justifiée par le souci de défendre la République menacée par la réaction et de barrer la route à une candidature de droite. De 1886 à 1906, le vote de cette instance officieuse a toujours été suivi par l'Assemblée nationale. La mécanique s'est enrayée pour la première fois en 1913 : Raymond Poincaré l'a emporté avec le vote d'une partie de la droite sur Pams, le candidat désigné par la réunion des gauches des deux Chambres. En janvier 1920, dans le prolongement de l'Union sacrée, la réunion a été ouverte à tous les groupes, sans distinction entre ceux qui s'estiment les gardiens de la République et les autres ; c'est la levée d'un tabou. En 1924, se reproduit l'épisode de 1913 : Gaston Doumergue l'emporte avec le concours de la droite sur Paul Painlevé, le candidat du Cartel des gauches.

Ce collège électoral se défie par principe des personnalités fortes dont il craint qu'elles n'adoptent un style autoritaire. Ses préférences vont à des personnages consulaires qui ont derrière eux une longue carrière et dont l'accession à la magistrature suprême comble les ambitions. Ni Jules Ferry ni Georges Clemenceau n'ont été présidents : ils ont été délibérément écartés ; Gambetta, s'il avait survécu à son accident, ne l'aurait sans doute pas davantage été. Briand non plus ne l'a pas été. Une consigne tacite écarte les hommes dont on pressent qu'ils pourraient être tentés de donner à la fonction un tour plus actif. Le mot attribué à Clemenceau en 1887 : « Je vote pour le plus bête » est certainement injuste pour Sadi Carnot, mais révèle bien l'état d'esprit de ses collègues. Et si d'aventure l'élu trahit leur attente, on l'accule à la démission. Le processus s'est reproduit deux fois, avec Jean Casimir-Perier et Alexandre Millerand. Dans les deux cas, par-delà les désaccords proprement politiques, c'est une divergence essentielle sur la primauté du Parlement qui a provoqué le conflit et entraîné la défaite du président. La plupart des présidents ne songent pas à s'opposer au Parlement : ils en sont issus. La position qui désigne le mieux son titulaire pour l'occuper est la présidence du Sénat, à laquelle on n'accède qu'après un long apprentissage du métier parlementaire. Les heureux élus partagent la conviction que la République se définit par la souveraineté absolue de la représentation nationale. Ils ont été élus pour la faire respecter et ils se comportent en mandataires loyaux. Même les plus désireux de jouer un rôle, ceux qui s'en sentent la capacité, rongent leur frein en silence et laissent gouverner le président du Conseil, tel Poincaré avec Clemenceau. Élu de ses collègues, tenant d'eux sa légitimité, le président est dans leur dépendance et n'a en dehors du Parlement aucun point sur lequel il puisse prendre appui. S'il voulait jouer un rôle actif et infléchir en sens inverse la pratique des institutions, mal lui en prendrait. C'est l'enseignement de l'épisode qui est lié au nom de Millerand : il est éclairant.

Le dixième président de la République, homme d'action, doué d'une grande puissance de travail, qui avait débuté sous les auspices du socialisme, après la démission de l'éphémère Paul Deschanel que le Congrès avait préféré à Clemenceau pour les raisons susdites bien qu'il n'ait jamais été ministre, passe directement en

1920 de la présidence du Conseil à celle de la République comme naguère Poincaré. Habitué à décider et à agir, il n'entend pas se laisser confiner dans un rôle de pure représentation. Au reste, étant l'un des chefs du Bloc républicain national, il avait fait campagne en novembre 1919 pour une révision constitutionnelle qui renforcerait les pouvoirs du président : dans un discours mémorable prononcé à Ba-Ta-Clan, il avait plaidé pour un élargissement du collège électoral par inclusion de délégués des conseils généraux ainsi que des corporations, qui aurait soustrait le chef de l'État à la dépendance exclusive des parlementaires et en aurait fait le représentant de la nation plus que les députés. Il préconisait aussi de relever le droit de dissolution de la désuétude où il était tombé depuis 1877. À peine élu, dans le message qu'il adresse aux Chambres il se prononce derechef, mais cette fois avec l'autorité que lui confère sa fonction, pour un pouvoir exécutif libre. Dans l'exercice de sa présidence, il se conforme à ses idées. Il garde le cabinet qu'il dirigeait et place à sa tête un homme qui ne lui fera pas d'ombre, Georges Leygues. Il continue à se conduire en chef de gouvernement, reçoit les préfets, les directeurs de ministère. Il intervient activement dans la conduite des affaires, en politique étrangère surtout : il travaille à rétablir les relations avec le Saint-Siège. Il désavoue publiquement le président du Conseil, Aristide Briand, qui négociait directement à Cannes un accord avec la Grande-Bretagne, et le contraint à la démission. Il pousse à l'occupation de la Ruhr.

À l'approche du renouvellement de la Chambre, il s'écarte de la neutralité observée par ses prédécesseurs et conduit la campagne de la majorité sortante, comme il avait fait en 1919, mais cette fois il est président de la République. Le 4 octobre 1923, il prononce à Évreux un discours décisif pour lequel il n'a pas demandé l'assentiment du gouvernement : ce discours-programme fait l'effet d'une bombe dans le monde politique. Il donne son avis sur tout, passe en revue les problèmes pendants, dispense l'éloge et le blâme : il rend hommage au Bloc national pour l'œuvre accomplie, fustige le pacifisme des socialistes, le sectarisme des radicaux. Surtout, il suggère des retouches à la Constitution qui donneraient plus de stabilité à l'exécutif. Ces propositions, auxquelles la Constitution de 1958 a largement fait droit, nous paraissent aujourd'hui bien anodines, mais, dans le contexte politique du temps, elles sont ressenties comme autant d'atteintes à la démocratie. Au regard de la tradition républicaine, l'intervention du président dans la bataille électorale est considérée par l'opposition de gauche comme un manquement grave aux devoirs de sa charge qui lui font obligation de rester neutre. Quand le cabinet Poincaré est mis en minorité en mars 1924, un communiqué de l'Élysée met la démission du président dans la balance au cas où le pays ne serait pas favorable à la politique qui a eu son approbation. L'opposition exhume le souvenir de Mac-Mahon et la crise du 16 mai retrouve une soudaine actualité. Dès lors il est évident que le président et avec lui, peut-être, la fonction seront entraînés dans les remous de la campagne électorale. Le Cartel des gauches a pris Millerand au mot. Le journal lancé par la gauche en vue de l'élection, le *Quotidien*, recueille l'avis des leaders de la gauche, Édouard Herriot, Léon Blum, Paul Painlevé : ils sont concordants. L'attitude de Millerand est la négation du régime parlementaire ; l'Élysée ne doit pas avoir de volonté politique ; le Parlement a seul qualité pour approuver ou désapprouver un gouvernement. Rien n'est plus contraire à la tradition démocratique que la thèse orléaniste de la double confiance.

La défaite, le 11 mai 1924, de la majorité sortante est donc celle aussi du président. Le pays l'a désavoué comme en 1877, mais cette fois la gauche est décidée à pousser plus loin les conséquences. En 1877, les républicains s'étaient satisfaits d'un acte de contrition de Mac-Mahon et l'avaient maintenu à l'Élysée. En 1924, c'est la démission du président qu'ils exigent. Le lendemain même des élections, le *Quotidien* réclame : « Toutes les places et tout de suite. » À commencer par la première, la présidence de la République. La gauche triomphante reprend tous ses griefs contre Millerand. S'ouvre alors une crise qui n'est pas une crise ordinaire. Les 30 et 31 mai, les nouveaux élus de tous les groupes de gauche tiennent réunion sur réunion : le groupe radical, le plus nombreux et qui sera de ce fait l'axe de la nouvelle majorité, adopte par 111 voix contre 4 abstentions un ordre du jour déclarant que « le maintien à l'Élysée de M. Millerand blesserait la conscience républicaine ». Quelle délicatesse dans les termes ! Le 1er juin, le mot d'ordre est repris par 307 députés, plus que la majorité absolue de la nouvelle Chambre.

L'épreuve de force est engagée dont l'enjeu est plus grave encore qu'en 1877.

Millerand espère encore éviter la démission par sa soumission. Il s'incline devant le choix des électeurs et appelle le radical Édouard Herriot à former le gouvernement. La majorité ne se satisfait pas de ce geste : elle entend acculer le président au départ, mais comment l'y contraindre ? La Constitution ne comportant aucune indication pour une situation de la sorte, la gauche va devoir recourir à des procédés indirects. Elle reprend la tactique, qui avait réussi en 1877, de double refus : refus des leaders pressentis de former un gouvernement, refus de la Chambre d'entrer en rapport avec des cabinets constitués par des hommes du président. Tour à tour Herriot, Painlevé, Steeg déclinent les offres de l'Élysée. Millerand se tourne alors vers Poincaré avec l'arrière-pensée de dissoudre la Chambre, mais l'ancien président se dérobe. En désespoir de cause, le 8 juin, Millerand s'adresse à un sénateur de droite, ancien ministre des Finances du gouvernement Poincaré, et adresse un message aux Chambres. Par 327 voix contre 217, la Chambre des députés décide de « ne pas entrer en relations avec un ministère qui, par sa composition, est la négation des droits du Parlement » et le Sénat s'aligne sur la même position par 154 voix contre 144. C'est l'indication que la Haute Assemblée ne donnerait pas son accord pour la dissolution de la Chambre. Millerand n'a plus d'échappatoire : il ne lui reste plus qu'à remettre sa démission. Ainsi se dénoue l'une des plus graves crises entre les pouvoirs qui ait secoué la IIIe République. Elle s'achève sur la défaite de l'exécutif : c'en est fait des projets de restaurer l'autorité de la présidence. Cet échec nourrira l'antiparlementarisme dans les années 1930 et attirera aux ligues la sympathie de ceux qui déplorent l'impuissance de l'exécutif.

Les successeurs de Millerand entendront l'avertissement : ils se garderont scrupuleusement de prendre des initiatives qui pourraient apparaître comme l'expression d'une volonté de pouvoir. Cette attitude aura des conséquences dramatiques au printemps 1940 : le président Albert Lebrun, fort honnête homme, républicain irréprochable, se croira obligé de se comporter en simple observateur de la majorité présumée au Conseil des ministres, d'accepter, le 16 juin, la démission de Paul Reynaud et de faire appel au maréchal Pétain pour constituer le nouveau gouvernement qui demandera l'armistice. On sait quelles conséquences tirera plus tard de cette situation, dont il fut le spectateur désolé et impuissant, le sous-secrétaire d'État à la Guerre, Charles de Gaulle, pour sa réflexion sur les institutions. Toute son action tendra à donner une tête à l'État en instituant une présidence qui soit la clé de voûte du régime et dont le titulaire détienne, de par les conditions de sa désignation, une légitimité qui l'habilite à prendre les décisions exigées par l'intérêt supérieur de la nation.

Ne noircissons pourtant pas trop le tableau. Le président n'est pas dépourvu de tout moyen d'action ni d'influence. Certes il est privé du droit de dissoudre la Chambre, s'abstenant de demander une seconde délibération, ne pouvant s'adresser au Parlement que dans des conditions qui en limitent l'effet, astreint au contreseing ministériel pour la moindre déclaration, et l'on peut se demander s'il lui reste un autre rôle possible que celui de maître de cérémonies à l'instar des souverains des monarchies scandinaves. Le croire serait méconnaître tout un pan de son action qui demeure dans l'ombre et reste, de ce fait, méconnu de l'opinion comme des historiens. Si le bipartisme britannique ne laisse au monarque aucune liberté de choix pour la désignation du Premier ministre qui lui est imposé par le suffrage des électeurs donnant la majorité à un parti, en France la pluralité des partis, la dispersion des forces politiques, l'absence de discipline qui aboutit ordinairement à la formation d'une dizaine de groupes parlementaires laissent au président une marge de jeu en l'absence d'une majorité qui s'impose. La plupart des politiques portés à la présidence avaient une bonne connaissance du personnel parlementaire, de la finesse et de l'habileté. Ils ont favorisé certaines ascensions, ils en ont entravé d'autres. Grévy, on l'a rappelé, a écarté Gambetta. En 1926, Doumergue a contraint Herriot à se présenter devant les Chambres avec un dernier gouvernement cartelliste à seule fin de démontrer qu'il n'y avait plus de majorité à gauche. Même un président que la légende présente comme respectueux de la prépondérance parlementaire, Jules Grévy, se faisait de sa fonction une idée qui était loin d'être négative si l'on en croit les propos rapportés par Bernard Lavergne à l'occasion de l'affaire Schnoebelé et qui sont très étonnants : « Je ne permets à personne de diriger ces deux choses : la guerre et les affaires extérieures. Pour le reste je suis très coulant. Mais il ne faut pas qu'on oublie que c'est moi le gouvernement puisque je suis le pouvoir exécutif. Les ministres sont mes commis. S'ils ne marchent pas à ma fantaisie, je les change. Sur ce point, ils feront ce que je voudrai, ou ils s'en iront. »

Les présidents et l'opinion

À défaut de grands pouvoirs, la présidence trouvait-elle dans l'opinion un soutien et disposait-elle en retour d'une influence sur les citoyens ? La réponse n'est pas d'une seule pièce : elle varie avec les titulaires. Certains ont joui d'une réelle popularité, tels Armand Fallières ou Gaston Doumergue, mais qui allait plus à la bonhomie qu'on leur prêtait qu'à leur autorité, signe qu'on n'attendait pas d'eux qu'ils exercent un vrai pouvoir. Les présidents sont la cible préférée des chansonniers qui les moquent gentiment. Les jugements sur eux sont rarement sévères parce qu'on ne les tient pas pour responsables. La fonction n'inspire pas grand respect. Si l'opinion ne leur porte pas de sentiments plus forts, c'est aussi que les occupants de l'Élysée ne sont pas ceux que le suffrage populaire aurait plébiscités : si le corps électoral avait eu son mot à dire, il aurait porté à la magistrature suprême Gambetta, Jules Ferry, Clemenceau, Briand. Les parlementaires les ont systématiquement écartés. La discordance entre les élus présomptifs du suffrage universel et les choix de la classe politique a creusé un vide et peut-être affaibli le régime. Si les vieux républicains, pour qui la République est le contraire de tout pouvoir tant soit peu personnel, se félicitent que rien ne rappelle les usages de la monarchie, une autre partie de l'opinion se sent orpheline et regrette qu'il n'y ait pas à la tête de l'État une personnalité forte qui dispose d'une autorité supérieure à celle des politiciens et qui donne à la France un visage et une âme. Ce sentiment n'est pas propre aux fidèles de l'ancienne monarchie ; il expliquera certaines sympathies dans l'entre-deux-guerres pour des régimes étrangers (et pas seulement pour la monarchie britannique), qui traduisent une frustration effective. Et pourtant, à plusieurs moments, dans des circonstances graves, le pays s'est tourné vers le président de la République et serré autour de lui : ainsi, en août 1914, en réponse à l'appel de Poincaré en faveur de l'Union sacrée. L'appel du président en exercice à l'un de ses prédécesseurs, Poincaré en 1926, Doumergue en 1934, a chaque fois rencontré une large approbation qui manifestait bien que la fonction n'était pas totalement dépourvue de prestige.

Le contraste est assez paradoxal entre cette charge plus honorifique, à tout prendre, que décisionnelle, exercée par des hommes estimables mais généralement effacés et qu'on chansonne, et le destin de la fonction qui a été singulièrement dramatique. La moitié des septennats ne sont pas allés jusqu'à leur terme : aucun des cinq premiers ne s'est terminé normalement. En particulier aucun des seconds septennats : Jules Grévy a été acculé à la démission par le scandale des décorations dans lequel avait trempé son gendre et Albert Lebrun a été écarté le 12 juillet 1940 par le maréchal Pétain. Il y a plus : l'histoire de la fonction a comporté des épisodes tragiques : trois présidents sont morts en fonction dont deux sous le couteau ou les balles d'un assassin : Sadi

Carnot en 1894, Paul Doumer en 1932. Cinq ont démissionné en cours de mandat : Jules Grévy en 1887, Jean Casimir-Perier en 1895, Paul Deschanel en 1920, Alexandre Millerand en 1924 et Albert Lebrun en 1940. Bien que son pouvoir d'influencer la conduite des affaires fût réduit, la fonction a été à haut risque, illustrant le lien qui unit souvent politique et tragédie.

CHAPITRE V

Le gouvernement et les ministres

Le président de la République ayant vu son rôle réduit du fait des circonstances, c'est l'autre branche de l'exécutif, le gouvernement[1], qui a recouvré sous le contrôle du Parlement le pouvoir qui échappait au chef de l'État.

---

1. Pour désigner la réunion autour d'un président du Conseil de quelques hommes qui se répartissent les responsabilités de l'exécutif, trois appellations sont usitées entre lesquelles le langage hésite : gouvernement, ministère, cabinet. Elles ne sont pourtant pas interchangeables et leur emploi ne va pas sans ambiguïté. Gouvernement a l'inconvénient de désigner aussi bien une formation passagère, identifiée par le nom de son chef – le gouvernement Dufaure ou Clemenceau –, que l'instance impersonnelle et permanente qui transcende les équipes successives. Ministère n'est guère plus satisfaisant puisqu'il entretient une équivoque entre un département de l'administration centrale chargé d'un secteur particulier d'activité – le ministère des Affaires étrangères ou celui des Travaux publics – et une conjonction temporaire de personnalités sous l'autorité de l'un des leurs – le ministère Rouvier ou le ministère Tardieu. C'est, tout compte fait, le terme de cabinet, d'importation britannique, qui convient le mieux parce qu'il exclut ces deux ambiguïtés. C'est aussi celui qui est couramment employé sous la IIIe République. Mais aujourd'hui il a vieilli et n'est plus guère compris. En outre, il prête à une autre confusion : avec les collaborateurs immédiats qui composent l'entourage de chaque ministre et l'assistent dans la gestion de son département. En l'absence d'un vocable adéquat, nous emploierons indistinctement les trois termes pour désigner la même réalité.

Par définition la présidence de la République est une fonction détenue par un seul : le gouvernement est, lui, collégial. Il se décline au pluriel, mais ses membres sont solidaires et partagent collectivement la responsabilité de toutes les décisions ; le refus de confiance à l'un des ministres ou à plus forte raison sa mise en accusation entraînent ordinairement la démission du cabinet tout entier. Pour être solidaires, les ministres ne sont pas égaux. Tout gouvernement reproduit une hiérarchie qui les dispose sur une échelle de préséances déterminée en partie par l'importance et l'ancienneté des départements ministériels. Ladite hiérarchie s'ordonne sur trois étages principaux entre lesquels des distinctions subtiles, auxquelles les intéressés attachent grande attention, introduisent des nuances. Au sommet, seul, le chef du gouvernement qui porte le titre de président du Conseil des ministres ; il donne son nom au cabinet dans la longue nomenclature des gouvernements. Viennent ensuite les ministres à part entière et en dernier, ne disposant selon une expression familière que d'un demi-maroquin, les sous-secrétaires d'État. C'est en effet une curiosité de la IIIe République que d'avoir seulement des sous-secrétaires et pas de secrétaires d'État. La suppression de cet échelon intermédiaire est-elle la séquelle d'une réaction contre l'Ancien Régime auquel resterait associée l'appellation ? Pour être complet, il convient de mentionner une espèce assez rare, celles des ministres d'État, une distinction plus honorifique qu'effective qui ne comporte pas nécessairement la direction d'un ministère, une dignité qui est un hommage d'autant plus envié et apprécié.

Le président du Conseil

C'est une autre singularité de la IIIe République et de ses institutions que le chef du gouvernement n'a pas d'existence officielle ; il n'a pas d'état civil, les textes l'ignorent et ne lui confèrent aucune autorité sur ses collègues. Il n'est qu'un *primus inter pares* et ses pairs se chargent si besoin est de le lui rappeler. Le titre qui lui est attribué définit bien le rôle qui lui échoit et qui le distingue de ses collègues : président du Conseil des ministres, il est préposé à la direction de leurs délibérations et veille au bon fonctionnement de la collégialité. Encore la réalité est-elle assez différente puisque, le président de la République n'étant pas tenu à l'écart des réunions du gouvernement, c'est à lui que revient la présidence de ses délibérations. Les gouvernements de la IIIe République pratiquent deux sortes de réunion entre lesquelles c'est la présence ou l'absence du chef de l'État qui fait la différence : les Conseils des ministres qui se tiennent sous sa présidence et les conseils de cabinet dont, en son absence, le chef du gouvernement assure effectivement la direction.

Le président du Conseil n'intervient pas dans la gestion de ses collègues : chaque ministre est maître chez lui et applique comme il l'entend la politique qui a été délibérée en commun. C'est particulièrement vrai en ce qui concerne la politique étrangère pour laquelle le ministre compétent est en relation directe avec le président de la République. Encore après Munich, Édouard Daladier, président du Conseil, de tempérament autoritaire et qui peut se prévaloir personnellement de la confiance du pays, hésite à intervenir dans la direction de la politique extérieure bien qu'il désapprouve les orientations de son ministre des Affaires étrangères, Georges Bonnet. Ce n'est qu'après le coup de Prague, le 15 mars 1939, qui dissipe les dernières illusions sur les intentions réelles d'Hitler, qu'il se décide à donner directement des instructions au général Doumenc qu'il envoie à Moscou traiter avec l'Union soviétique des conditions d'intervention de l'Armée rouge au cas, de plus en plus probable, où l'Allemagne attaquerait la Pologne.

Le président du Conseil n'est qu'un ministre parmi les autres : il ne fait du reste partie du cabinet qu'au titre du ministère dont il est titulaire. La présidence du Conseil est toujours jumelée avec un ministère, elle n'a pas de domicile fixe ni de siège propre : c'est le ministère dont le chef du gouvernement dirige l'activité. Ce n'est pas toujours le même : il n'y a pas de ministère attitré pour le chef du gouvernement. Mais ce n'est pas non plus n'importe lequel : plusieurs n'ont jamais eu l'honneur d'héberger le président du Conseil. Le choix du ministère dépend de plusieurs considérations. Les compétences ou les préférences de l'intéressé et le secteur auquel il porte un intérêt particulier : ainsi l'Instruction publique pour Jules Ferry, la Justice pour Dufaure, l'Agriculture pour Méline ou les Affaires étrangères pour Briand. Mais intervient aussi l'urgence ou la gravité d'un problème qui requiert l'intervention personnelle du chef du gouvernement ; en novembre 1917 Clemenceau s'installe tout naturellement au ministère de la Guerre, et Poincaré rue de Rivoli en

1926 pour conjurer la crise du franc, comme il avait pris le ministère des Affaires étrangères en 1922 pour diriger les négociations sur les réparations. Les couples les plus fréquents sont les Affaires étrangères et l'Intérieur : à eux deux, ils constituent les deux tiers des associations de la présidence du Conseil avec un département.

Après 1919, se dégage peu à peu de l'indivision avec les départements ministériels une ébauche d'institution présidentielle. Le processus a commencé avec la dissociation du président du Conseil d'avec la responsabilité d'un ministère. Déjà en août 1914, en rapport avec le caractère exceptionnel de la situation créée par l'entrée en guerre, Viviani n'avait pas pris de ministère. Poincaré fait de même quand il remanie son gouvernement après les élections de 1928, mais c'est peut-être déjà pour les raisons de santé qui l'obligeront à démissionner quelques mois plus tard en 1929. Doumergue fait de même en février 1934 et Pierre-Étienne Flandin, qui lui succède, suit son exemple. Cette fois, le pli est pris. En 1936, Léon Blum ne se charge d'aucune responsabilité particulière pour se consacrer tout entier à la direction du gouvernement. C'est pour lui une question de principe : il en avait avancé l'idée dès 1919 dans ses *Lettres sur la réforme gouvernementale* où il tirait les leçons de son passage au cabinet de Marcel Sembat. Camille Chautemps se conformera au nouvel usage dans ses deux gouvernements. À la veille de la guerre, la coutume a enfin reconnu comme une nécessité qu'il y ait au-dessus des ministres un chef de gouvernement.

Autour de lui se constitue, de façon tout empirique, un embryon d'organisation administrative, un noyau de services de la présidence du Conseil. Au temps où le président du Conseil n'était pas encore déchargé de responsabilités ministérielles, il arrivait qu'il soit secondé par un sous-secrétaire d'État. En 1920, Millerand est ainsi flanqué d'un sous-secrétaire d'État à la présidence du Conseil et ses successeurs reconduisirent l'innovation. Après une interruption, le titre et la fonction réapparaissent en 1925 dans l'éphémère cabinet Painlevé. Pour les années 1920-1934, on compte ainsi une petite quinzaine de gouvernements ayant comporté ce type de fonction. Léon Blum est assisté de deux sous-secrétaires d'État et l'on voit pour la première fois apparaître, en la personne de Jules Moch, un secrétaire général à la présidence du Conseil, qui annonce de loin le rôle capital que jouera sous les Républiques ultérieures le secrétaire général du gouvernement. Avec le cabinet Chautemps un pas de plus est franchi dans l'organisation des services : au-dessus des sous-secrétaires d'État, un ministre d'État, Ludovic-Oscar Frossard, coordonne l'ensemble des services. Dans le cabinet Daladier (1938-1939), c'est Camille Chautemps en personne, ancien président du Conseil, qui tient ce rôle. Ajoutons que, depuis 1935, la présidence du Conseil n'est plus réduite à quémander l'hospitalité d'un ministère : en 1935, le gouvernement Flandin a acheté un immeuble pour loger les services de la présidence du Conseil, l'ancienne ambassade d'Autriche-Hongrie, l'hôtel de Matignon, rue de Varenne. Le chef du gouvernement n'est pas encore tout à fait émancipé de la cohabitation avec un ministère, mais il a déjà – ou enfin – une demeure : la présidence est dans ses meubles. Sa localisation ne tardera pas à être connue ; l'hôtel Matignon entrera dans l'histoire dès l'année suivante : c'est dans cette résidence que Léon Blum s'installe aux premiers jours de juin 1936, c'est là que seront signés, au terme des négociations qui s'y sont tenues entre les représentants du patronat et les délégués de la CGT, les accords de Matignon, qui marqueront la fin du mouvement de grève et populariseront l'appellation du bâtiment. Ainsi, c'est par un processus parfaitement empirique, pour répondre à de nouvelles nécessités, que s'est instituée une véritable présidence du Conseil qui donne un contenu positif à un titre sans grande portée aux origines de la IIIe République.

Composition et structures des cabinets ministériels

Rien n'est dit, dans les lois de 1875, du nombre des membres d'un gouvernement ni de la répartition des compétences entre eux. Il n'y avait pas davantage de règle dans la législation antérieure. Dans le silence des textes, la composition du gouvernement, le nombre des portefeuilles étaient donc laissés à la diligence des présidents du Conseil et variaient d'un cabinet à l'autre au gré des dispositions personnelles, des ambitions individuelles, de la pression des partis et des circonstances.

Pour l'effectif des membres des gouvernements, la tendance sur la longue durée est incontestablement à une augmentation presque régulière. Dans les premières années, leur nombre est très restreint ; on cite toujours, pour illustrer la surreprésentation des protestants, l'exemple du premier cabinet républicain que préside Waddington en 1879 : il comprend en tout et pour tout neuf ministres, pas un de plus, dont une majorité de réformés. On est proche encore des ministères de la monarchie absolue, avec ses six ministres, ou de la monarchie constitutionnelle. En près d'un siècle, de 1789 à 1879, ni l'effectif des ministres ni la configuration administrative dont le cabinet est l'expression arithmétique et dessine les contours n'ont substantiellement changé : le rôle de l'État et ses rapports avec la société n'ont pas encore été assez transformés pour entraîner des bouleversements dans la répartition des tâches. Soixante ans plus tard, à la veille de la Seconde Guerre – et de la chute du régime –, le nombre des ministres n'est pas loin d'avoir quadruplé : la composition habituelle des gouvernements associe une vingtaine de ministres et une bonne douzaine de sous-secrétaires d'État. Le chiffre le plus élevé a été atteint avec le gouvernement de Léon Blum en 1936 : 35 membres.

Si telle est bien la tendance, appréciée dans le long terme, le mouvement ne s'est pas accompli régulièrement : il s'est effectué par poussées discontinues qui permettent de découper plusieurs séquences. L'arrivée des républicains s'est presque aussitôt traduite par une rapide et appréciable élévation du nombre : l'effectif global oscille entre 15 et 21, ce dernier chiffre pour le ministère Gambetta qui n'est pas grand seulement par les prétentions et la trace qu'il ambitionna de laisser, mais aussi par la taille. La principale innovation porte sur les sous-secrétaires d'État : de 4 ils passent à 9 sous Gambetta ; leur institution répond en partie au souci de permettre à de jeunes parlementaires de faire l'apprentissage du métier ministériel. Cette période d'inflation dure jusqu'en 1886. Le ministère Goblet opère alors une déflation brutale dont les effets se prolongeront pendant vingt ans : on retrouve à peu de chose près les chiffres d'avant 1879, entre 11 et 13, à deux exceptions près. La diminution a été acquise essentiellement par la réduction, parfois même la suppression des sous-secrétariats d'État : aucun gouvernement de ces deux décennies n'en a compris plus de trois. Une légère remontée s'amorce avec le gouvernement Clemenceau en 1906 qui porte l'effectif total au chiffre de 16, dont 4 sous-secrétaires d'État. Cet ordre de grandeur ne changera plus avant 1914.

L'entrée en guerre bouleverse toutes les données en étendant démesurément les tâches de l'État. La structure du gouvernement est profondément modifiée pour s'adapter à ces demandes inédites et à ces responsabilités nouvelles. À côté de ministres qui dirigent des administrations créées de toutes pièces et des sous-secrétaires d'État traditionnels apparaissent aussi des hauts commissaires qui participent à l'exécutif.

Le retour de la paix ne ramène pas la composition des gouvernements à la situation d'avant guerre : les séquelles du conflit à régler, les charges qui en résultent pour la puissance publique imposent le maintien d'une partie des structures conçues pour le temps de guerre. Le nombre des membres du gouvernement se situe en moyenne au double de l'avant-guerre : jamais inférieur à 20, il s'élève parfois jusqu'à 26. Le déficit budgétaire, le souci que l'État donne l'exemple, le désir à l'approche des élections de convaincre les citoyens qu'il s'impose des sacrifices amènent Poincaré, au début de 1924, à donner un coup d'arrêt brutal : la suppression de tous les sous-secrétariats d'État ramène l'effectif total à 13. L'augmentation reprend insidieusement avec le Cartel : 14 ministres et 4 sous-secrétaires d'État dans le gouvernement Herriot, jamais moins de 20 ou 21 dans tous les cabinets entre 1924 et 1926. Le retour de Poincaré en juillet 1926 renoue avec l'austérité : il supprime nombre de sous-préfectures et de petits tribunaux. Son gouvernement ne comprend que 14 ministres et un unique sous-secrétaire d'État. La structure ne subira aucun changement tant que Poincaré restera le chef du gouvernement. Sitôt parti, le mouvement ascendant reprend. Preuve que le gonflement des gouvernements n'est pas le fait seulement de la gauche : c'est avec le gouvernement Tardieu, dans une législature de droite, que le chiffre des ministres dépasse pour la première fois le seuil de 30. Mais quelque temps plus tard, le même Tardieu, en partie pour satisfaire à un mouvement d'opinion, opère une réduction drastique en le ramenant à 13 ministres et 8 sous-secrétaires d'État. Le chiffre remonte ensuite en 1932 et 1933. Doumergue prend argument de la détresse financière de l'État pour supprimer de nouveau les sous-secrétaires d'État et ramener le nombre des ministres à 20. Il reste stabilisé à ce plafond jusqu'à la fin de la législature.

On a dit ce qu'il en avait été pour le gouvernement Blum : 35 ministres et sous-secrétaires d'État. On ne s'écartera plus guère de ce niveau : dans les trois gouvernements suivants 35, 33 et de nouveau 35. La tendance a été irrésistible. Les régimes postérieurs ne la renverseront pas : certains gouvernements atteindront sous la IVe République le chiffre de 40. Sous la IIIe République, le principal élément de variation des effectifs est constitué par les sous-secrétaires d'État, selon qu'ils sont en nombre restreint ou en relative abondance ou qu'à la limite les gouvernements n'en comportent point. Le nombre des ministres à part entière ou, comme on dit parfois, pleins a, lui, moins varié : il n'a fait que doubler approximativement entre les débuts et la fin de la IIIe République.

Les réductions du nombre ont généralement obéi à des considérations d'opportunité politique pour répondre à une demande de l'opinion et se gagner ses bonnes grâces. L'antiparlementarisme se conjuguait en effet avec l'hostilité traditionnelle à l'égard du fisc pour dénoncer la gabegie des finances publiques, le poids écrasant des impôts et subordonner l'acceptation des sacrifices demandés aux contribuables à des réductions massives de la dépense publique, à commencer par celle afférente au fonctionnement des cabinets ministériels dont la démagogie estimait qu'elle était trop élevée et le nombre des ministres excessif.

Si néanmoins le nombre des ministres n'a cessé de croître au long de la période, et particulièrement dans l'entre-deux-guerres, le phénomène ne s'explique pas seulement, comme voulaient le faire croire les polémistes ou les démagogues, par la gourmandise des appétits politiciens : il devait répondre à des nécessités d'ordre objectif liées à des changements profonds de la société et du rôle de l'État.

La structure gouvernementale

Pas plus que leur nombre n'étaient fixées la répartition des compétences entre les ministres ni la définition de leurs attributions et même de leurs intitulés. La conséquence est une très grande instabilité de l'organigramme gouvernemental.

Le nombre des directions de ministère étant notablement supérieur à celui des ministres, la plupart doivent être rattachées à un ministère qui en regroupe d'autres, mais elles ne le sont pas toujours aux mêmes. Par exemple, avant la loi de séparation des Églises et de l'État, l'administration des Cultes est suffisamment importante pour que son appellation figure explicitement dans l'intitulé d'un ministère, mais pas assez pour constituer un ministère à part entière. Elle a de ce fait toujours été associée à un autre mais pas régulièrement au même : les Cultes ont été réunis avec l'Intérieur, l'Instruction publique, le plus souvent la Justice. Cette politique de rattachement n'obéit à aucune logique rationnelle ni fonctionnelle ; il s'agit de satisfaire des ambitions personnelles : en joignant une grosse direction ou un petit département à un autre ministère, on contente un homme politique dont on veut se faire un allié ou qui pèse assez lourd pour qu'on ne lui refuse rien.

Un même département est tantôt érigé en ministère plein ou ravalé au statut inférieur de secteur rattaché à un autre. Les vicissitudes du statut des Postes et Télégraphes sont un bon exemple de ces fluctuations : son histoire, fort compliquée, illustre à merveille cette instabilité chronique de notre organisation administrative. L'État en France s'est intéressé presque dès les origines à la transmission des messages et aux communications pour des raisons qui touchent à l'ordre public et à la sécurité : Louis XI avait institué le monopole de la poste. L'État a ensuite étendu son monopole à la première invention venue bouleverser la communication : le télégraphe, optique d'abord, électrique ensuite, et l'administration est devenue des Postes et Télégraphes. Dès leur arrivée au pouvoir, les républicains en font un ministère à part entière : c'est la première création ; auparavant il n'y avait même pas un simple sous-secrétariat d'État. Il ne restera ministère que sept ans : en 1886, il fait les frais de la déflation opérée par Goblet. Il resurgit en 1893 mais n'est plus seul, il fait l'objet de la politique des rattachements, mais ceux-ci ne sont pas stables : les Postes et Télégraphes sont rattachés au Commerce de 1893 à 1906, puis aux Travaux publics de 1906 à 1913 ; ils retournent au Commerce et à l'Industrie jusqu'en 1920. Entre 1920 et 1924, ils se retrouvent sous la tutelle du ministre des Travaux publics mais celui-ci est désormais flanqué d'un sous-secrétaire d'État aux Postes, Télégraphes et Téléphone, car le département prend désormais en charge le téléphone : c'est la seconde fois que le progrès technique impose à l'organisation administrative des ajustements. Après une brève disparition en 1925, il reparaît pour ne plus disparaître : l'existence d'un ministère autonome n'est plus menacée ; son utilité s'impose et le passage à sa tête en 1935 d'une personnalité de poids avec Georges Mandel, l'ancien collaborateur de Clemenceau, a contribué à donner du lustre à ce département et l'a fait progresser de quelques places dans la hiérarchie de dignité des ministères.

La constellation mouvante des structures ministérielles comporte en son centre un noyau stable, qui vient du fond des âges, héritage de l'ancienne monarchie, de ministères qui exercent les fonctions dites régaliennes, c'est-à-dire les attributions essentielles de l'État, celles qui sont sa raison d'être et sa justification : ces ministères, dont les appellations mêmes n'ont pas varié, sont moins d'une dizaine. Aux six directement hérités de l'Ancien Régime, Justice (dont le titulaire continue sous la IIIe République de porter le titre prestigieux de garde des Sceaux qui lui donne préséance protocolaire sur ses collègues et lui assure à la table du Conseil des ministres une place enviée), Affaires étrangères, Intérieur, Finances, Guerre et Marine (celle-ci ayant dans sa mouvance les colonies), le premier XIXe siècle a ajouté les Travaux publics, l'Instruction publique et le Commerce qui a dans sa besace les autres branches de l'activité économique, agriculture et industrie. Nous voilà à neuf : c'est, à peu de chose près, la composition du premier cabinet républicain en 1879. Ces neuf ministères tiennent de leur ancienneté ainsi que de l'importance des questions dont ils ont la charge une place dans la hiérarchie gouvernementale qui ne leur est pas disputée : leurs titulaires disposent d'une administration expérimentée qui a des traditions ; ils héritent aussi d'un budget ; enfin – et l'avantage n'est pas négligeable –, ils sont tous installés depuis longtemps dans des bâtiments auxquels ils s'identifient, les Affaires étrangères au quai d'Orsay depuis le Second Empire, l'Intérieur place

Beauvau, la Marine place de la Concorde, les Finances à l'aile Rivoli du palais du Louvre...

Autour de ce noyau initial s'est peu à peu constitué un second cercle, soit par élévation à la dignité de ministère, soit par détachement, soit encore par création de toutes pièces. On a vu en février 1879 la naissance du ministère des Postes et Télégraphes. En 1881, Gambetta détache du Commerce l'Agriculture : aucun gouvernement ni aucun régime ne reviendra sur cette reconnaissance du lien particulier entre la nation et la paysannerie et de l'importance du vote rural. La rapide extension des territoires conquis outre-mer et la pression du parti colonial imposent en 1893 la création d'un ministère des Colonies dont l'administration est retirée à la Marine. En 1906, l'apparition d'un ministère du Travail et de la Prévoyance sociale vaut reconnaissance de la responsabilité sociale des pouvoirs publics et est la contrepartie de l'instauration par le législateur d'un droit du travail dont l'application rend nécessaire l'intervention d'une administration spécifique.

Passons sur les innovations directement liées à la conduite de la guerre : on les retrouvera lors de l'évocation des transformations imposées par l'état de guerre et à l'occasion de la description du gouvernement de guerre. Mais la fin des hostilités n'a pas soudainement supprimé toutes les séquelles du conflit dans la structure gouvernementale. Leur gestion est directement cause de la création en 1920 de deux nouveaux ministères : l'un des Régions libérées, qui a la charge de la reconstruction et du règlement des dommages de guerre dans la dizaine de départements qui ont été quatre années occupés, en totalité ou en partie, par l'ennemi et ont été le théâtre des combats ; l'autre, des Pensions, qui a mission de mettre en œuvre la solidarité nationale à l'égard des anciens combattants et de toutes les victimes de la guerre. En 1926, le développement de l'aviation civile impose la création d'un ministère de l'Air : encore une apparition qui procède d'un progrès technique. En 1930, un ministère de la Santé publique consacre la responsabilité de la puissance publique en matière d'hygiène, de protection de l'enfance, de lutte contre les maladies.

La reconstitution de cette chronologie avec l'indication des circonstances des créations montre que les innovations répondent à des raisons d'ordre différent. Certaines sont dictées par des demandes ponctuelles, tel le ministère des Régions libérées : la reconstruction achevée, il disparaîtra. D'autres, plus nombreuses, sont la conséquence indirecte des progrès techniques qui, donnant à l'homme des pouvoirs nouveaux, suscitent aussi des problèmes inédits : c'est le cas pour le télégraphe, le téléphone ou l'aéronautique. Un troisième groupe traduit l'extension du champ d'intervention de l'État : ministères du Travail ou de la Santé publique. Le gonflement des gouvernements ne fait que refléter un grand fait historique : le passage d'une société libérale où l'État n'avait qu'un rôle discret à une société administrée, où l'attente des citoyens autant que la complexité croissante des problèmes et le mouvement des idées lui font une obligation d'intervenir.

Les sous-secrétaires d'État

Ils forment l'étage inférieur de la pyramide gouvernementale. Ordinairement ils n'ont pas accès au Conseil des ministres, sauf si l'ordre du jour appelle des questions qui sont de leur compétence. Ce qui a été dit à propos des ministres sur l'instabilité et la précarité des structures est plus vrai encore des sous-secrétariats d'État qui apparaissent, disparaissent, reparaissent. Leur existence est aussi la résultante de plusieurs ordres de considérations. Parfois il s'agit de seconder un ministre dont les responsabilités sont très lourdes : à l'Intérieur ou aux Finances. Quelquefois c'est une étape avant la création d'un ministère plein : ainsi le sous-secrétariat à l'Aéronautique avant qu'il devienne le ministère de l'Air. Les sous-secrétaires déchargent le ministre auprès duquel ils sont nommés d'une partie de ses soucis et de ses tâches de représentation. L'exemple le plus caractéristique à cet égard est celui du premier gouvernement Blum, dont la constitution a été la plus réfléchie et reflète un projet cohérent de répartition raisonnée des responsabilités : deux ministres, Jean Zay à l'Éducation nationale et Henry Sellier à la Santé publique, sont flanqués chacun de trois sous-secrétaires d'État.

Les nominations de sous-secrétaires d'État et même les créations de sous-secrétariats n'obéissent pas toujours à des vues aussi rationnelles : elles s'entrecroisent avec des considérations plus personnelles. On a rappelé que pour les républicains dans les débuts du régime la nomination comme sous-secrétaire d'État était une chance donnée à de jeunes politiciens pleins de promesses pour apprendre le métier auprès d'un aîné rompu à la conduite des affaires et l'occasion de faire leurs preuves avant d'être appelés à diriger un ministère, si l'expérience n'avait pas tourné à leur confusion. Mais la désignation pour un sous-secrétariat sera pour d'autres, qui ne peuvent espérer mieux, un couronnement de carrière et la satisfaction d'amour-propre d'être appelé le reste de leur vie « monsieur le ministre ». C'est enfin un moyen qui ne coûte guère pour un chef de gouvernement de satisfaire des revendications et de s'assurer le vote de petits groupes parlementaires dont l'appoint est indispensable pour réunir une majorité. La souplesse du système fait des sous-secrétariats d'État comme la monnaie divisionnaire dans la constitution d'un cabinet : le dédoublement de certains portefeuilles n'a pas d'autres explications.

Les ministres d'État

L'existence de cette distinction dans la titulature gouvernementale relève plus de la catégorie de la dignité que de celle du pouvoir : les ministres d'État n'ont généralement pas d'attributions précises ni la responsabilité d'un département ministériel. Leur rôle est essentiellement symbolique. La politique étant pour une part importante de l'ordre du symbolique, la nomination de ministres d'État n'est pas chose insignifiante ni indifférente : elle répond à des préoccupations précises et vise à produire certains effets. Elle apporte à une combinaison ministérielle un surcroît de prestige. Elle consolide un gouvernement en resserrant les liens avec les composantes de sa majorité ou en élargissant son assise parlementaire. C'est souvent dans les situations périlleuses et les heures graves que l'on recourt à cet expédient. Ainsi, pendant la Grande Guerre, les ministres d'État symbolisent l'Union sacrée et l'oubli momentané des divisions partisanes. Aussi le choix des personnalités obéit-il à des calculs très subtils. Aristide Briand s'entoure dans le gouvernement qu'il forme en 1916 de cinq ministres d'État qui représentent tout l'éventail de l'opinion : Léon Bourgeois, personnalité éminente du radicalisme et théoricien du solidarisme, Émile Combes, symbole s'il en est de la laïcité la plus militante et qui siège à côté de Denys Cochin qui représente les catholiques, ralliés à la République, Jules Guesde, le doctrinaire intransigeant du Parti socialiste, et Freycinet, qui jette un trait d'union entre le gouvernement de la Défense nationale, dont il faisait déjà partie en 1870-1871, et la France en guerre en 1916. Dans le cabinet que constitue au lendemain du 6 février 1934 l'ancien président de la République Gaston Doumergue, la présence symétrique d'Édouard Herriot, leader du Parti radical, chef en 1932 de la coalition victorieuse des gauches, et d'André Tardieu, leader des droites qui avait conduit à leur tête la campagne électorale de cette année-là, manifeste la trêve des querelles et garantit au président du Conseil qu'il n'a pas à craindre de leur part des attaques avant quelques mois. La désignation en 1936 de vice-présidents du Conseil et de ministres d'État dans le gouvernement Blum n'a pas la même signification : la présence autour du chef du gouvernement de Camille Chautemps pour le Parti radical, de Paul Faure, secrétaire général de la SFIO, et de Maurice Viollette pour l'Union socialiste républicaine reflète la composition plurielle de la majorité de Front populaire.

L'extension continue des attributions gouvernementales, la complexité croissante de l'organisation ministérielle rendaient de plus en plus anachronique la conception du gouvernement qui avait présidé, à la naissance du régime, de quelques ministres indépendants chacun dans son domaine et ne reconnaissant au président du Conseil qu'une primauté sans grand pouvoir sur eux. Sous la pression des circonstances – la conduite de la guerre, la crise économique –, pour répondre aussi aux demandes de l'opinion, les institutions avaient commencé d'évoluer empiriquement : à la veille de la Seconde Guerre, le régime s'était doté d'un embryon de structures de coordination de l'action gouvernementale autour de la présidence du Conseil. Le mouvement était engagé mais il était encore trop récent, il se heurtait à trop de résistances dans les habitudes et les esprits pour avoir eu le temps de produire des effets décisifs. La défaite a peut-être sanctionné ce retard à mettre en place des processus de décision et des structures d'exécution adaptés à la gravité des circonstances et à la complexité des problèmes. Elle a contribué à en montrer la nécessité. C'est aux régimes qui succéderont à la IIIe République qu'il reviendra de poursuivre le mouvement, mais on ne saurait oublier que la IIIe République l'avait amorcé.

CHAPITRE VI

L'instabilité ministérielle

La IIIe République se distingue dans la longue succession des régimes par sa pérennité, comme si le peuple français, après une errance de quatre-vingts ans, avait fini par trouver le secret de la durée des institutions. Mais, à en juger par le nombre des gouvernements qui se sont succédé en cascade, il semble bien qu'il n'a pas su étendre le bénéfice de la continuité à leur pratique*. Tel est le paradoxe qui caractérise le rapport de cette République au temps : permanence du régime, instabilité des gouvernements. L'instabilité ministérielle est l'un des traits saillants de la période ; le phénomène s'impose comme une évidence massive et indiscutable : une centaine de cabinets en soixante-dix ans, ce qui alloue à chacun d'eux une durée de vie moyenne à peine supérieure à huit mois. L'histoire du régime est celle d'une suite ininterrompue de crises ministérielles qui entraînent la chute des gouvernements dans une succession dont le rythme se précipite : pas moins de 47, rien qu'entre 1920 et 1940.

* Voir en annexe la liste des présidents du Conseil de 1871 à 1940, pp. 423-426.

Y a-t-il quelque corrélation entre les deux termes du paradoxe ? Cette instabilité chronique est-elle sans rapport avec la Constitution ou en procède-t-elle ? Les adversaires du régime sont convaincus qu'elle en est responsable et y puisent une raison de vouloir en changer. Cette instabilité n'avait pas été voulue par les fondateurs de la République qui étaient bien persuadés d'avoir donné à la France des institutions stables. Mais cette instabilité ne pouvait pas ne pas affecter le fonctionnement des institutions et la pratique politique. À tout le moins elle rompait l'équilibre entre les pouvoirs, qui est le but recherché par toute Constitution, car cette instabilité ne frappait que le gouvernement : la durée des Chambres n'était pas remise en cause depuis qu'était écartée la menace d'une dissolution. Les seize législatures sont toutes allées à leur terme et le Sénat s'est régulièrement renouvelé tous les trois ans. En revanche, les gouvernements n'ont en moyenne duré que moins d'un an et encore n'étaient-ils jamais assurés du lendemain, à la merci à chaque instant d'une interpellation ou d'un vote de surprise qui abrégerait leur existence. Le rapport arithmétique moyen entre ministres et députés a été de six gouvernements pour une législature : il ne saurait y avoir indice plus révélateur du déséquilibre dans les rapports entre les pouvoirs.

L'analyse du phénomène est donc une dimension qu'on ne saurait esquiver de toute étude de la vie politique sous la IIIe République : quelles en sont donc les causes ? La supputation de ses effets, réels ou présumés, sur le fonctionnement des institutions et sur les mentalités est un autre point de passage obligé. Que nous révèle-t-il des aspects cachés du comportement des acteurs et de la culture politique ?

Combien de gouvernements ?

Au préalable, il convient de procéder à une analyse chiffrée aussi rigoureuse que possible puisque la perception du phénomène passe par des références arithmétiques. Or dès qu'on entreprend un dénombrement précis on découvre que les chiffres ne concordent pas. Les historiens eux-mêmes ne tombent pas d'accord sur le total. En partie parce qu'ils ne prennent pas tous le même point de départ : le chiffre global diffère selon qu'on inclut les années de l'Assemblée nationale entre 1871 et 1875 ou qu'on fait partir le décompte de 1876. Il y a aussi le fait que tous n'adoptent pas les mêmes critères ni ne suivent les mêmes règles. Enfin, les situations d'une crise à l'autre sont fort dissemblables et appellent en conséquence des appréciations différentes.

Les solutions de continuité dans l'action gouvernementale ne sont pas toutes la sanction d'un désaccord politique ou d'une épreuve de force entre les pouvoirs : elles ne doivent donc pas être toutes portées au compte de l'instabilité ni inscrites au débit du régime. Par exemple, la tradition veut que le gouvernement en fonction remette sa démission à l'élection d'un nouveau président de la République : démarche de courtoisie, conforme à l'esprit des institutions qui remettent au chef de l'État la désignation du président du Conseil et qui n'implique ni ne signifie le moindre désaccord avec la majorité parlementaire. Si le premier acte du nouveau président est d'inviter le président du Conseil à revenir sur sa démission et que celui-ci y consente, compter pour deux le cabinet qu'il dirigeait à la veille de l'élection présidentielle et celui dont il reprend la direction, si ce n'est pas l'occasion d'un remaniement, allonge indûment la liste des ministères et grossit artificiellement l'instabilité. En conséquence, on retranchera l'un des deux cabinets présidés par Dupuy qui ont encadré l'élection à l'Élysée de Jean Casimir-Perier ainsi que, quelques mois plus tard, l'un des deux pareillement dirigés par le même Dupuy de part et d'autre de l'élection d'Émile Loubet ; de même pour l'un des cabinets Rouvier en 1906 lors de l'élection d'Armand Fallières. Ces rectifications réduisent de trois unités l'interminable liste des gouvernements. Seconde conséquence, elles allongent la durée des ministères intéressés qu'une arithmétique trop sourcilleuse fractionnait arbitrairement.

Deuxième cas de figure, plus rare : le président du Conseil est élu à la tête de l'État, et doit bien être remplacé. La IIIe République a connu deux fois cette situation : en 1913 pour Raymond Poincaré, en 1920 pour Alexandre Millerand. S'il faut bien compter pour deux le gouvernement dirigé par le nouveau président et celui qui lui succède, on ne saurait en conclure à un signe d'instabilité : c'est au contraire une marque de continuité que la majorité porte à la plus haute fonction celui à qui elle avait confié la direction du gouvernement. Sous l'apparente uniformité des chiffres on découvre la diversité des significations et des intentions.

On déduira aussi les gouvernements de toutes les fins de législature, qu'ils aient été confirmés par le vote des électeurs ou désavoués. Dans le premier cas, les compter ne serait pas plus justifié que pour les cabinets qui démissionnent à l'occasion d'une élection à l'Élysée. Dans le second, comment parler d'instabilité si c'est le peuple souverain qui donne son congé à la majorité sortante avec les conséquences qui en résultent pour le gouvernement ? C'est le jeu normal de la démocratie et l'on ne saurait parler de dérive du système.

Cas plus embarrassant : faut-il compter les cabinets qui ont été renversés le jour même de leur présentation devant les Chambres ? N'ayant pas obtenu la confiance du Parlement, ils n'ont pas d'existence : ce sont des cabinets mort-nés. Nous n'en relevons pas moins de quatre ou cinq. Le premier est le cabinet Rochebouët, formé en 1877 par Mac-Mahon pour tenter de dénouer la crise du 16 mai et avec lequel les Chambres refusèrent d'entrer en communication ; le cabinet François Marsal, en juin 1924, qui reproduit le même scénario ; le deuxième cabinet Herriot que Gaston Doumergue oblige à se présenter en juillet 1926 et dont l'échec était attendu, le cabinet Bouisson, renversé le jour de sa présentation (1er-4 juin 1935). Le cas du gouvernement formé le 30 janvier 1934 par Édouard Daladier est plus compliqué : il a bien obtenu un vote de confiance au soir du 6 février au terme d'un débat tumultueux, mais, au matin du 7, après une soirée d'émeute, il remet sa démission au président et cède la place : il n'a pas eu le temps de faire acte de gouvernement en dehors de quelques mutations et destitutions administratives.

Dernier type de situation à prendre en compte dans une perspective d'exactitude : le plus fréquent, celui des remaniements en cours de gouvernement. Le président du Conseil reste en place mais se sépare de certains de ses collègues et les remplace par d'autres. Nous avons compté onze opérations de la sorte : à l'initiative de Ribot (1892-1893), Briand (1910), Viviani (1914), Briand de nouveau (1916), Poincaré (1924), Painlevé (1925), Briand deux fois encore, Poincaré derechef (1928), Laval (1932) et Chautemps (1937).

L'addition de ces divers cas de défalcations s'élève à une vingtaine et leur retranchement ramène le total des gouvernements ayant effectivement existé à quatre-vingts environ ; expression plus approchée de la réalité que le chiffre de cent un généralement avancé par qui veut stigmatiser l'irresponsabilité des politiques et instruire le procès du régime. La durée de vie moyenne des gouvernements est *ipso facto* relevée de huit à dix mois. Quatre-vingts ministères pour soixante-dix ans, une durée moyenne inférieure à un an, cinq gouvernements par législature : c'est encore beaucoup et probablement trop pour un bon fonctionnement des institutions. La réputation d'instabilité ministérielle sous la IIIe République n'est pas usurpée. Le problème demeure : comment s'explique une succession si rapide de cabinets ?

La durée moyenne de vie pour un gouvernement est ainsi sous la IIIe République d'un peu plus de dix mois : c'est une moyenne. L'historien ne saurait s'en contenter : c'est une construction de l'esprit, assez éloignée de la réalité, et qui, comme toute moyenne, écrête les sommets et comble les creux. Or, sur les soixante-dix ans du régime, la répartition dans le temps des crises ministérielles qui sont les instruments de l'instabilité étant fort inégale, la durée des gouvernements accuse des écarts qui vont de quelques jours à plusieurs années pour les cabinets les plus chanceux. D'une législature à l'autre le nombre des gouvernements varie passablement et plus encore d'une période à l'autre. La liste des ministères révèle au premier coup d'œil de grandes disparités. On découvre notamment des séquences relativement longues qui ont comme échappé à la malédiction de l'instabilité ministérielle.

L'exception la plus manifeste est celle de la décennie qui va de juin 1899 à juillet 1909. La France n'a alors connu que cinq gouvernements : Waldeck-Rousseau (juin 1899-juin 1902), et encore le président du Conseil, son action ayant reçu l'approbation des électeurs, aurait pu se succéder – pour combien de temps ? – à lui-même s'il n'avait pas décidé de quitter le pouvoir pour raison de santé (c'est l'un des facteurs de l'instabilité) ; Émile Combes de juin 1902 à janvier 1905, Rouvier, jusqu'à mars 1906, Sarrien, bien oublié aujourd'hui, quelque sept mois et Clemenceau d'octobre 1906 à juillet 1909. Trois de ces gouvernements ont duré trois ans ou presque. Plus question d'instabilité : le maléfice est conjuré. C'est donc que la responsabilité de la discontinuité dans l'exercice du pouvoir n'incombe pas en priorité aux institutions. L'explication doit donc être cherchée ailleurs.

La France a connu une autre période de relative stabilité : sous la législature du Bloc national avec le gouvernement Poincaré (janvier 1922-juin 1924), puis de nouveau, après l'échec du Cartel, un autre gouvernement dirigé par Poincaré de 1926 à 1929. Le rapprochement de ces exemples montre que la stabilité n'est pas le propre de la droite ou de la gauche puisque dans la première décennie c'est le Bloc des gauches qui en a bénéficié, tandis que dans la décennie 1920 c'est le Bloc national et sa postérité qui ont détenu le pouvoir.

Si neuf gouvernements ont totalisé à eux seuls une durée de vingt ans, les cinquante autres années ont été partagées entre une soixantaine de cabinets. À certains moments le mouvement s'est comme emballé ; l'accélération devient telle que les ministères tombent les uns sur les autres, par exemple entre le 14 juin 1924 où se constitue le premier gouvernement dirigé par Édouard Herriot et le 21 juillet 1926 : en vingt-cinq mois à peine, sept gouvernements se sont succédé avec, il est vrai, seulement trois personnalités différentes à leur tête : Herriot, Briand, Painlevé. Mais comment le citoyen ordinaire, qui n'entre pas dans ces subtilités, n'aurait-il pas eu le sentiment d'une instabilité galopante en voyant la durée moyenne des gouvernements tomber à moins de quatre mois ? Le phénomène s'est reproduit en 1932-1934 au lendemain des élections qui avaient ramené la majorité du Cartel des gauches : en moins de vingt mois, cinq gouvernements sont renversés ou se disloquent à la suite les uns des autres. Les seules dix dernières années de la IIIe République ont connu le quart de tous les ministères de la période ; on comprend que les contemporains aient eu le sentiment d'une détérioration des institutions. C'est en tout cas une donnée qui a eu un effet considérable sur l'esprit public.

Avant de quitter le langage des chiffres pour nous interroger sur leur signification et sur les causes du phénomène, une dernière démarche s'impose pour apprécier son importance relative. La IIIe République n'est pas seule à avoir connu cette infortune : celle qui l'a suivie, la IVe, en a aussi grandement pâti, jusqu'à en mourir. Or la comparaison fait ressortir une durée de vie moyenne des ministères de la IVe approximativement égale à celle que nous avons calculée pour la IIIe : autour de huit mois. La constance ne peut être simple coïncidence : force est bien de supposer des explications communes. Est-ce donc la forme républicaine du régime qui serait responsable ? Mais si nous élargissons le champ des comparaisons à d'autres régimes, nous constatons que la IIIe République n'a pas l'apanage d'une succession précipitée de ministères : la Monarchie de Juillet, qui ignorait le suffrage universel, n'a pas connu moins de quatorze ministères en moins de dix-huit ans : leur durée moyenne est un peu supérieure à celle de leurs homologues des deux Républiques, mais n'est pas telle que le rapprochement ne puisse disculper la République de la responsabilité exclusive du rythme haletant imprimé à l'exécutif. Or qu'y a-t-il de commun à ces trois régimes, sinon la responsabilité du gouvernement devant un Parlement élu ? Ne serait-ce donc pas le régime représentatif avec le pouvoir des Chambres qui serait une des causes majeures de l'instabilité ministérielle ? On y reviendra.

Les causes de l'instabilité ministérielle

Un phénomène aussi massif et à ce point chronique ne relève pas d'une cause unique : il ne peut être que la résultante d'une convergence de facteurs qui additionnent leurs effets propres. Le discernement de ces causes est inséparable d'une réflexion sur celles aussi qui expliquent les phases de stabilité : c'en est le corollaire obligé puisque les crises qui emportent les gouvernements et les moments de rémission plus ou moins prolongée sont les deux faces contraires du rapport au temps de l'action gouvernementale.

L'inventaire des causes présumées de l'instabilité que nous tentons n'est pas exempt d'arbitraire, mais il a l'avantage d'offrir un cadre commode pour l'intelligibilité du phénomène. Compte tenu de la spécificité du phénomène étudié, qui concerne des hommes autant que des institutions, on ne sera pas surpris que nous commencions par des données d'ordre personnel. Sans tomber dans le travers, auquel succombent parfois les biographes, de tout expliquer par l'anecdotique et de ramener les événements les plus généraux à des causes purement individuelles, on ne doit pas perdre de vue qu'un gouvernement est un collège d'individus qui se connaissent, ou se méconnaissent, qui s'apprécient ou se détestent, s'estiment ou se méprisent, qui ont déjà été associés ou se sont durement combattus. Leurs vues politiques ne concordent pas nécessairement. Leurs stratégies les opposent parfois. Ce sont aussi des hommes de chair et de sang ; ils ont des passions qui les aveuglent parfois et prennent le pas sur la raison, le calcul ou l'intérêt général. Ce type de facteurs compte plus encore dans les rapports du président du Conseil avec ses collègues. À consulter la liste des gouvernements qui ont duré, on constate qu'ils ont en commun d'avoir eu à leur tête de fortes personnalités qui s'imposaient par l'intelligence et le caractère : Waldeck-Rousseau, Clemenceau, Poincaré. On est fondé à penser à une relation entre l'autorité personnelle du chef de gouvernement et la permanence de l'équipe qui se serrait autour de lui.

Est-ce à dire que ceux dont le passage fut éphémère ne méritaient pas de diriger la France et que la brièveté de leur gouvernement fut la sanction de leur insuffisance ? Ce ne serait pas seulement fort injuste pour des hommes qui n'avaient pas démérité, ce serait surtout méconnaître l'ambivalence des données psychologiques et oublier leur rôle capital, plus grand encore dans les relations à l'intérieur de groupes restreints où la loi des grands nombres ne vient pas faire contrepoids aux réactions d'humeur et aux poussées affectives. De grandes qualités ne sont pas toujours une recommandation auprès des collègues : elles ont desservi pour l'accession à la présidence de la République Jules Ferry, Clemenceau, Briand. Le politique trop intelligent qui ne résiste pas à l'envie de briller se rend insupportable à ses collègues moins talentueux ; il n'y a rien que le parlementaire moyen déteste autant que la supériorité d'autrui. Un Joseph Caillaux, un Paul Reynaud, dont l'intelligence tranchait trop visiblement sur la médiocrité de la moyenne des députés, y compris de leurs amis politiques, se sont rendus insupportables par leur morgue, leur hauteur et leur façon de faire la leçon à leurs collègues. Il y a ainsi nombre d'hommes politiques qui ont été écartés du pouvoir et n'ont pu donner leur mesure pour des raisons moins politiques que de simple psychologie.

L'âge est l'une de ces données de pure contingence qui jouent en politique un rôle dont on ne reconnaît pas assez l'importance dans l'ajustement, toujours délicat et aléatoire, entre le déroulement d'une carrière et la chronologie générale. Certains sont encore trop jeunes au moment où ils pourraient prétendre accéder à une fonction dont ils se sentaient la capacité. Pour d'autres, au contraire, le moment favorable est passé. On n'oubliera pas le rôle des accidents de santé : il n'y a rien de plus imprévisible ni dont l'homme ait moins la maîtrise volontaire. Or la vie politique est de toutes les activités celle qui exige peut-être le plus endurance, résistance à la fatigue, capacité de récupération. Nous avons vu que plusieurs crises ministérielles avaient leur cause dans un problème de santé : ainsi pour Waldeck-Rousseau en 1902 et pour Poincaré en 1929. L'épuisement nerveux ou le surmenage sont aussi à l'origine de défaillances – discours manqué, réponse décevante à une interpellation – qui ont pu compromettre une carrière ou entraîner la chute d'un gouvernement.

Ces données de psychologie élémentaire interviennent d'une autre façon encore dans les crises ministérielles par l'attirance que le pouvoir sous les attributs d'un portefeuille ministériel exerce sur les parlementaires. L'ambition est, pour le meilleur comme pour le pire, le principal ressort de l'engagement en politique : en particulier tout député sous la IIIe République porte en lui, manifeste ou inavouée, celle d'être un jour ministre. Comment ne rêverait-il pas de le devenir à la place de tel ou tel dont la capacité lui inspire des doutes ? Or on ne peut devenir ministre qu'à la faveur d'une crise. La tentation se fait plus vive à mesure qu'approche la fin d'une législature, surtout si le député n'est pas assuré de sa réélection. Sans majorer ce facteur, il serait naïf de n'en pas tenir compte. D'autant qu'on ne court aucun risque à entrer dans un gouvernement puisqu'on conserve son mandat parlementaire ; loin d'y perdre, on y gagne un surcroît de prestige auprès des électeurs et on accroît donc ses chances d'être réélu. Ce type de raisonnement est si plausible et avéré qu'il dictera au fondateur de la Ve République la règle de l'incompatibilité entre fonction ministérielle et mandat parlementaire : l'élu qui se voit proposer d'entrer au gouvernement doit dans le mois qui suit sa nomination donner sa démission de parlementaire sans avoir la certitude de retrouver son siège le jour où il quittera le gouvernement : même l'institution d'un suppléant ne lui garantit pas son retour dans la vie politique.

Pour éclairants qu'ils soient sur les mobiles des acteurs politiques, ces éléments de psychologie ne suffisent pas à rendre compte de la constance de l'instabilité ministérielle ni à expliquer son caractère récurrent. Pas plus, du reste, que la clause de l'incompatibilité introduite par la Constitution de 1958 ne suffirait à expliquer la disparition de notre calendrier politique des crises gouvernementales à l'ancienne. Les causes principales résident dans les dispositions institutionnelles et dans la pratique instituée par la coutume. Pour la IIIe République, la cause majeure est le déséquilibre des pouvoirs depuis que le droit de dissolution, qui était la parade aux votes de défiance parlementaire, est tombé en désuétude : les députés peuvent renverser impunément un cabinet sans prendre de risque et le gouvernement est exposé aux coups de la représentation parlementaire sans riposte ni recours possibles. Or rien n'est plus aisé que de mettre un cabinet en difficulté et de provoquer sa chute. C'est au gouvernement qu'il incombe de faire constamment la preuve qu'il a bien une majorité : les abstentions, les refus de prendre part au vote sont décomptés contre lui. L'existence du gouvernement est menacée en permanence et pas seulement quand il décide d'engager son existence en posant la question de confiance ; que ce soit sur un projet de loi ou un article du budget, il trouve souvent conjugués ses opposants de toujours et les adversaires de la disposition en question. Il peut aussi à tout instant être inopinément mis en cause par une interpellation : son chef a alors le choix entre demander le renvoi ou accepter la discussion immédiate. Dans l'un et l'autre cas le débat se clôt par l'adoption d'un ordre du jour. La Chambre est ordinairement saisie de plusieurs textes : l'un, favorable au gouvernement, proposé par ses amis, un ou plusieurs autres qui formulent des critiques ou énoncent des réserves. Le gouvernement pose alors la question de confiance, et du scrutin dépend sa chute ou sa survie.

Ainsi s'exercent le contrôle parlementaire sur l'exécutif et la responsabilité gouvernementale qui sont les pièces maîtresses du régime. Rien n'est plus conforme que cette procédure à l'esprit de la démocratie représentative, si le débat porte sur des questions essentielles et si le vote est acquis dans la transparence. Mais il advient aussi qu'un gouvernement soit renversé par surprise sans que le résultat ait été ni prévu ni voulu ; aucun gouvernement n'est à l'abri d'un accident de la sorte. Poincaré est mis en minorité le 26 mars 1924 à propos du régime des pensions : on est, il est vrai, à six semaines des élections et on ne peut exclure des arrière-pensées électoralistes. En février 1930, Tardieu est mis en minorité de cinq voix à la suite d'une question posée par Henry Chéron sur le régime fiscal de la femme mariée. Au tour de Steeg d'être mis en minorité en janvier 1931 à la suite d'une interpellation sur le prix du blé. Trois occasions où le gouvernement est tombé, victime de la démagogie. Si c'est généralement au Palais-Bourbon que les gouvernements sont mis à mort, ils ne sont pas prémunis contre une mauvaise surprise au Luxembourg. La Haute Assemblée prend une part croissante à l'instabilité : si elle n'avait renversé avant 1914 que deux gouvernements en tout et pour tout, dans l'entre-deux-guerres elle porte la responsabilité de la chute pour cinq : le premier cabinet Herriot en avril 1925, le cabinet Tardieu en décembre 1930, le cabinet Laval en février 1932 et les deux ministères dirigés par Léon Blum en juin 1937 et avril 1938.

Les ministères ne sont pas tous morts de leur belle mort : ils n'ont pas tous été renversés dans les formes par une majorité de l'une ou l'autre Chambre. Il en est qui ont devancé l'exécution. Plusieurs se sont défaits, décomposés, désagrégés par discorde interne : entre 1879 et 1893, quatre au moins sur dix-huit se sont ainsi disloqués. Pendant la guerre les députés n'ont renversé qu'un gouvernement, celui de Paul Painlevé : c'était pour ouvrir la voie à Clemenceau. En 1928, c'est le retrait des ministres radicaux qui entraîne la démission du gouvernement Poincaré, de même en 1934 pour la fin du ministère Doumergue, comme en 1938 la démission du cabinet Chautemps a été rendue inévitable par le départ des ministres socialistes. Le rappel de ces péripéties met le doigt sur un autre facteur déterminant de l'instabilité ministérielle : la responsabilité des groupes politiques. L'instabilité des ministères est le reflet de la fragilité des accords entre partis et la conséquence de la précarité des majorités.

L'instabilité gouvernementale est en partie une question d'arithmétique. À cela rien d'étonnant, puisque la stabilité est suspendue à un calcul de majorité. Or il n'y a, en règle générale, pas de majorité toute faite à la Chambre. C'est la conséquence du fractionnement du champ politique : rarement moins d'une dizaine de groupes, dont aucun ne détient évidemment la majorité à lui seul. Il n'y a donc pas de majorité qui ne soit de coalition, et toute coalition, en politique intérieure comme dans les relations diplomatiques, est précaire, exposée à se disloquer. D'autant que, sauf circonstances exceptionnelles, il n'y a pas de contrat de majorité et moins encore de programme commun de gouvernement. Le scrutin majoritaire uninominal n'en fait pas une obligation ni une nécessité. Aussi, au lendemain des élections, les contours ne sont-ils pas dessinés d'une majorité de gouvernement. La contre-épreuve qui corrobore la pertinence de ce type d'explication pour rendre compte de l'instabilité est fournie par la longévité des gouvernements qui s'appuyaient, eux, sur une majorité cohérente et disciplinée : les gouvernements de défense républicaine constitués à partir de 1899 et dirigés par Waldeck-Rousseau et Combes ; la majorité du Bloc des gauches est animée par une délégation qui veille à maintenir sa cohésion. Mais même les coalitions les plus solides résistent difficilement aux forces centrifuges et aux tensions qui résultent des divergences de vues et de stratégie exploitées par les appareils de partis. Par exemple, à l'automne 1928, le congrès radical d'Angers somme les ministres du parti de quitter le gouvernement Poincaré dont ils faisaient partie depuis deux ans, ce qui entraîne un remaniement du cabinet. Les militants radicaux récidivent en 1934 au congrès de Nantes en mettant en demeure leurs représentants dans le gouvernement Doumergue de s'en retirer, ce qui entraîne le départ de l'ancien président de la République qui retourne dans son petit village de Tournefeuille. L'instabilité ministérielle est ainsi la conséquence du pouvoir que les partis politiques se sont arrogé.

Il serait cependant assez injuste d'imputer aux seuls partis une responsabilité qu'ils partagent avec les citoyens : la pluralité des partis politiques, leurs mésententes, leur incapacité à contracter des alliances durables et à respecter leurs engagements sont le reflet d'une opinion profondément divisée, l'expression d'un électorat éclaté. Ces divisions, les partis ne les ont pas inventées ; tout au plus les exploitent-ils. Elles ne sont pas non plus artificielles : elles sont l'héritage du passé et elles traduisent les divergences des réponses aux questions.

Les questions : c'est la dernière composante du faisceau de facteurs dont l'instabilité est la résultante. Leur impact est souvent déterminant. C'est à leur sujet que les partis s'affrontent ; c'est aussi sur la réponse à leur faire que les gouvernements tombent et que se disloquent les majorités. Encore qu'il ne soit pas toujours aisé de démêler à chaque crise ministérielle la cause exacte des prétextes : l'habileté des parlementaires déguise souvent la raison effective sous d'autres motifs ; les gouvernements aussi recherchent souvent un point de chute qui n'hypothèque pas l'avenir, le règlement du problème et leur chance de revenir au pouvoir. C'est du reste l'une des fonctions positives des crises que de permettre au ministère qui en est issu de faire adopter la solution que le ministère démissionnaire n'a pu faire prévaloir. Sous le bénéfice de ces réserves, l'examen des problèmes qui ont fait tomber des gouvernements est d'un intérêt certain. Dans l'entre-deux-guerres ils constituent deux lots principaux. Le plus fourni concerne les questions financières : déficit budgétaire, dépréciation monétaire, dévaluations du franc, contrôle des changes, fiscalité. C'est sur ces questions que sont tombés tous les cabinets du Cartel entre 1924 et 1926, ceux des débuts de la législature de 1932, ainsi que les deux gouvernements de Léon Blum. Second groupe de problèmes qui portent la responsabilité des chutes de gouvernement : la politique étrangère. Le phénomène est nouveau. Le ministère Leygues en janvier 1921, le ministère Briand en janvier 1922 ont achoppé sur la question des réparations, et en décembre 1932 le cabinet Herriot est renversé sur le remboursement des dettes de guerre aux États-Unis. C'est encore sur la politique extérieure qu'est renversé en janvier 1936 Pierre Laval : l'agression italienne en Éthiopie en est la cause. La multiplication des problèmes et leur gravité accrue, la montée des périls qui menacent la paix et la sécurité de la France expliquent l'emballement de l'instabilité qui caractérise les dernières années de la IIIe République.

Ainsi l'instabilité ministérielle est-elle un révélateur des diverses composantes de la vie politique : elle est la résultante tout à la fois de la faiblesse des hommes, prisonniers de leurs passions, et de leurs intrigues, de la pluralité et des antagonismes des partis, des divisions de l'opinion et de ses incertitudes, de la multiplicité des défis et d'une organisation des pouvoirs trop faible pour des problèmes trop graves.

Les effets de l'instabilité

Pareille instabilité de l'exécutif n'est pas sans conséquence sur la vie politique dont elle affecte tous les aspects à des degrés inégaux. Elle touche en premier lieu la conduite de la politique puisqu'elle concerne l'organe qui est précisément chargé de la concevoir et de la mettre en œuvre. Cette conséquence a un nom : elle s'appelle impuissance du pouvoir. La politique inscrit les décisions à application immédiate dans des perspectives à plus long terme. Or l'instabilité entrave toute action dans la durée : la certitude d'être renversé à brève échéance décourage d'entreprendre. Ni les contemporains ni les historiens n'ont tort d'imputer à cette instabilité une grande part de responsabilité dans la faiblesse de l'État et le déclin de la France dans l'entre-deux-guerres.

La sévérité du constat doit néanmoins être tempérée par la prise en considération de quelques autres données qui corrigeaient ou limitaient heureusement la nocivité du phénomène. L'instabilité des ministères était partiellement compensée par la stabilité des ministres et la précarité des combinaisons par la permanence des hommes. On a pu s'en faire une idée à voir revenir souvent les mêmes noms à la tête des gouvernements : ils se succèdent parfois à eux-mêmes ou reviennent après un délai. Le recordman est Aristide Briand qui présida onze gouvernements. Ils furent quatre à en diriger cinq : Dufaure, Dupuy, Ribot et Poincaré. Trois autres ont été quatre fois président du Conseil et six l'ont été trois. Faites le compte : quatorze ont ainsi totalisé la direction de soixante et un ministères, soit nettement plus de la moitié des cabinets. Pour une petite centaine de ministères il y eut moins d'une cinquantaine de présidents du Conseil, même en comptant ceux qui n'eurent qu'un rôle éphémère.

La stabilité a été plus marquée encore pour certains ministères : Théophile Delcassé dirigea notre diplomatie continûment pendant un septennat et Briand fut dans les années 1920 l'inamovible titulaire du Quai d'Orsay avec des gouvernements de droite et de gauche. De même pour Jules Ferry à l'Instruction publique ou Henri Queuille à l'Agriculture. Moins connu, un William Bertrand fut cinq fois à la Marine marchande, comme Durafour au Travail. Chaque ministre disposant d'une grande autonomie dans la direction de son ministère, sa permanence garantissait la continuité.

Un autre facteur de continuité limitait les effets négatifs de l'instabilité ministérielle : la permanence de l'administration. La République héritait d'une administration forgée par les régimes précédents dont on disait alors avec un sourire mais avec conviction que l'Europe nous l'enviait, et qui avait des traditions.

Comme la démocratie française, sauf pour les préfets et sauf à de rares moments, quand est par exemple suspendue l'inamovibilité des juges ou au temps du combisme et des fiches, n'a pas fait sien le système des dépouilles à l'américaine, la plupart des directeurs d'administration centrale poursuivent leur carrière, conservent leur poste ou continuent de gravir les échelons. Certains directeurs ont été plus puissants que les ministres qui passaient et dépendaient d'eux pour leur information. Un Dumay à la direction des Cultes, qui est inamovible et qui choisit les évêques, est le continuateur direct des légistes du roi et apporte dans l'exercice de sa fonction leur esprit gallican sourcilleux pour toute manifestation intempestive de cléricalisme.

Enfin, si le Parlement est bien le principal agent de l'instabilité, il en pallie aussi les effets par sa permanence : la durée des législatures est de quatre ans, celle du mandat sénatorial de neuf et le renouvellement par tiers amortit les changements. Cette stabilité est renforcée par celle, individuelle, des parlementaires : même aux moments des plus grands bouleversements, plus de la moitié des sortants sont réélus. Plus des deux tiers des députés ont siégé dans quatre législatures, soit au moins seize ans. Le Parlement veille au respect des principes qu'il a posés.

Stabilité des hommes, permanence de l'administration, continuité des Chambres concourent à atténuer les incontestables inconvénients de l'instabilité ministérielle.

Les conséquences les plus préjudiciables pour le régime sont peut-être d'un autre ordre : les effets sur l'esprit public. On ne peut attendre de l'opinion qu'elle entre dans les nuances et les distinctions de l'historien. Elle ne voit que la succession des crises, les démissions en cascade. Si, dans les débuts de la République, elle ne s'en alarme pas en dehors des fidèles des régimes monarchiques – et encore !, car au sortir de l'Empire elle incline à penser que moins il y a d'État mieux cela vaut –, avec la répétition des crises elle conçoit un sentiment d'humiliation et s'inquiète pour la sécurité du pays. La blessure d'amour-propre national, la crainte de ne pas être gouverné ont beaucoup fait pour discréditer le régime et nourrir l'antiparlementarisme.

Chapitre VII

Le Parlement

Le pouvoir étant partagé en vertu du principe de la séparation des organes entre lesquels il est distribué, ce qui a été dit précédemment de la faiblesse relative de l'exécutif, des limites qui l'enserrent et des résistances auxquelles il se heurte dessine comme en creux la place, centrale, du législatif et suggère l'importance, primordiale, du Parlement. Tel est bien en effet le trait majeur du régime institué par les lois de 1875. Si l'image, banale pour la Vᵉ République, de clef de voûte des institutions, couramment utilisée pour souligner la prépondérance de la fonction présidentielle, n'était pas anachronique, on pourrait l'appliquer à la représentation nationale sous la IIIᵉ République : aucun pouvoir ne lui est supérieur ni n'échappe à son contrôle.

Cette primauté du Parlement, la IIIᵉ République ne l'a pas inventée : en 1875, elle fait partie de l'héritage depuis 1789. Elle date du jour où les États généraux se sont transformés en Assemblée constituante et ont décrété le transfert de souveraineté de la Couronne à la nation : celle-ci ne l'exerçant pas directement, elle la délègue à ses représentants élus. Aucun régime n'a remis ce principe en cause, pas même le régime impérial : le Second Empire a un Corps législatif qui procède du suffrage. C'est au temps de la monarchie constitutionnelle, sous l'empire de la Charte octroyée de 1814, révisée en 1830, que la France a véritablement fait l'apprentissage du parlementarisme, dans le cadre d'une vie politique restreinte à un pays légal défini par la fortune. C'est en ce tiers de siècle qu'ont été précisées toutes les dispositions et coutumes qui régiront jusqu'à nos jours le fonctionnement des assemblées pour toutes les délibérations, les procédures d'élaboration de la loi, l'adoption du budget, le contrôle du gouvernement. La IIIe République, on le verra, n'ajoutera pas grand-chose à l'ensemble de ces règles et de ces pratiques.

Si ce n'est qu'avec l'élection par le suffrage universel elle y a apposé le sceau de la démocratie qui n'était pas nécessairement liée au parlementarisme et *vice versa*. Auparavant, la démocratie pouvait aussi bien revêtir des formes autoritaires : plus attachée à l'égalité qu'à la liberté, au moins individuelle, l'idée démocratique s'accommodait assez bien d'un pouvoir fort, pourvu qu'il agisse en faveur de la justice et de l'égalité. Ce pouvoir pouvait être celui d'un homme dès lors qu'il était plébiscité par le peuple ou d'un groupe restreint comme le grand Comité de salut public. Ce courant démocratique n'avait en revanche aucune sympathie pour les institutions représentatives, supposées confisquer la volonté populaire et fonder le pouvoir d'une oligarchie. Cette tradition de pensée qui unit pouvoir autoritaire et égalité trouvera au XXe siècle une descendance avec le communisme. Au milieu du XIXe siècle, loin d'être solidaires et de faire cause commune contre le conservatisme, libéralisme et démocratie s'opposent et se combattent. Il a fallu qu'ils se retrouvent dans une opposition commune au régime impérial pour qu'ils découvrent ce qui les rapproche et c'est la IIIe République qui scellera leur alliance jusqu'à la fusion. Elle a greffé la démocratie sur le système représentatif en articulant la désignation des représentants de la nation avec l'élection par l'universalité des citoyens : le Parlement tient désormais sa légitimité du peuple et pas seulement, de façon abstraite, de la nation. L'accord est alors devenu si étroit entre la référence à la démocratie et la prépondérance des parlementaires qu'il exclut tout autre accomplissement de la démocratie, et toute tentative de reconstituer un pouvoir fort – même s'il est, tant par son origine que par ses finalités, parfaitement démocratique – sera *ipso facto* condamnée et combattue comme attentatoire à la République et à la démocratie, les deux se confondant. Cet état d'esprit opposera après 1918 un obstacle insurmontable à tous les projets de réforme. Tout le personnel politique républicain est imbu de cette conviction qui a l'autorité d'un dogme. Même un esprit aussi subtil que Léon Blum, qui se réfère au socialisme, qui a personnellement souffert des dysfonctionnements du régime parlementaire, qui avait formulé des propositions de réforme dans ses *Lettres sur la réforme gouvernementale* et plus tard, après le désastre de 1940, dans *À l'échelle humaine*, restera indéfectiblement attaché à l'idée de la souveraineté parlementaire. En 1945, il est scandalisé par les idées du général de Gaulle et écrit dans le *Populaire* que le critère de la démocratie est que le premier et le dernier mot en toute décision appartiennent toujours à la Chambre élue au suffrage universel.

Les pouvoirs et les fonctions : les attributions du Parlement

Dans une telle conception, rien n'est censé échapper à l'initiative ou à la vigilance du Parlement. Son action s'exerce par quelques modes d'intervention qui caractérisent le pouvoir dit législatif. Comme le suggère l'appellation, le principal est le vote de la loi. Il n'y a rien au-dessus d'elle. Elle est l'autorité suprême, la référence majeure : elle énonce les règles, elle fixe le droit. Il n'y a pas en principe d'activité plus importante ni plus noble. La République est un État de droit : même si cette expression, devenue banale aujourd'hui, n'est pas courante alors, elle désigne bien ce que les républicains entendent que soit la République, d'autant qu'à leurs yeux le régime impérial qu'ils ont combattu était celui de l'arbitraire et du mépris du droit. À eux d'en restaurer le primat.

Si le vote de l'impôt a précédé historiquement celui de la loi à l'origine des institutions représentatives, sous la IIIe République la loi a conquis la première place. L'école en enseignera le respect. La loi ne devant prêter à aucune suspicion, son élaboration est subordonnée à des conditions qui en garantissent la qualité. Elle est le fruit de délibérations au cours desquelles les différents points de vue s'expriment, y compris celui du gouvernement qui partage avec le Parlement l'initiative des textes. Le prix à payer pour la liberté des débats est la longueur des délais, aggravée par la dualité des Chambres : certains textes ont fait l'objet d'interminables navettes, d'autres ne sont jamais revenus du Luxembourg. Il n'est pas rare que s'achève une législature sans qu'un projet d'importance auquel le gouvernement attachait du prix, qui avait franchi la plupart des étapes, ait été définitivement adopté : tout sera à recommencer avec la Chambre suivante pourvu que nouvelle majorité et nouveau gouvernement soient toujours dans les mêmes dispositions. À cet égard, l'instabilité ministérielle n'était pas sans conséquence. Que le texte fût d'initiative parlementaire ou gouvernementale, son sort ultime dépendait du Parlement dont seul le vote conférait à un projet l'autorité de la loi.

Du moins jusqu'à la Grande Guerre. La modification du processus législatif habituel n'est pas le moindre des bouleversements qu'elle engendra. La gravité du danger, la nouveauté des responsabilités incombant au gouvernement, l'urgence des réponses à faire ne s'accommodaient plus des contraintes et des lenteurs du processus législatif ordinaire. Nécessité faisant loi, le gouvernement se fait déléguer une partie du pouvoir législatif. À situation exceptionnelle, moyens exceptionnels.

Le péril écarté, la guerre gagnée, c'est le retour à la pratique ordinaire. Mais la fin du conflit n'a pas miraculeusement effacé ses dégâts et le règlement de certaines de ses séquelles ne se satisfait pas des délais et des incertitudes des débats parlementaires. La situation des finances publiques appelle des mesures drastiques et des décisions impopulaires dont la représentation parlementaire préfère laisser la responsabilité au gouvernement ; c'est ainsi que s'instaure en 1924, à l'initiative du ministère Poincaré, pour réaliser des économies administratives, la procédure dite des décrets-lois. Expression propre à scandaliser les tenants de la séparation des pouvoirs ; l'accouplement de ces deux termes antithétiques désigne un monstre juridique : la loi émane de la représentation parlementaire ; le décret est une modalité du pouvoir réglementaire qui relève de la compétence gouvernementale. Parler de décret-loi, c'est la confusion des genres et la démission par le Parlement de la fonction qui est sa mission propre. Henry de Jouvenel dénonce « une abdication des Chambres ». Édouard Herriot descend du fauteuil de président de la Chambre pour stigmatiser une procédure monarchique.

L'autorisation accordée au gouvernement de légiférer par décrets-lois n'est pourtant pas l'abandon sans réserve par les Chambres de leur pouvoir de faire la loi : contrairement au langage du temps, ce ne sont pas des pleins pouvoirs, mais une délégation soumise à un concours de conditions qui en restreignent la portée. Ce pouvoir de faire la loi est concédé à un gouvernement nommément désigné et ne vaut pas pour ses successeurs : il expire avec lui. Il est accordé pour un temps expressément limité, assez bref généralement, de trois ou six mois. Surtout, leur champ d'application est soigneusement délimité : ils ne valent que pour un secteur déterminé, presque toujours pour redresser les finances publiques. Enfin, les Chambres se réservent la faculté d'examiner au terme de la période les textes promulgués et, le cas échéant, de les annuler. Cette faculté restera théorique : les Chambres auront à l'expiration du délai d'autres soucis que de passer au crible des textes qui ont été déjà appliqués et sur les effets desquels il est exclu qu'on revienne.

De législature en législature on recourra de plus en plus souvent à cette procédure, à cause de la crise économique d'abord et de l'aggravation ensuite de la situation internationale, pour des périodes plus longues et des domaines de plus en plus étendus. Dans les dernières années de la IIIe République l'usage des décrets-lois sera devenu la pratique la plus courante. Mises bout à bout, les durées de ces pouvoirs exceptionnels recouvriront une durée plus longue que les intervalles les séparant : de juin 1937 à septembre 1939, sur vingt-six mois, le gouvernement a usé de cette procédure treize mois et demi. Est-ce forcément, comme on le dit généralement et comme l'ont jugé nombre de contemporains, le signe d'un dérèglement du système ? L'ont pensé en tout cas les auteurs de la Constitution de 1946 qui inscrivirent une disposition interdisant formellement le retour à une pratique jugée condamnable. Avec le recul du temps et la distance que permettent deux expériences postérieures, nous inclinerions plutôt à penser que le recours nécessaire à une procédure de ce genre révèle que le partage classique établi par les auteurs anciens entre les pouvoirs ne convenait plus bien à ce qu'étaient devenues au XXe siècle la société et les responsabilités du politique : l'invention des décrets-lois atteste plutôt la capacité du régime à inventer des réponses appropriées à des besoins nouveaux. La Constitution de 1958 apporte à cette interprétation une confirmation empirique : elle prévoit expressément la possibilité pour le gouvernement d'obtenir du Parlement le pouvoir de légiférer par ordonnances dans les mêmes conditions que jadis par les décrets-lois : pour un temps limité, sur des sujets définis et avec la possibilité d'un examen *a posteriori* par le Parlement. Cette pratique à laquelle ont recouru indifféremment gouvernements de droite et de gauche n'est plus considérée aujourd'hui comme contraire à la République.

Le vote du budget est l'autre activité régulière du Parlement. Le principe de l'annualité est impératif : le vote des recettes comme des dépenses est strictement limité à l'année. Si les Chambres ne sont pas parvenues à adopter le budget avant la date fatidique du 31 décembre (en 1923 il n'a été adopté que le 30 juin), le budget de l'année qui s'achève est reconduit de mois en mois sous forme de douzièmes provisoires jusqu'au vote définitif, ce qui interdit l'engagement de nouvelles dépenses ou la perception de nouveaux impôts. Si, pour les lois ordinaires, les deux Chambres ont des pouvoirs équivalents, partageant l'initiative et le droit d'amendement, pour la loi de finances la Chambre des députés a des prérogatives particulières : le budget doit lui être présenté en premier. Les règles de l'examen et de l'adoption du budget ont été pour l'essentiel fixées par les Chambres de la monarchie constitutionnelle qui s'étaient largement inspirées des pratiques des Communes britanniques pour les *ways and means*.

Quant au contrôle de l'exécutif, le Parlement l'exerce en permanence : il pouvait à tout moment – on l'a bien vu à propos de l'instabilité ministérielle – interpeller le gouvernement ou provoquer un vote de défiance.

Le Sénat

L'Assemblée nationale avait fait en 1875 le choix du bicamérisme. Il implique que les deux Chambres ne soient pas identiques et qu'elles n'aient pas exactement mêmes attributions et mêmes compétences. Différentes elles le sont, on l'a vu, par leurs origines : la Chambre des députés procède directement du suffrage universel, les sénateurs sont élus au suffrage indirect par des collèges restreints. Le seuil d'âge pour l'éligibilité départage aussi députés et sénateurs : vingt-cinq ans pour les premiers, quarante pour les seconds.

Pour les compétences spécifiques, si la Chambre des députés a la prérogative de la priorité pour l'examen du budget, le Sénat a hérité de la Chambre des pairs de la monarchie constitutionnelle d'un privilège judiciaire (comme le président de la République du droit de grâce) : il est la juridiction compétente pour connaître des cas de forfaiture et de trahison du chef de l'État et des ministres ; il instruit aussi les procès pour atteintes à la sûreté de l'État. La Haute Cour a ainsi jugé Malvy en 1918 et Caillaux en 1920, poursuivis pour défaitisme. Elle a aussi été juge de l'agitation boulangiste en 1889 et c'est devant elle qu'ont comparu en 1899 Paul Déroulède et ses coaccusés déférés par le gouvernement de Défense républicaine. Avec la désuétude du droit de dissolution, pour l'exercice duquel son avis était requis, le Sénat a perdu un privilège qui lui donnait barre sur l'autre assemblée.

Le Sénat participe de plein droit à la révision de la Constitution comme à l'élection du chef de l'État, réuni à la Chambre des députés en Congrès. C'est souvent l'un des siens, généralement son président, qui est porté à la magistrature suprême. Le Sénat occupe ainsi dans la République une place éminente : ses membres jouissent d'un prestige peut-être supérieur à celui des députés qui sont davantage visés par l'antiparlementarisme.

Un point demeure incertain : le Sénat peut-il renverser un ministère ? En d'autres termes, le gouvernement est-il responsable devant la Haute Assemblée comme devant la Chambre des députés ? Les tenants d'une interprétation intransigeante de la démocratie le contestent : ils estiment que seule l'assemblée qui émane directement du peuple souverain est qualifiée pour installer ou renverser un gouvernement. Ainsi Jules Ferry déclarait-il en 1885 : « Chez tous les peuples libres, dans toutes les constitutions parlementaires, le pouvoir de faire et défaire les ministères ne peut appartenir qu'à une seule des deux Chambres. »

Le Sénat lui-même est d'une grande prudence à ce sujet. Avant 1914, il n'est responsable de la chute que de deux ministères ; encore n'a-t-il fait que contribuer, par son vote hostile, au retrait volontaire du cabinet Tirard en 1890. Il ne revendiquera pour la première fois le droit de renverser un cabinet qu'en 1896 pour le cabinet Léon Bourgeois, qu'il trouve trop à gauche. En juillet 1912, il met le gouvernement Briand en minorité sur la réforme électorale et son vote entraîne la démission. Dans l'entre-deux-guerres il sera moins réservé et provoquera la chute ou la démission de sept gouvernements, la plupart de gauche, aux temps du Cartel et du Front populaire. La Haute Assemblée a ainsi joué effectivement le rôle que lui destinaient les lois de 1875 de contrepoids aux turbulences du suffrage et aux emportements de la Chambre des députés : mettre un frein aux évolutions jugées trop rapides, ou même écarter les projets qu'il estimerait démagogiques. C'est ainsi qu'il s'est opposé avec succès jusqu'à la fin du régime au vote des femmes ainsi qu'à la proportionnelle. Il a longtemps retardé toute réforme fiscale, en particulier l'instauration de l'impôt sur le revenu. Il a fait échec à l'établissement, proposé par Léon Blum en 1938, d'un contrôle des changes. En 1936, il a pris feu le jour où le mouvement de grève, qui l'avait laissé relativement impavide aussi longtemps qu'il ne touchait que les entreprises industrielles, a gagné les campagnes et menacé l'ordre éternel des champs : les sénateurs se sont alors souvenus qu'ils représentaient la France des villages et de la paysannerie.

Ce comportement constant a entretenu et parfois ravivé les préventions de la gauche contre les secondes assemblées. Les radicaux n'avaient pas accepté l'instauration du Sénat et sa suppression fit longtemps partie de leur programme – aussi longtemps qu'ils furent écartés du pouvoir. À mesure qu'ils s'en rapprochèrent et quand ils furent en situation de faire prévaloir leurs vues en matière d'institutions, ils revinrent sur leurs convictions : ils se rendirent compte que le Sénat pouvait être un rempart contre les ennemis de la République et, plutôt que de travailler à sa disparition, ils jugèrent plus raisonnable d'y pénétrer en nombre. Ce fut alors au tour d'une gauche plus avancée de prendre le relais : en 1938, les socialistes relancèrent le vieux mot d'ordre des radicaux « Sus au Sénat ». En particulier, en avril 1938 la fédération de la Seine de la SFIO appela ses adhérents à manifester contre le Sénat qui s'apprêtait à renverser le second gouvernement Blum : le président Jules Jeanneney requit alors les forces de l'ordre pour assurer la liberté des délibérations de la Haute Assemblée.

Les travaux parlementaires

Dans toute assemblée, les délibérations posent des problèmes d'organisation. Les solutions retenues aux débuts de la IIIe République visaient à respecter quelques principes.

Les députés ne représentent pas seulement la circonscription qui les a élus : chacun représente le corps électoral tout entier. Ils doivent être entièrement libres de leur vote : la tradition exclut tout mandat impératif. Ils sont tous égaux ; le principe qu'une voix en vaut une autre, qui règle les suffrages des citoyens pour la désignation de leurs représentants, vaut pour ceux-ci aussi.

Pareille conception exclut que le député puisse aliéner sa liberté de parole, d'expression, de décision et s'en remettre à des collègues ou à des instances intermédiaires pour disposer du vote qu'il tient du peuple souverain. Concrètement, elle écarte comme contraire aux principes du régime représentatif la constitution de groupes parlementaires stables, même s'ils se sont formés sur des convergences de vues. La seule référence à l'existence de telles formations est prohibée :

dans les années 1880, s'il advenait que par mégarde un député à la tribune fasse mention d'une délibération préalable ou déclare parler au nom de ses amis autant que du sien, le devoir du président de séance – et il n'y manquait pas – était de le rappeler à l'ordre et de réaffirmer que la Chambre ne connaît pas de groupes. Ainsi, le 24 janvier 1884, le *Journal officiel* rapporte que le président a prié un député « de bien vouloir oublier à cette tribune qu'il y a des groupes dans cette Chambre, et de se rappeler seulement que tout député, lorsqu'il est à cette tribune, a devant lui des collègues absolument égaux en droit ».

Telle était la théorie. Elle a sa grandeur. Mais les nécessités pratiques de la concertation dans une assemblée de plusieurs centaines d'individus se prêtent mal à son application. Le combat politique qui oppose des factions implique des choix stratégiques. De surcroît, il existe en dehors du Parlement de tels groupements de citoyens constitués sur la base de convictions politiques partagées ; les députés procèdent de campagnes électorales où ces groupements ont joué un rôle. Comment, une fois élus, pourraient-ils oublier ou ignorer superbement leur existence ? C'est un aspect essentiel du problème de l'articulation dans une société démocratique entre la vie politique dans le pays et les travaux parlementaires. La démocratie peut-elle se passer de partis ? Et sinon, comment l'organiser ?

Aussi la réalité concrète était-elle assez différente de la théorie. Et ce très tôt : l'historien allemand Rainer Hudemann a démontré par une analyse pénétrante et convaincante que, même au temps de l'Assemblée nationale, il existait déjà des réunions fractionnelles qui ont joué un rôle souvent décisif dans les choix majeurs : par exemple le groupe qui se réunissait rue des Chevau-légers, ou le groupe Target, etc. La chose était même devenue si banale et à ce point acceptée par l'opinion que, dans la campagne qui suit le 16 mai, les républicains font imprimer et diffusent des carrés d'étoffe, des mouchoirs de poche où sont mentionnés les quatre groupes de gauche coalisés dans l'opposition au gouvernement du maréchal avec le nom de tous les députés qui en font partie. C'était reconnaître que chaque député, en même temps que membre de la Chambre, l'était aussi d'un groupe intermédiaire constitué sur une communauté de vues et de préoccupations politiques. Le fonctionnement des assemblées se caractérise du point de vue de leur structuration par cette tension entre les principes, qui refusent de reconnaître l'existence des partis, et la pratique qui en est de plus en plus dépendante.

La discordance se résorbera progressivement jusqu'à renverser la théorie et à réorganiser l'existence et les travaux des Chambres à partir des groupes politiques. Cette révolution a été imposée par les changements de la vie politique et l'évolution générale de la société. On verra plus loin, au chapitre des partis politiques, la mutation qui s'amorce au tournant du siècle avec l'émergence de partis modernes relativement cohérents, acceptant et même imposant une certaine discipline à leurs adhérents et jusqu'à leurs élus. Les années 1900 enregistrent coup sur coup, à gauche, la naissance du Parti républicain radical et radical-socialiste en 1901, de la Section française de l'Internationale ouvrière (SFIO) en 1905, et à droite de la Fédération républicaine et de l'Alliance républicaine démocratique, sans parler des ligues, de la Ligue des droits de l'homme à la ligue d'Action française, ni oublier des mouvements qui se situent à la charnière du social et du politique, tel le Sillon de Marc Sangnier. La vie politique change de style et de régime, passant de l'âge individualiste à l'ère des groupes.

Cette mutation n'est pas isolée : elle est un aspect, une modalité d'un changement qui a affecté la société globale avant d'atteindre le politique. Depuis la loi de 1884 qui autorisait la formation de syndicats pour la défense d'intérêts professionnels, le monde du travail mais aussi de l'activité économique s'organise et se structure. Se multiplient aussi, à l'initiative principalement de l'Église catholique, les mouvements éducatifs, les œuvres et organisations de jeunesse. Le fait majeur qui révolutionne les rapports entre ce que nous appelons aujourd'hui la société civile et l'État est le vote, cent douze ans après la Déclaration des droits de l'homme et du citoyen, de la loi du 1er juillet 1901 sur les associations, qui consacre comme un droit la liberté d'association, jusque-là tenue en suspicion. Cette loi, d'inspiration très libérale, à l'exception du statut très restrictif qu'elle impose aux congrégations et dont les gouvernements ultérieurs feront une application discriminatoire, marque le passage de l'âge individualiste à l'ère des groupes. Comment la politique, qui est pour partie le reflet de la société, aurait-elle pu continuer à ignorer cette révolution ? Il s'ensuit un retournement des esprits et des pratiques. L'événement qui marque ce renversement sur le plan parlementaire est l'initiative prise en 1910 de composer désormais les commissions permanentes de la Chambre des députés à la proportionnelle des groupes parlementaires : décision qui implique à la fois la reconnaissance pleine et entière de leur existence légitime et la quasi-obligation faite aux députés d'adhérer à l'un de ces groupes, sauf à ne pouvoir choisir sa commission. L'année suivante est créée une conférence des présidents dont font partie les représentants des groupes. Le Sénat attendra plus tard : c'est seulement en 1921 qu'il adoptera à son tour le même principe. Dès lors, dans l'une et l'autre Chambre, tout le fonctionnement de la vie parlementaire reposera sur les groupes politiques, donc sur l'acceptation du principe du fractionnement de la représentation nationale en partis. L'antiparlementarisme y trouvera un motif supplémentaire d'opposition et de critique.

On se gardera cependant de forcer le trait : tout n'a pas disparu des mentalités anciennes ni des habitudes traditionnelles. Les députés restent jaloux de leur indépendance. Ils refusent d'aliéner leur liberté de vote entre les mains de la direction de leur groupe, à plus forte raison d'un appareil de parti extérieur au Parlement et composé majoritairement de non-parlementaires. Le groupe socialiste est le seul à accepter pareille discipline qui va jusqu'à interdire à ses membres d'accepter d'entrer dans un gouvernement. Le Parti communiste pratiquera une discipline plus stricte encore, mais qui n'a pas la même signification : il récuse le système et dénonce le « crétinisme parlementaire », alors que la SFIO en accepte le cadre et croit pouvoir l'utiliser pour le progrès de la démocratie et de la justice. Dans le Parlement de l'entre-deux-guerres, il n'y a guère que Léon Blum à gauche et André Tardieu à droite pour rêver de reconstruire le système sur un petit nombre de partis organisés, disciplinés, puissants. Leurs collègues revendiquent le droit de déposer des amendements et plus encore de soutenir ou de renverser un gouvernement. Selon l'heureuse formule de Nicolas Rousselier, la logique parlementaire prime encore la logique des partis pour la majorité des députés et plus encore des sénateurs.

Cette situation et cet état d'esprit laissent, en l'absence de structures contraignantes, de partis organisés, de groupes disciplinés, le champ libre pour des personnalités fortes qui se comportent en *condottieri*, qui ont de l'influence même si elles n'ont pas de troupes et qui règnent par la parole. Le résultat de la délibération n'étant pas acquis d'avance, l'éloquence détient en effet un grand pouvoir.

La IIIe République a été l'âge d'or de l'éloquence parlementaire. La parole garde encore son pouvoir de persuasion. Le talent de parole est indispensable pour faire une carrière politique. La capacité de convaincre d'un chef de gouvernement conditionne la durée de son ministère : elle explique le succès de Millerand, plus encore de Briand, comme son absence rend compte de l'échec de Georges Leygues. De par leur formation comme de par leur profession, qui est souvent un métier de la parole, professeurs ou, plus encore, avocats, de nombreux parlementaires sont rompus à l'exercice. Le député avocat est la figure dominante du métier parlementaire. Ils forment le groupe le plus compact : ils sont 149 en 1881, encore 107 en 1898. Beaucoup de députés ont débuté au barreau ; ils sont nombreux à continuer à plaider. Les styles d'éloquence sont divers et reflètent des talents fort variés. La force de certains vient de leur connaissance des dossiers, de la solidité de l'argumentation : c'est le cas d'un Poincaré capable de tenir la tribune trois heures de rang. Chez d'autres, c'est l'éloquence : un Herriot, un Briand s'imposent par le verbe, la beauté des images, le talent d'improvisation. Ces qualités oratoires n'excluent pas la précision des arguments, la force du raisonnement ; un Jaurès réunit les unes et les autres. Le souvenir persiste encore des joutes oratoires où s'affrontèrent Albert de Mun et Waldeck-Rousseau, Clemenceau et Jaurès, Herriot et Tardieu. Le lecteur d'aujourd'hui est impressionné par la qualité souvent exceptionnelle des textes : la plupart de ces députés avaient une formation de juriste. Or la plupart des questions débattues étaient des problèmes de droit ou de philosophie politique : nature des institutions, libertés publiques, droit des associations, rapports entre les Églises et l'État. L'adéquation entre la nature des sujets et la compétence des intervenants assurait aux débats une haute tenue. Le Parlement est le centre de la vie politique et la parole y règne en souveraine. Si un discours soulève l'enthousiasme de la Chambre, on vote l'affichage : imprimé sur papier blanc, le texte est placardé sur tous les bâtiments publics et proposé à la lecture de tous les citoyens. Il n'y a pas plus bel hommage pour un homme politique.

L'organisation du travail parlementaire

Le travail parlementaire impose un autre fractionnement qui n'est pas dicté par les divergences de vue inhérentes à tout débat politique, mais qui répond à une nécessité fonctionnelle. L'essentiel du travail des Chambres consiste à examiner des textes : qu'il s'agisse de projets ou de propositions de lois, d'amendements, d'ordres du jour, ce sont toujours des textes qu'on rédige et qu'on modifie. Leur élaboration passe par une succession de phases dont ils sortent souvent assez transformés. Sauf exception et circonstances inopinées, on ne conçoit pas qu'ils puissent venir en discussion de but en blanc devant la Chambre en son entier : les députés sont trop nombreux, entre 580 et 620. Aussi les textes font-ils l'objet d'un examen préalable par une section de la Chambre qui se prononce sur un rapport. Pour ce faire, les députés sont répartis entre des sections dénommées « bureaux ». La Chambre de 1876 reprend l'usage de l'Assemblée nationale de les former par tirage au sort : leur première tâche est d'examiner les demandes d'invalidation et de faire rapport à leur sujet. Les bureaux se répartissent ensuite les textes. Puis se créent peu à peu des commissions spécialisées : une commission du Budget dès 1877, de l'Armée en 1882 ; en 1881, est constituée une commission dite du Concordat pour examiner la relation entre l'Église et l'État. D'autres viennent à la suite : on en compte déjà 11 en 1898. Renouvelées chaque année, elles tendent à devenir permanentes. Le système est définitivement établi en 1902, et à partir de 1910 leur composition reflète la répartition des groupes parlementaires. Dès lors ces commissions jouent un grand rôle : les présidents des principales, celle des Finances ou des Affaires étrangères, sont souvent d'anciens ministres qui ont dirigé les départements dont le titulaire en activité comparaît devant eux. Le système a fait l'objet de critiques assez vives : on lui a fait porter, sans doute à tort, parce que la Chambre ne suit pas toujours les recommandations de la commission, la responsabilité des dysfonctionnements du régime parlementaire.

Le problème le plus délicat est celui de l'aménagement du programme des travaux et de la gestion du temps de parole : comment concilier la liberté de parole et l'efficacité de la décision ? C'est la quadrature du cercle. La difficulté va croissant avec l'élargissement du champ des attributions de la puissance publique, la nécessité de réglementer de nouveaux aspects de la société, qui entraînent un engorgement des ordres du jour. C'est en partie pour répondre à cette nécessité qu'est instituée en 1911 une conférence des présidents qui réunit les responsables des groupes et des commissions pour établir de concert un programme raisonné. En 1915, la Chambre des députés, compte tenu des contraintes de la situation, adopte un nouveau règlement qui vise à rationaliser la délibération par la simplification des débats, l'accélération des procédures et la limitation du temps de parole. En 1917, le gouvernement se fait reconnaître le droit d'obtenir en priorité la prise en considération de ses propres projets. Mais, en mai 1920, la proposition est rejetée de réserver un temps de parole de dix minutes aux seuls auteurs d'amendements et d'interpellations. Les députés répugnent à limiter leur temps d'intervention : pour les interpellations en tout cas, il n'est pas question de se lier les mains. La Chambre demeure souveraine et garde le droit d'ouvrir à tout instant un débat qui peut tourner à la déconfiture du gouvernement. Pour éviter que cette menace permanente entraîne des votes de surprise, Paul Reynaud avait proposé en 1922 d'installer dans les salles de commission et les couloirs des tableaux lumineux tenant les députés informés du débat en cours et des scrutins. En 1926, le temps de parole est limité et, l'année suivante, une séance est réservée chaque semaine, le vendredi, pour la discussion des interpellations.

Ces aménagements ne réussiront jamais à régler de façon parfaitement satisfaisante le difficile et peut-être insoluble dilemme de la liberté de délibération et de la nécessité de décider. Reste que c'est sous la IIIe République que l'expérience de la souveraineté de la représentation nationale a été portée à son apogée. S'il y eut un régime auquel on peut appliquer à bon droit l'appellation de République absolue, c'est bien au régime qui a fonctionné de 1880 à 1940. Les pratiques ont évolué, les conceptions aussi, avec le passage de l'exclusion des groupes à leur reconnaissance. Le système a tenté de s'adapter : si les innovations n'ont pas toutes été heureuses, si les résultats n'ont pas toujours été conformes aux vœux, la IIIe République a néanmoins fait la démonstration que régime d'assemblée et délibération ne sont pas nécessairement synonymes d'incohérence et d'inefficacité.

CHAPITRE VIII

Les parlementaires

Si la politique est en démocratie l'affaire de tous, et si, en application de ce principe, les citoyens sont tous appelés, à intervalles réguliers et à échéances fixes, à désigner leurs représentants, ils ne sont pas tenus de s'y intéresser et il n'est guère concevable, compte tenu de la complexité des questions qui relèvent de la politique, que dans un grand pays le peuple en son entier participe à la prise de décision, à l'élaboration des lois et plus encore à la conduite au jour le jour des affaires publiques. Un partage s'impose entre la généralité du corps électoral et un nombre nécessairement limité de citoyens dont la politique est l'activité principale et quasi professionnelle. Tels sont la raison d'être et le principe de la démocratie représentative : indispensable déjà pour la confection des lois, cette partition l'est plus encore pour leur application et l'exercice du pouvoir. Se constitue ainsi inéluctablement une minorité restreinte d'hommes, dont la politique devient l'occupation quotidienne et l'affaire personnelle, qui entretiennent de ce fait avec la politique une relation différente de celle du reste de leurs concitoyens. Depuis quelques années, pour désigner ce groupe d'hommes, l'appellation s'est imposée de « classe politique » : la fortune de cette expression est à la fois un signe de l'empire sur nos esprits d'une interprétation qui emprunte au marxisme son vocabulaire, à défaut d'adhérer à son système d'explication, et aussi de la pauvreté de notre vocabulaire sociologique qui en est réduit à vivre d'emprunts. C'est peut-être aussi une reconnaissance implicite de la coupure qui s'est instituée entre la France dite profonde et les politiques, plus ou moins confondus avec les énarques. On oppose depuis peu aux gens d'en haut ceux d'en bas : c'est la même vision dualiste. Peu satisfaisante même aujourd'hui, cette appellation serait anachronique pour la IIIe République : on parlerait plutôt de personnel politique. En tout cas, la réalité existait alors bel et bien. L'existence même de cette catégorie, ses modes de recrutement, sa formation intellectuelle concourent à caractériser une vie politique : il ne saurait y avoir étude de celle-ci sans attention aux politiques, à leur nombre, aux modalités et aux rythmes de leur renouvellement.

Première approche : arithmétique. Le dénombrement est facilité par une donnée : sous la IIIe République, le personnel politique est presque exclusivement de recrutement parlementaire. À de rares exceptions près, les ministres sont pris dans l'une ou l'autre Chambre. Il n'y a pas alors, comme depuis 1958, incompatibilité entre mandat parlementaire et portefeuille ministériel, au contraire. Le député pressenti pour entrer dans un cabinet n'est donc pas astreint à un choix parfois déchirant : il garde son siège et continue de participer aux scrutins qui engagent l'existence du gouvernement dont il est membre. Cette commodité pousse parfois à l'inflation ministérielle ; d'être ou d'avoir été ministre, voire simple sous-secrétaire d'État accroît les chances de réélection et ajoute à la prime attribuée aux sortants. Les exceptions concernent quelques départements ministériels : la Guerre et la Marine, où c'est une coutume assez largement observée que de confier la direction à des généraux ou des amiraux.

La liste est relativement longue des militaires qui exercèrent ainsi des responsabilités gouvernementales. À commencer par l'un des plus illustres à la magistrature suprême : le maréchal de Mac-Mahon, glorieux soldat, héros de Malakoff, nommé duc de Magenta pour la part prise à la victoire de 1859 sur les Autrichiens, gouverneur de l'Algérie et porté à la tête de l'État par la majorité royaliste de l'Assemblée nationale en mai 1873 à la place de Thiers. On ne mentionnera que pour mémoire l'éphémère cabinet présidé par le général de Rochebouët pour tenter de tirer Mac-Mahon du mauvais pas où l'avait embourbé la crise du 16 mai : le refus de la majorité de la nouvelle Chambre d'entrer en relation avec son gouvernement mit promptement fin à l'unique tentative de confier la direction du gouvernement à un militaire avant que, le 16 juin 1940, le président Lebrun appelle le maréchal Pétain à former le gouvernement qui sera le dernier de la IIIe République. Entre ces deux extrêmes, nombre de militaires se succédèrent au ministère de la Guerre. Pour donner à l'armée un gage de la bonne volonté des républicains dreyfusistes, Waldeck-Rousseau imposa à la gauche la présence dans le cabinet de Défense républicaine du général de Galliffet qui avait commandé contre la Commune : elle lui garantissait l'obéissance de la grande Muette. Un autre général, André, qui passait pour être de gauche, lui succéda dans le gouvernement d'Émile Combes : son nom reste lié au scandale des fiches. Pendant la guerre, trois généraux détinrent tour à tour le portefeuille de la Guerre et eurent la tâche, combien délicate ! de préserver le secret nécessaire tout en répondant au désir légitime des parlementaires d'être informés : Gallieni, Roques et en dernier lieu, pour une expérience qui ne fut pas heureuse, Lyautey, rappelé du Maroc à cette fin. Dans l'entre-deux-guerres les ministres du Cartel firent appel aux généraux Nollet et Guillaumat. En 1934, le maréchal Pétain accepta d'entrer dans le gouvernement formé par Gaston Doumergue. Le général Maurin lui succéda par deux fois dans les cabinets dits d'Union nationale. Ainsi, le ministère de la Guerre eut à sa tête dans une dizaine de gouvernements un officier général ; sa présence n'était pas dictée par la seule exigence de compétence : elle répondait aussi au désir de donner à l'armée de terre un gage de bonne volonté et de s'assurer de son loyalisme.

La présence d'amiraux au ministère de la Marine ou d'aviateurs à l'Air fut plus exceptionnelle : pendant la guerre, l'amiral Lacaze siégea un temps place de la Concorde, mais démissionna en 1917 par refus d'une commission parlementaire d'enquête. Ceux qui laissèrent un nom à la Marine furent des hommes politiques : Camille Pelletan avant la guerre et Georges Leygues après, qui ne fut pas ministre de la Marine dans moins de dix gouvernements ; avec des réputations bien différentes, fort mauvaise pour le premier, excellente pour le second à qui la Royale fut reconnaissante d'avoir reconstitué l'une des flottes les plus imposantes de toute son histoire. L'aviation eut son Leygues avec Laurent-Eynac. Deux exemples entre autres de cette continuité des hommes qui compensait l'instabilité des gouvernements. Ils illustrent aussi la compétence que des politiques acquièrent sur des questions étrangères à leur activité professionnelle qui leur permet de gagner la confiance des intéressés et de mener des actions à long terme en dépit des soubresauts inhérents à la vie politique.

En certaines circonstances, notamment en temps de guerre, la gravité de la situation imposa de faire appel à une personnalité pour sa compétence technique. Quand Léon Blum décida en 1936 d'introduire dans son gouvernement trois femmes à des postes de sous-secrétaires d'État, les femmes n'étant alors ni électrices ni moins encore éligibles, force lui fut de les prendre en dehors du Parlement. Mais pour tous les autres cas, c'est-à-dire la généralité, les ministres ont toujours été pris dans l'une ou l'autre Chambre.

Députés ou sénateurs, c'est, à vrai dire, du pareil au même : c'est le même personnel. Les sénateurs ont généralement commencé par être député. Même les sénateurs inamovibles ne font pas exception. Sur toute la IIIe République, 845 sénateurs sont passés par le Palais-Bourbon : 548 le sont devenus avant que prenne fin leur mandat de député, à l'occasion d'un renouvellement triennal de la Haute Assemblée qui anticipait sur des élections législatives, et 297 ont décidé de ne pas se représenter à la Chambre basse. 845, soit presque le triple de l'effectif total du Sénat à un moment donné. Compte tenu de la durée longue du mandat sénatorial – neuf ans – et du fait que la réélection à la Haute

Assemblée était beaucoup moins aléatoire qu'au Palais-Bourbon, ces chiffres indiquent que la Chambre des députés était bien le passage normal pour une carrière politique et qu'en analysant de plus près la composition de celle-ci, nous avons les plus grandes chances de connaître l'ensemble du personnel politique de la IIIe République.

Peut-on se faire une idée précise de son importance numérique ainsi que de la vitesse à laquelle il se renouvelait ? Deux questions liées de toute évidence : plus le rythme de remplacement est rapide et plus le nombre est élevé. En prenant les assemblées parlementaires de la IIIe République dès les origines, avec l'élection de l'Assemblée nationale le 8 février 1871, et en allant jusqu'à la défaite de juin 1940 qui ramène les représentants du peuple à Bordeaux où leurs prédécesseurs s'étaient retrouvés soixante-dix ans plus tôt, se sont succédé, Assemblée nationale comprise, dix-sept législatures totalisant à quelques unités près dix mille mandats. Ces dix mille mandats correspondent à 4 892 personnes physiques, en chair et en os. En moyenne arithmétique, un député a ainsi été élu approximativement deux fois et a siégé environ huit années. Mais ce chiffre, comme toute moyenne, ne donne qu'une idée très imparfaite des destins individuels. À y regarder de plus près, on observe que 2 271 n'ont détenu qu'un seul mandat et 1 032, deux. En défalquant ces deux cohortes, on découvre que 1 589 députés ont appartenu à trois législatures au moins. Nous touchons là au cœur du personnel politique, un groupe somme toute fort restreint pour soixante-dix ans. Si l'on veut serrer de plus près encore la réalité de ce groupe, 667 députés ont fait trois mandats, 426 quatre, 223 cinq et 137 six, soit pour ces derniers une présence au Palais-Bourbon d'un quart de siècle à laquelle il conviendrait d'ajouter, pour une partie de ces *recordmen*, la durée de leur séjour ultérieur au palais du Luxembourg. Tel est le noyau dur qui a assuré la continuité à travers les législatures.

L'avènement de la IIIe République n'étant pas pour les carrières individuelles un commencement absolu et n'ayant pas entraîné une relève globale de génération, l'Assemblée nationale et les premières législatures ont compté nombre de rescapés des régimes précédents et de survivants des assemblées antérieures. Ainsi, dans l'Assemblée de 1871, ne dénombre-t-on pas moins de 234 élus ayant une expérience parlementaire dont 21 ont appartenu aux Chambres de la monarchie constitutionnelle, 48 aux Assemblées de la IIe République – constituante ou législative – et 81 au Corps législatif du Second Empire.

Ce phénomène, qui s'apparente au tuilage, facteur capital de la vie politique qui assure la transmission de l'expérience accumulée, du savoir-faire, des pratiques, se reproduit naturellement à chaque législature. Prenons un exemple entre autres, la Chambre des députés élue en avril-mai 1914, étudiée par Jean-Jacques Becker, celle qui ne pouvait pas prévoir qu'elle aurait à relever le plus terrible défi, celui d'une guerre de quatre ans, et dont le mandat sera de ce fait prorogé jusqu'à l'automne 1919. Elle compte 607 élus ; 439 ont déjà été députés à un moment ou à un autre, soit 72 % ; 168 pénètrent dans l'hémicycle pour la première fois. Parmi les réélus, 148 ont été élus pour la première fois à l'élection immédiatement précédente en 1910 ; avec les 168 nouveaux députés, ils font une majorité absolue : 316 sur 607 ; 92 ont été élus pour la première fois en 1906 et 74 en 1902. Plus des trois quarts – 482 – ont donc été élus après l'affaire Dreyfus et n'ont pas participé aux majorités opportunistes ou progressistes des vingt premières années de la République des républicains : leurs débuts de parlementaire se sont faits dans le cadre du Bloc des gauches. À mesure qu'on remonte dans le temps, le nombre décroît, de législature en législature : 48 ont été élus en 1898, 36 en 1893, 14 en 1889, dix seulement en 1885, quelque trente ans plus tôt. Il reste encore trois survivants des élections de 1881, un vétéran de la crise du 16 mai qui a été élu en octobre 1877 et même deux de la toute première Chambre des députés élue en février 1876, trente-huit ans plus tôt. Cette succession de générations, dont chacune a vécu une expérience singulière, est une donnée essentielle qu'il faut avoir présente à l'esprit pour comprendre la vie politique et ses péripéties. Le même phénomène s'observe aussi dans la composition des gouvernements, l'exemple le plus saisissant, le plus symbolique aussi, déjà cité, étant sans conteste le retour au gouvernement en 1916, dans le cabinet Briand, de Freycinet, collaborateur de Gambetta en 1870-1871.

Le rythme auquel s'opère le renouvellement du personnel n'est pas uniforme : il ne procède pas seulement de la relève des générations, phénomène démographique régulier ; il est tout autant la conséquence de faits proprement politiques, changement de mode de scrutin, bouleversement de la donne politique, mutation du système des forces. Ainsi, en 1876, l'instauration de la République coïncidant avec un changement de régime électoral favorise l'arrivée en force d'élus républicains qui font contraste avec la majorité conservatrice de l'Assemblée sortante. Les élections de 1919 se soldent par une véritable hécatombe des sortants : 248 sur les 586 sièges. Tout a conspiré contre leur reconduction : la longueur de l'intervalle depuis l'élection précédente, le nouveau mode de scrutin, l'aspiration au renouveau, qui s'exprime aussi bien à droite par la référence à l'Union sacrée et l'esprit ancien combattant qu'à l'extrême gauche par l'admiration pour la révolution d'Octobre. Le phénomène se répète en 1936 qui est un désastre pour les sortants : sur 506, 179 sont battus et 327 seulement réélus. Les nouveaux élus ne sont pas moins de 45 %, la stabilité variant grandement d'une formation politique à l'autre. Ainsi, dans la Chambre du Front populaire, l'ancienneté moyenne par appartenance politique, calculée en 1940 et incluant donc les quatre années de la législature, est de cinq ans seulement pour le groupe communiste : les trois quarts de ses 72 membres ont été élus pour la première fois en 1936. Elle est de huit ans pour les députés de la SFIO implantée depuis plus longtemps, de douze ans pour les radicaux, de onze pour le centre droit, de neuf pour les droites.

Cette analyse des effectifs et des délais confirme l'impression d'un groupe relativement peu nombreux que M. Dogan évalue à 300 ou 400 personnes, ce qui est peu, un milieu restreint dont la réalité et le pouvoir sont au moins aussi réels que ceux des mythiques deux cents familles. Un milieu assez stable pour lequel la politique est un métier, même si nombre d'entre eux continuent d'exercer une activité professionnelle, en particulier ceux qui ont une profession libérale : avocats (le groupe le plus compact), médecins ou vétérinaires. C'est cette professionnalisation qu'accepte mal une partie de l'électorat qui jalouse l'indemnité des parlementaires : au lieu d'exercer un sacerdoce désintéressé, on leur reproche de vivre aux crochets de la République. De l'ensemble de ce personnel, trois groupes, qui se définissent par leurs origines et leur activité professionnelle, se détachent. Le plus nombreux est celui du barreau : les avocats n'ont jamais été moins d'une centaine et ils approchèrent parfois du quart de la représentation parlementaire. Ils comptèrent parmi eux quelques-unes des personnalités les plus prestigieuses : Waldeck-Rousseau et Millerand, Briand et Poincaré. Par leur habitude du débat contradictoire et de la parole publique, ils imprimèrent leur marque sur le style de la délibération. Le deuxième groupe par ordre d'importance fut celui des médecins : une soixantaine en moyenne par législature. À la différence des avocats qui continuèrent généralement de plaider et menèrent de front participation aux travaux législatifs et activité de leur cabinet, les médecins cessèrent assez vite d'exercer : ni Clemenceau, ni Combes, ni Queuille ne gardèrent longtemps une clientèle, mais tous restèrent marqués par leurs études. Le troisième groupe serait celui des professeurs : contrairement à une légende qui voudrait que la IIIe République ait été la République des professeurs, ils furent moins nombreux et moins représentatifs du parlementaire moyen que leurs collègues des professions libérales. C'est la configuration dessinée par les chefs des trois formations associées en 1924 dans le Cartel des gauches qui a nourri cette légende et inspiré à Albert Thibaudet le titre de son essai fameux : elles avaient toutes trois pour leader un ancien élève de l'École normale supérieure, Édouard Herriot à la tête du Parti radical-socialiste, Léon Blum pour la SFIO et Paul Painlevé pour les républicains socialistes. S'ils n'étaient pas représentatifs du *rank and file*, leur origine commune signalait, il est vrai, le grand rôle joué dans la formation de la classe politique, en l'absence sous la IIIe République d'une institution comparable à la future École nationale d'administration, par l'école de la rue d'Ulm.

Les inégalités de représentation

Si l'appartenance aux Chambres fait naître des affinités entre députés et sénateurs, si l'exercice du métier parlementaire crée entre eux tous une certaine communauté d'habitudes qu'atteste par exemple la coutume, prise à l'initiative dit-on de Gambetta, du tutoiement, elle n'efface pas les différences d'origine sociale. La composition des Chambres de la IIIe République reflète-t-elle partiellement la diversité – faut-il dire les divisions ? – de la société civile ? Pas à l'identique : le Parlement n'est pas le miroir fidèle ni la photographie de la société française dans sa complexité. C'est un thème de la critique socialiste de la démocratie dite représentative que sa dénonciation comme non représentative au sens de reproduction : les classes dirigeantes sont surreprésentées et les couches populaires ne le sont que très insuffisamment. Elle dénie en conséquence à cette prétendue représentation toute légitimité bien que rien, ni dans les textes constitutifs ni dans la tradition philosophique dont s'inspire la République, n'ait jamais dit que la légitimité de la représentation nationale était proportionnelle à la fidélité de la représentation sociale, subordonnée à l'exacte conformité de la composition sociologique des parlementaires à la répartition des catégories socio-professionnelles dans la population globale. Le principe qui préside à l'organisation politique est même diamétralement opposé à pareille idée puisque le corps politique se compose de citoyens, notion abstraite, être de raison, qui fait délibérément abstraction de toutes les différences qui séparent les individus dans la société civile. Reste que la vie politique ne peut ignorer complètement la société civile et sa diversité ainsi que ses tensions et ses antagonismes.

Les inégalités de représentation sont allées diminuant au long de la IIIe République. Elles étaient criantes dans l'Assemblée nationale ; conséquence d'une situation exceptionnelle qui a suscité le recours des électeurs aux protections traditionnelles et entraîné comme une remontée à la surface du passé profond : en pourcentages calculés à partir de la profession du père, 34 % appartenaient à la noblesse et 36 % à la grande bourgeoisie, soit 70 % pour ces deux seules catégories à côté de – ou faut-il dire contre ? – 19 % pour la bourgeoisie répertoriée comme moyenne et 8 % pour la petite bourgeoisie. Reste pour le peuple 3 %. Un quart de siècle plus tard, après quinze ans de présence au pouvoir du parti républicain, dans la Chambre de 1893 les proportions ont déjà quelque peu changé : la noblesse n'est plus représentée qu'à 23 % et la grande bourgeoisie a régressé de 36 à 32 %. Moyenne et petite bourgeoisies sont, à elles deux, passées de 27 à 40 %. Vingt-six ans plus tard, le changement est plus massif : dans la Chambre bleu horizon élue en 1919, la noblesse ne détient plus que 10 % des mandats tandis que les deux bourgeoisies, moyenne et petite, en additionnent 50 %. Pour la première fois, la présence ouvrière est perceptible avec dix élus. Dernière coupe transversale, la Chambre élue en 1936. La représentation de la noblesse est tombée à 5 % et celle de la grande bourgeoisie à 24 %. En face, la bourgeoisie moyenne détient une majorité relative avec 36 % des députés, la petite bourgeoisie 20 % et la classe ouvrière n'a pas moins de 15 % des élus. Ainsi, l'évolution est allée continûment dans le sens d'une démocratisation de la composition du Parlement.

Ce fut un effet de la généralisation de l'instruction : sa diffusion dans le peuple permit à des ouvriers ou à de modestes agriculteurs de s'engager dans le combat politique et de faire bonne figure en face de fils de famille. Ce fut aussi l'effet de l'émergence de nouvelles formations politiques, en particulier à gauche et à l'extrême gauche, recrutant leurs militants dans les couches populaires. Car les inégalités de représentation signalées par les moyennes que nous avons citées n'étaient pas uniformément réparties entre les partis : chacun avait sa propre échelle hiérarchique, la droite recrutant davantage dans les couches supérieures et la gauche trouvant ses soutiens et ses adhérents plutôt dans les classes populaires. Déjà Gambetta avait prophétisé dans un discours célèbre l'avènement des couches nouvelles dont le parti républicain tirerait avantage. De 1898 à 1940, l'extrême droite conservatrice a compté dans ses rangs 57 % d'élus appartenant à l'aristocratie de naissance contre 22 % à la droite modérée et un pourcentage insignifiant plus à gauche. Avec le Parti radical, après sa mutation sociologique des années 1890, accède à la députation une bourgeoisie moyenne de notables ruraux, médecins de campagne, notaires, pharmaciens, vétérinaires. Avec le Parti socialiste d'abord, à partir des années 1900, puis sur la fin du régime avec le Parti communiste, les ouvriers pénètrent en nombre : entre 1898 et 1939, les deux partis ont fait élire à la Chambre 467 représentants dont 22 % d'ouvriers ; sur les 72 élus communistes de 1936, il y a une petite moitié d'ouvriers, au moins de par leurs origines, car la plupart sont devenus des fonctionnaires du parti, des hommes d'appareil : tel Maurice Thorez qui, en dépit d'une légende entretenue par une biographie arrangée, avait été très jeune happé par la machine du parti. Cette tendance est quelque peu contrariée par une inclination opposée, que les partis ne réussissent pas à enrayer, à l'embourgeoisement : ainsi, avant 1919, deux tiers des élus SFIO étaient des fils d'ouvriers ; ils n'étaient plus que 40 % dans l'entre-deux-guerres.

Si le régime électoral a été impuissant à réduire davantage les inégalités sociales de représentation, il y a en revanche un domaine où les inégalités qui subsistent ne portent pas atteinte à l'unité du corps social, la répartition géographique, puisque le territoire est partagé en circonscriptions qui participent toutes à la formation de la représentation nationale. Il existe certes aussi, de l'une à l'autre, d'importantes disparités pour le nombre des électeurs. La relative fixité du découpage qui fait obstacle à une redistribution périodique des sièges en fonction des évolutions démographiques aggrave les inégalités : l'exode dépeuple les circonscriptions rurales et gonfle la population des villes. Les campagnes sont de ce fait surreprésentées, les villes au contraire souffrent de ne pas être représentées à proportion de leur importance. Le phénomène ne devrait pas, autant que les différences sociales, être un sujet de dissension puisqu'il est vrai de toutes les régions de France. Et pourtant, sous la IIIe République, les Français qui vivent dans le Nord ont le sentiment que les Méridionaux accaparent les places et que le système les avantage. Comme la gauche a été constamment au pouvoir entre 1879 et 1914, ce sentiment de frustration est plus marqué à droite : Maurice Barrès s'en fit le porte-parole. Cette allégation n'est pas vraiment fondée. Pour s'en tenir aux seuls présidents de la République, ni Jules Grévy, qui est Jurassien, ni Sadi Carnot Bourguignon, ni le Havrais Félix Faure, ni les Lorrains Poincaré et Lebrun ne sont des Méridionaux et quelques-uns des présidents du Conseil qui ont le plus marqué la fonction ne sont pas davantage des élus du sud de la Loire : ni Ferry, ni Briand, ni Clemenceau, ni Waldeck-Rousseau, pour ne citer que quelques-uns des plus notoires. Cette idée trouve peut-être son origine dans la différence traditionnelle entre le Nord et le Midi dans le choix des carrières : si dans le Nord, qui a connu plus tôt les débuts de la révolution industrielle, les adolescents se tournent vers le négoce et l'entreprise, dans le Midi les enfants s'orientent plutôt vers les professions juridiques, la fonction publique et la carrière politique.

Cette ligne de partage géographique n'est pas la seule à introduire un clivage entre régions : Joseph Caillaux, qui représente la circonscription de Mamers dans la Sarthe, se plaint du dédain qu'il croit rencontrer de la part de ses collègues de la France de l'Est qui campent aux marges, en particulier des Lorrains, Barrès et Poincaré, qui soupçonnent leurs collègues de l'Ouest de tiédeur patriotique. Ce clivage recoupe partiellement le partage si déterminant entre partisans de la recherche des compromis avec l'adversaire et tenants de la fermeté en face des coups de force de l'Allemagne. Ces appréciations que portent les unes sur les autres les régions de France resurgiront au cours de la guerre de 1914 : on opposera la bravoure des fusiliers marins bretons ou des chasseurs alpins, savoyards et dauphinois, au manque de combativité des provençaux ou des Toulousains : à l'automne 1914 courra sur la conduite au feu du Xe corps, composé principalement de Méridionaux, une rumeur qui rebondira en mai 1940 à propos du corps d'armée commandé par le général Corap et de même composition. Si forte que soit l'unité nationale, elle n'exclut pas des degrés dans l'expression du patriotisme qui nourrissent en certaines circonstances critiques le soupçon et des sentiments de défiance.

Ces quelques milliers de parlementaires, ces trois ou quatre centaines de personnages consulaires qui constituent le monde politique ne sont pas au départ différents de leurs concitoyens. Au contraire, c'est pour nombre d'entre eux leur ressemblance, le fait de partager les sentiments, les passions, les aspirations de leurs électeurs qui les recommande aux suffrages de ceux-ci et qui est la clé de leur succès. Tout électeur est éligible.

Cela étant, pour quelles raisons certains se décident-ils à tenter leur chance auprès des électeurs ? Si les motivations individuelles sont fort variées, la réponse à cette question s'inscrit dans une interrogation plus générale : qu'est-ce qui rend, sous la IIIe République, l'attirance de la politique peut-être plus vive qu'aujourd'hui ?

Elle peut séduire comme activité et comme occupation par les occasions qu'elle ménage de développer des aptitudes qui resteraient autrement inemployées et aussi par les possibilités qu'elle entrouvre d'une sociabilité élargie. On ne saurait trop apprécier cette sorte de motivation dans la France rurale du XIXe siècle. Dans une société faite, en dehors de quelques grandes villes, de petites communautés étroites où l'existence s'écoule monotone, qui ne comporte aucune distraction, la politique fait diversion et permet d'échapper à l'ennui. Elle fournit un sujet inépuisable de conversation au café qui est le lieu ordinaire où elle est évoquée et où se préparent les élections. Elle permet de faire la connaissance d'autres dont on partage les convictions. C'est le point de départ de relations de camaraderie et même d'amitiés durables qui rompent la solitude et donnent un sens à l'existence.

Sous la IIIe République, les vocations de candidats aux élections relèvent de deux types dont l'un prolonge en régime démocratique les habitudes des régimes antérieurs et dont l'autre est lié à l'émergence des nouvelles structures de la vie politique. Pour les premiers, l'engagement en politique relève d'une tradition familiale ou d'un milieu social ; de génération en génération on a l'habitude de servir le pays, de défendre ses paysans ; en retour, les électeurs ont pris le pli de reporter sur le fils la confiance que leurs pères témoigneraient aux ascendants. Le scrutin d'arrondissement, qui fractionne le corps électoral en petites unités géographiques, entretient des situations où les influences personnelles sont déterminantes et où l'élection des héritiers est assurée : c'est le cas par exemple pour un Boni de Castellane dans les Basses-Alpes ou pour les marquis en Loire-Inférieure. Ils continuent de remplir une fonction sociale de patronage et de défendre avec un mode de vie des valeurs auxquels ils sont attachés. L'autre catégorie, toute différente, est faite d'hommes nouveaux qui n'ont pas d'ancêtre dont ils puissent revendiquer l'héritage et qui ont à la fois de l'ambition et des convictions auxquels ils ont parfois sacrifié leur repos ou une carrière : ainsi, les premières générations de républicains ont donné sous l'Empire des gages indiscutables de la sincérité de leur opinion. De même dans les générations suivantes pour les radicaux, plus tard pour les socialistes et en dernier lieu les élus communistes. Ceux qui briguent alors les suffrages de leurs concitoyens, en particulier dans des circonscriptions qui sont comme des pays de mission où leurs chances d'être élus sont infimes, sont des militants qui se soumettent à la discipline de leur parti et consentent à ce que leur ambition personnelle soit subordonnée à sa stratégie, aux aléas électoraux et aux fluctuations des électeurs.

Différents par leurs origines sociales, professant des opinions opposées, s'affrontant durement dans les débats, la plupart de ceux qui appartiennent à ce monde du pouvoir politique ont une culture commune. À quelques exceptions près, ils ont fait les mêmes études secondaires ; qu'ils aient fréquenté un collège religieux ou aient été les élèves d'un lycée d'État, peu importe : le moule est le même, c'est celui dessiné à la Renaissance par le modèle jésuite des humanités classiques. Ils y ont appris la rhétorique dont s'inspirera leur éloquence. Ils ont acquis une forte culture historique nourrie de la connaissance de la Grèce et de Rome dont ils gardent des souvenirs auxquels ils feront référence dans leurs discours et jusque dans les décisions qu'ils prendront comme ministres. La classe de philosophie leur a inculqué un tour d'esprit qui les prépare à formuler en termes abstraits les questions circonstancielles et entretient une disposition, propre à la culture politique française, à envisager les problèmes sous l'angle de l'universel et à percevoir les implications idéologiques des choix conjoncturels. Ceux qui ont poursuivi leurs études au-delà du baccalauréat ont généralement fréquenté la faculté de droit et acquis une culture essentiellement juridique ; le groupe des avocats est, on l'a vu, le plus nombreux dans les Chambres de la IIIe République ; les économistes le sont très peu. Un Paul Reynaud qui a fait l'École des hautes études commerciales fait figure d'exception, comme un Louis Loucheur qui a une expérience de chef d'entreprise. Cette formation qui assure l'homogénéité intellectuelle de la profession politique explique la qualité de la délibération parlementaire avant 1914 et la haute tenue des débats. Elle explique peut-être aussi pourquoi le Parlement est dans l'entre-deux-guerres moins en prise sur la réalité des problèmes, les plus aigus concernant l'économie et comportant une technicité qui échappe à une approche purement juridique.

CHAPITRE IX

Les antiparlementarismes

L'antiparlementarisme est une composante de la vie politique française dont l'importance, en particulier sous la IIIe République, ne doit pas être sous-estimée. Le caractère superficiel et désordonné de ses expressions, une activité souvent brouillonne, l'indigence d'une partie de son discours et de son argumentation, la discontinuité et l'intermittence de ses manifestations comme le fait que ses représentants politiques soient rejetés aux frontières du régime ne doivent pas occulter la réalité du phénomène qui est moins simple que ne le donne à penser son image. Son histoire ne se réduit pas à quelques accès de fièvre qui troublèrent un instant la vie politique et s'apaisèrent aussi vite qu'ils avaient surgi. Le phénomène est plus complexe : il se déploie sur plusieurs niveaux. Le concept et le mot recouvrent plusieurs réalités distinctes. La permanence en profondeur d'un courant fondamentalement critique du régime parlementaire, la constance d'un sentiment d'hostilité aux représentants élus révèlent un trait relativement original de la culture politique française dont on ne trouve pas d'équivalent en d'autres pays qui ont le même type d'institutions politiques ; en Grande-Bretagne les *members of Parliament*, les MP, jouissent d'une grande considération, aux États-Unis un sénateur est un personnage respecté auquel on ne songerait pas à chicaner les moyens en personnel qu'il juge indispensables pour s'acquitter convenablement de son mandat. En France, les députés sont toujours soupçonnés de s'enrichir aux dépens du contribuable : on leur reproche leur indemnité parlementaire et le titre de député est loin d'être une recommandation. L'antiparlementarisme est la partie émergée, l'expression, plus ou moins raisonnée, de cette animosité dont les origines sont lointaines et bien antérieures à la IIIe République. Il remonte au moins au Directoire qui a laissé un fort mauvais souvenir : on évoque son impuissance, les coups d'État, une réputation de corruption, la frivolité des salons parisiens, le désordre des mœurs et l'on oublie la remise en ordre administrative. Mais avec la IIIe République l'antiparlementarisme a pris une forme plus accusée et plus constante parce qu'elle était la réalisation la plus achevée du régime parlementaire. La virulence des attaques était le corollaire du triomphe absolu de la souveraineté de la démocratie représentative.

Un état d'esprit

En allant du plus élémentaire au plus raisonné, l'antiparlementarisme est d'abord un état d'esprit, diffus, à peine argumenté, qui du reste ne se soucie guère de se justifier, une réaction d'humeur qui vise plus les hommes que les institutions. Cet état d'esprit est entretenu par la chanson, la caricature, la petite presse à scandale. Il se traduit politiquement par des mots d'ordre aussi sommaires que le slogan « À bas les voleurs ! » qui sous-entend que les députés sont tous des voleurs en puissance et tous les ministres des prévaricateurs, ou le mot d'ordre poujadiste de la IVe République « Sortez les sortants ! ». On dénonce leur médiocrité, leur incompétence : prétendument aptes à tout et en vérité bons à rien. Mais plus encore leur malhonnêteté supposée : la réaction est plus morale que politique. On les soupçonne de ne pas être désintéressés ni même honnêtes, de se remplir les poches. Un journal satirique qui eut du succès s'intitulait *L'Assiette au beurre*. Ce thème est de ceux sur lequel brodent à plaisir les chansonniers et les revuistes. Argument est pris du montant de l'indemnité parlementaire qu'ils perçoivent sans travailler, car ils n'ont même pas de conscience professionnelle ; leur absentéisme est brocardé. En novembre 1906, les députés décident à la sauvette le relèvement de leur indemnité, portée de 9 000 francs, chiffre fixé en 1849 et maintenu depuis, à 15 000 francs, par voie d'amendement et sans débat : ils se voient affublés du sobriquet flétrissant de QM (quinze mille). Mais rien n'a autant fait pour alimenter la critique des hommes et nourri leur impopularité que les scandales à répétition. Le mécanisme à l'origine des scandales est toujours le même : l'exploitation par l'opposition des « affaires » : celles-ci naissent de la collusion entre l'argent et la politique. On découvre que des parlementaires ont troqué leur vote contre des avantages financiers ; ils se sont laissé acheter ou se sont rendus coupables de trafic d'influence. D'ordinaire ne sont compromis que quelques députés généralement obscurs, mais l'insinuation donne à entendre que, pour quelques maladroits qui se sont fait prendre la main dans le sac, beaucoup d'autres en ont fait autant mais ont été plus habiles. C'est surtout le retour quasi régulier de ces scandales qui a des conséquences graves pour le régime : on le voit lors de l'affaire la plus retentissante, l'affaire Stavisky, qui, à la fin de 1933 et au début de 1934, mit le régime en péril : non qu'elle fût tellement plus grave que les précédentes, mais, venant après une succession d'autres, elle a produit un effet cumulatif.

Une thématique

Ce phénomène ne mériterait pas de retenir longtemps l'attention dans une étude de la vie politique puisqu'il se situe au niveau le plus fruste de la culture politique, inférieur à une véritable réflexion politique, s'il n'était assez généralement répandu et ne se rencontrait ailleurs que là où l'on s'attendrait à le trouver, et s'il ne constituait une assise latente pour être de temps à autre la caisse de résonance de mouvements plus élaborés qui amplifient alors son audience.

Car, à côté ou au-dessus de cet antiparlementarisme du pauvre, élémentaire, il y a une critique argumentée, des écoles de pensée, un corps de doctrine qui développe une critique en règle du régime parlementaire et propose même des solutions de remplacement. De ce système la thématique ne peut être traitée par le silence ou le mépris : elle se réfère à des philosophies politiques.

Trois reproches majeurs sont formulés contre le régime parlementaire. Son impuissance : il est inadapté à l'action politique. Sa nocivité : il divise au lieu de rassembler. Son injustice : il confisque le pouvoir au bénéfice d'une oligarchie de notables.

La critique pour cause d'inefficacité porte sur le caractère essentiel du régime parlementaire : faire procéder toute décision de la délibération. C'est un régime de la parole. De fait il se fonde sur le postulat, hérité du libéralisme, de la vertu du débat contradictoire : de la confrontation des points de vue se dégagera la solution la plus judicieuse, comme en économie la concurrence est censée assurer le triomphe du meilleur produit pour le plus grand bien du consommateur. Or il est des esprits qui se font de la politique une idée différente : la politique, c'est l'action. Et rien n'est plus contraire aux nécessités de l'action que le discours. La délibération est dilatoire : elle retarde la décision alors qu'il faudrait répondre sur-le-champ. Le régime représentatif confond parole et action. Il donne le pouvoir à des hommes dont le métier est de discourir ; c'est un régime de bavards, de rhéteurs : à preuve, la prépondérance dans les Chambres des avocats ou des professeurs.

Le caractère délibératif du régime représentatif départage deux mentalités et deux types d'expérience professionnelle : s'il ne pose guère de question à ceux dont le métier est d'analyser des situations, de plaider des causes, et qui connaissent de ce fait la complexité des réalités sociales comme l'ambivalence des raisonnements, il est plus malaisément accepté par ceux dont le métier implique une compétence scientifique ou technique et appelle une décision rapide et pertinente : le chirurgien, l'ingénieur, l'architecte, le militaire.

La pathologie inévitable du régime parlementaire grossit le nombre des opposants et enrichit l'arsenal de leurs critiques. L'instabilité ministérielle vient à point nommé justifier le reproche d'impuissance gouvernementale : la chronologie fait apparaître une corrélation assez étroite entre les périodes de plus grande instabilité et les accès de fièvre antiparlementariste : ainsi dans les années 1924-1926 ou 1932-1934. Jamais autant qu'à ces moments une fraction de l'opinion n'a rêvé d'autorité et n'a aspiré à être gouvernée. À ses yeux, le régime parlementaire conduit le pays à sa perte. Le salut public exige qu'on mette les bavards à la raison ou à la porte. Cette revendication se fait plus pressante dans les moments de crise : s'il est possible de se résigner à un gouvernement faible par temps calme, l'absence d'autorité compromet la sécurité du pays si la France court des dangers : menaces sur le franc en 1924-1926, aggravation de la situation internationale à partir de 1933. Retour des scandales, gravité des situations ; on voit s'esquisser la chronologie, essentiellement discontinue, des manifestations de l'antiparlementarisme.

Deuxième attendu de la condamnation du régime parlementaire : il divise alors qu'il faudrait unir. Il entretient les divisions latentes si même il ne les crée pas. Il vit de la division : son fonctionnement repose normalement sur l'exploitation des désaccords à tous les stades. Déjà le recours à l'élection suscite l'affrontement entre les candidats qui attisent les revendications et les ressentiments. Tout le débat parlementaire, ensuite, aboutit à opposer les points de vue et à les rendre antagonistes au lieu de travailler à réduire les divergences. Enfin, le système suscite les partis qui morcellent la nation. Si l'antiparlementarisme s'accommode des divisions qui résultent de la différence de condition entre les individus, il tient les divisions politiques pour artificielles et il fait grief au régime des partis de les créer de toutes pièces. La distinction droite-gauche est factice et, si elle a peut-être eu jadis un semblant de réalité, elle est devenue archaïque.

Aux effets pernicieux du régime l'antiparlementarisme et avec lui les idéologies de rassemblement opposent les exigences de l'unité nationale. C'est une raison pour laquelle le nationalisme a eu souvent des affinités avec l'antiparlementarisme et partie liée avec lui : exaltant l'unité de la nation, soucieux de sa grandeur, il est par principe hostile aux partis et redoute l'affaiblissement qui risque d'en résulter. Aussi les milieux militaires ne sont-ils pas les derniers à mal accepter le jeu des partis et un régime qui repose sur leur existence. Après l'épreuve de la Grande Guerre, nombre d'anciens combattants, fidèles à la mémoire de leurs camarades morts pour la France, ont une certaine nostalgie de l'Union sacrée et de la camaraderie des tranchées qu'atteste leur mot d'ordre « Unis comme au front ». Ce slogan comporte, implicite, le blâme des divisions renaissantes avec le retour à la normale et comme une résurgence de l'animosité des citoyens à l'encontre des parlementaires embusqués. Ce fond de sentiments explique le glissement d'une petite fraction de la masse des anciens combattants vers une agitation antiparlementaire et leur présence dans la rue au soir du 6 février 1934.

Deux antiparlementarismes

La troisième accusation est plus inattendue, moins fréquente aussi : ne pas être démocratique. Elle est aussi plus ambiguë et formulée de deux côtés opposés du paysage politique. Car il y a, pour leurs références philosophiques, au moins deux antiparlementarismes. Pour être le plus visible et celui qui fut longtemps le plus redouté par les républicains, l'antiparlementarisme de droite ou d'extrême droite n'est pas le seul : il existe aussi un ou même plusieurs antiparlementarismes de gauche.

Celui de droite ne se soucie guère de la démocratie, et s'il a un reproche à faire au régime parlementaire, ce n'est assurément pas celui d'une insuffisance de démocratie ; au contraire, il a le défaut irrémédiable de sacrifier aux postulats démocratiques. Il y a néanmoins des courants de droite qui reprochent au régime parlementaire tel qu'il est établi de confisquer le pouvoir, de dessaisir les citoyens, de trahir la volonté populaire : ils s'accordent à dénoncer dans le personnel politique une oligarchie de notables. Maurras oppose ainsi le pays réel à ce pays légal. Le bonapartisme préconise l'appel au peuple et un André Tardieu, grand parlementaire s'il en fut, amer d'être écarté du pouvoir, déçu par l'échec des réformes institutionnelles qu'il avait essayé de faire adopter, reprend une critique sévère du fonctionnement du régime qui réduit le peuple à n'être, selon le titre de l'un de ses livres, qu'un « souverain captif » : une analyse minutieuse démonte les mécanismes électoraux qui aboutissent à maintenir au pouvoir une coterie. C'est le procès de ce qu'on n'appelle pas encore la classe politique. Sur cette partie critique l'antiparlementarisme de droite se retrouve avec celui de gauche. La perception de cette convergence permet de déchiffrer bien des énigmes de notre histoire ; elle explique des rapprochements surprenants, des alliances qui paraissent contre nature : elle éclaire aussi des itinéraires qui déconcertent, des passages sans transition d'un extrême à l'autre de l'horizon politique. Pour le reste, les deux antiparlementarismes se dissocient.

Celui de gauche, ou plutôt d'extrême gauche, car il s'est toujours situé à l'extrémité du prisme, se souvient que le régime représentatif n'est pas la démocratie : à ses yeux, il n'en est que la caricature ou l'usurpation. Un courant reste fidèle à l'idée de démocratie directe. D'autres mettent leur espoir d'instaurer une démocratie effective dans l'action d'un pouvoir fort qui ne s'embarrassera pas du formalisme parlementaire. Ainsi la IIIe République a-t-elle toujours connu sur sa gauche une opposition inconditionnelle qui la condamnait pour n'être pas assez démocratique, alors qu'elle devait faire front sur sa droite contre une autre opposition non moins inconditionnelle qui lui reprochait de l'être trop. Ce combat sur deux fronts est une constante de l'histoire de la IIIe République. Mais c'est un autre trait tout aussi caractéristique de ce régime que sa capacité à désarmer progressivement ses adversaires et à les rallier, jusqu'à les intégrer dans le système en les associant à l'exercice des responsabilités.

C'est ainsi qu'en soixante et quelques années le régime s'est vu contesté et combattu par trois gauches successives qui se sont peu à peu laissé assimiler. Sans compter l'anarchisme et le syndicalisme révolutionnaire dont la critique était plus radicale encore : il s'agissait bien du bicaméralisme ou du mode de scrutin ! La devise « Ni Dieu ni maître » avait une autre portée : on en avait à la société.

La première gauche à critiquer le régime représentatif tel qu'il avait été organisé par les lois de 1875 a été la gauche qui s'appelait « radicale », d'un terme emprunté à la Grande-Bretagne, parce qu'elle entendait tirer toutes les conséquences de son attachement aux principes de la démocratie. C'est pour cette raison précisément que les républicains radicaux refusaient une Constitution qui, loin d'aller jusqu'au bout, comportait trop d'éléments conservateurs, singulièrement le bicaméralisme. Leur opposition explique la séduction qu'a pu exercer un temps sur une partie d'entre eux la campagne boulangiste pour la révision de la Constitution. Mais cette même expérience boulangiste leur a aussi ouvert les yeux sur les risques qu'ils faisaient courir à la République en encourageant une remise en question des institutions. Dès lors la défense du régime passe au premier plan et éclipse le désir de le rendre plus démocratique. L'accession des radicaux aux responsabilités gouvernementales fera le reste et achèvera de les rallier sans réserve à la IIIe République. Les radicaux, devenus dans l'entre-deux-guerres la principale force de gauche, détenant même la majorité au Sénat, jadis objet de leur réprobation, seront de la plupart des gouvernements. Élément indispensable de toute majorité, arbitre entre la droite ralliée et la gauche, ils s'identifieront au régime parlementaire jusqu'à devenir la cible préférée de l'antiparlementarisme.

Le socialisme avait pris le relais du radicalisme dans l'opposition de gauche pour des raisons plus fondamentales : la critique radicale portait sur les institutions ; celle des écoles socialistes s'en prend au principe même du système représentatif. Elles déduisent du postulat de la priorité du social sur le politique que l'important n'est pas de changer les institutions qui ne sont jamais que le reflet du rapport des forces et l'expression de l'ordre social. Dans le cadre d'une économie libérale et capitaliste, le parlementarisme ne peut être que l'instrument de la domination de la bourgeoisie. Mais les socialistes ont fait à leur tour la même découverte que les radicaux : à critiquer sans discernement le caractère formel des libertés publiques, on ne fait pas nécessairement progresser l'égalité et la justice ; on risque plutôt de faire le jeu des adversaires de la démocratie. Leur entrée en force dans les Chambres à partir de 1893 précipite le ralliement des socialistes à la République parlementaire sans qu'ils renoncent pour autant à leur ambition d'une transformation révolutionnaire de la société. Avant même d'être associés aux responsabilités du pouvoir, ce qui ne se fera qu'à l'extrême fin du régime, en 1936, exception faite pour la participation de ministres socialistes aux gouvernements de l'Union sacrée entre 1914 et 1917.

Ce mouvement, de l'opposition inconditionnelle à l'acceptation du régime parlementaire, s'est reproduit une troisième fois, sur un mode mineur, avec le Parti communiste. S'il n'est pas allé aussi loin dans le ralliement, c'est aussi qu'il partait de prémisses plus éloignées encore. Le marxisme dans son interprétation léniniste était foncièrement antiparlementaire : rien de plus opposé aux postulats du régime parlementaire – la croyance à la vertu de la délibération, comme à l'efficacité des lois – que la dictature du prolétariat. Pas question donc de se plier aux règles du débat ni de respecter d'autres points de vue. Le Parlement est un terrain entre autres où porter le combat, une tribune d'où l'on peut s'adresser à l'opinion. Tout ce qui peut servir la propagande de l'Internationale étant bon, le groupe communiste ne s'interdit aucun moyen, obstruction, provocation, au scandale des autres parlementaires. Mais, en même temps qu'il troque en 1935 son appellation de Section française de l'Internationale communiste, calquée sur celle de la SFIO, qui souligne son appartenance – et sa dépendance – à une Internationale, contre celle de Parti communiste français qui proclame son insertion dans l'histoire nationale, il opère un retournement tactique qui s'inscrit dans un renversement de stratégie : il s'agit de rassembler sous la bannière de l'antifascisme toutes les forces de gauche et même d'autres éventuellement, pourvu qu'elles acceptent de s'associer pour barrer la route au fascisme. Plus question de dissocier la cause du prolétariat et de l'instauration d'une société socialiste de la défense de la démocratie et des institutions parlementaires décriées par la réaction et menacées par les ligues. Élus au printemps 1936, les soixante-douze communistes ont fait l'apprentissage du métier de député ; ils se sont familiarisés avec les subtilités du règlement et ont tenu leur rôle dans les débats parlementaires. Le temps est loin où ils s'évertuaient par leurs provocations à susciter l'hostilité de leurs collègues et semblaient plus désireux d'obtenir la palme du martyre que des résultats positifs.

Quelles furent dans ce revirement brutal les parts respectives de la sincérité et du calcul ? L'intention stratégique n'est pas douteuse : le rapprochement avec les autres forces de gauche, attachées sincèrement, elles, aux libertés publiques et qui en savaient la valeur, était à ce prix. Si le Parti communiste a été autorisé par l'Internationale à tenter cette stratégie avant qu'elle soit étendue à d'autres pays que la France, on a des raisons de penser que le feu vert donné par Moscou n'impliquait de la part du Komintern aucune conversion à l'idée de démocratie politique. Mais peu importe en un sens : c'est sur la base de ce nouveau programme que le plus grand nombre de ceux qui rejoignirent alors le Parti communiste, presque dix fois plus nombreux que les vétérans, y adhérèrent : pour eux pas question de combattre les institutions, de donner dans les fantasmes de l'antiparlementarisme. Que leur ralliement fût sincère, il me semble que la suite des événements en apporte une vérification : quand Moscou signe, en août 1939, le pacte germano-soviétique, signifiant que le pouvoir soviétique ne fait pas de différence entre les démocraties parlementaires et le IIIe Reich, tout donne à penser que la majorité des électeurs et des adhérents n'approuvèrent pas ce retournement et s'écartèrent du parti. Il y a plus probant : près d'un tiers des députés élus en avril-mai 1936 sous le patronage du parti le quittent alors. Présomption que leur ralliement au régime était bien sincère.

Un type d'organisation spécifique

L'antiparlementarisme est d'abord un état d'esprit qui exprime un ensemble de sentiments et de préjugés. Il se réfère aussi à une thématique relativement élaborée. Il suscite enfin des organisations propres. Contestant l'idée de faire procéder de la consultation des citoyens la désignation de ceux qui seraient appelés à diriger le pays, les adversaires du parlementarisme, de droite au moins, se tinrent généralement à l'écart des élections, ne présentant pas de candidats ni ne faisant campagne. Les proches de l'Action française n'ont tenté leur chance qu'à une seule élection générale : en 1919, dans l'euphorie de la victoire qui prolonge le climat de l'Union sacrée. Critiquant le rôle des partis, ils ne s'engagent pas sur leur terrain. Mais comme ils ne se désintéressent pas de la politique ni du sort du pays, qu'ils ne renoncent pas non plus à infléchir le cours des événements, étant donné qu'on ne peut peser en politique que par une action collective concertée, l'antiparlementarisme se traduit au plan des organisations par une efflorescence de mouvements qui s'appellent souvent ligues. Deux traits entre autres les caractérisent et les singularisent. Puisqu'ils délaissent les occasions normales de se faire entendre, de gagner les esprits et de peser sur la décision que sont les élections, ils visent à agir sur l'opinion à d'autres moments, parfois au lendemain d'une élection qui a donné la victoire à la gauche, et par d'autres voies. Toute action politique étant pour une part expression d'un rapport de force, à défaut de décompter les suffrages ils s'emploient à recruter des adhérents, des signataires de pétitions, des manifestants et à faire nombre pour impressionner les pouvoirs publics. La recherche du nombre est pour eux plus pressante que pour les partis. Ils se préoccupent moins de former des adhérents que de faire masse. Les moyens habituels en rapport avec leur objectif sont la pétition ou la manifestation. Il s'agit de montrer sa force. Leurs adversaires leur reprochent de jouer la rue contre les pouvoirs réguliers, mais tant qu'ils se contentent de défiler, ils ne font qu'user d'une liberté démocratique. On les soupçonne de préparer un coup de force, de travailler au renversement du régime, de conspirer : leurs agissements justifient parfois les soupçons ; ainsi la tentative maladroite de Paul Déroulède en 1899, cherchant à entraîner les troupes de la garnison de Paris dans une marche vers l'Élysée, ou la soirée du 6 février, encore que les intentions des organisateurs demeurent confuses et incertaines, mais pour la gauche la thèse d'une émeute factieuse fomentée pour renverser le régime ne faisait pas de doute et a puissamment contribué à cimenter la coalition antifasciste.

Le second trait spécifique concerne la durée de vie de ces mouvements : généralement brève, plus courte en tout cas que celle des partis. Les deux types d'organisation se différencient par leur rapport à la durée : les partis survivent à leurs fondateurs ; même s'ils dépérissent, ils passent les changements de génération. Les mouvements dont l'antiparlementarisme compose le fonds idéologique ne durent guère : leur existence est aussi courte que passionnelle, les deux traits étant liés. Brèves flambées qui mobilisent quelques mois, au mieux quelques années, puis retombent aussi vite. Ce sont comme de brusques accès de fièvre, ou des crues torrentielles, après quoi le fleuve rentre dans son lit. Cette instabilité ne s'observe nulle part aussi bien que dans la volatilité des effectifs de ces mouvements ; ils peuvent connaître un afflux soudain, réunir des foules bien supérieures en nombre aux chiffres d'adhérents des partis classiques, mais ils ne savent pas les fidéliser. Leurs adeptes repartent, vite déçus que leur action n'ait pas atteint les objectifs escomptés.

En conséquence, si l'antiparlementarisme comme état d'esprit et comme thématique est bien, à l'état latent, une composante constante de notre vie politique, ses expressions les plus voyantes sont, elles, discontinues et ses manifestations intermittentes. Leur surgissement, pour être inopiné, et bien qu'il obéisse à des pulsions moins rationnelles qu'affectives, n'en est pas moins intelligible. L'évocation de l'instabilité ministérielle nous a montré qu'il y avait une certaine corrélation entre les moments où elle connaissait une aggravation préoccupante et les poussées d'antiparlementarisme, comme si celles-ci étaient une réaction au dérèglement du système. Il y a aussi concomitance avec les périodes de crise où l'opinion a des raisons de s'interroger sur la capacité du régime à donner réponse aux problèmes et s'inquiète pour la sécurité et les intérêts du pays.

Aussi l'histoire de ces mouvements par lesquels l'antiparlementarisme se rappelle à l'attention et dont la chronologie est par nature spasmodique, n'est-elle ni dépourvue de signification ni totalement extérieure à l'histoire du régime.

Quant à ses effets sur la vie politique, ils ne sont pas négligeables. La plupart sont négatifs. La persistance de cet état d'esprit a tenu à l'écart du régime des esprits distingués, des écoles de pensée, des fractions de l'opposition et privé la politique de talents et d'énergies. Par la violence de la polémique, l'injustice des soupçons sur les personnes, la virulence des accusations, ce courant a fait obstacle à un débat serein et entretenu un style peu favorable à la pratique démocratique. Surtout, la critique des institutions qui se fondait sur leur faiblesse présumée a accentué cette faiblesse même en privant la République, comme les régimes précédents, de l'adhésion unanime des citoyens.

Le seul cas d'une organisation qui, ayant commencé comme une ligue, a réussi à se transformer en une formation politique de type classique s'intégrant à la vie politique est celui des Croix de feu, une petite association d'anciens combattants très élitiste, puisque, pour y appartenir, il fallait avoir été décoré de la croix de guerre. Sous la direction du colonel de La Rocque qui en prend la présidence en 1931, elle connaît un rapide développement ; elle se situe incontestablement à droite, et, au vu de son programme, ce n'est pas une erreur de la ranger alors parmi les mouvements antiparlementaires. Au soir du 6 février 1934, les Croix de feu sont, eux aussi, dans la rue : ils manifestent contre les voleurs, mais ils se gardent de se mêler aux autres cortèges de manifestants. Entre cette soirée et les élections du printemps 1936, le Mouvement social français, constellation d'associations qui gravitent autour du noyau de la ligue, enregistre un afflux croissant d'adhésions. Dans la campagne électorale, il est la cible de la gauche qui voit en lui la version française du fascisme international et dans son chef un émule du Duce ou du Führer. L'un des premiers actes du gouvernement de Front populaire est de prononcer la dissolution de l'ensemble des organisations groupées dans le MSF. Son chef, au lieu de se raidir dans une opposition inconditionnelle, décide alors de se situer dans le cadre du régime et de créer un parti qui jouera le jeu des élections. Loin d'être une défaite, cette mutation est un grand succès : si le Parti social français ne retrouve pas tous les Croix de feu, d'autres viennent à lui et par centaines de mille. Le PSF compte à lui seul plus d'adhérents que tous les partis de gauche réunis, qui connaissent pourtant alors un raz de marée. Le PSF représente dans l'histoire des partis politiques français de droite un cas tout à fait singulier : c'est la première fois que surgit à droite un parti de masse qui accepte sans réserve le cadre de la démocratie parlementaire. Or il est né d'un mouvement que ses sympathies portaient plutôt vers l'extrémisme antiparlementaire et c'est précisément quand il fait le choix de ce ralliement qu'il connaît son plus grand succès. Que cette évolution se soit accomplie dans ce qu'on saura plus tard devoir être les dernières années de la IIIe République, et alors qu'à l'opposé le Parti communiste a répudié sa tradition révolutionnaire, signifierait-il que le régime était en voie de rallier toutes les oppositions et de se faire accepter même de ses adversaires traditionnels ?

CHAPITRE X

Les libertés publiques, condition de la démocratie

Aussi déterminantes pour orienter la vie politique et favoriser ou entraver son développement normal que les dispositions constitutionnelles qui en tracent le cadre et en fixent les règles sont les conditions de toute nature qui en assurent le fonctionnement pratique. Les unes, juridiques, sont définies par le législateur ou procèdent du pouvoir réglementaire ; d'autres dépendent de données de fait et en particulier de données techniques ; d'autres encore reflètent l'état de la société.

Toute vie politique est conditionnée par le degré de liberté admise ou tolérée. Pas de vie politique effective sans un minimum de liberté garantie. À plus forte raison en régime censément démocratique : si les citoyens n'ont pas la possibilité de s'informer en dehors de la propagande officielle, si les électeurs ne peuvent librement choisir entre une pluralité de candidatures, de programmes et de formations, la démocratie n'est que simulacre. Il y a donc, en dépit des théories qui se plaisent à opposer des libertés réputées purement formelles auxquelles de vrais démocrates devraient être indifférents, aux libertés prétendument réelles, seules dignes de leur attention, une interdépendance entre l'idée et la pratique démocratiques et l'ensemble des libertés publiques qui ne sont que l'inscription dans la législation des principales libertés individuelles proclamées par la Déclaration des droits de l'homme et du citoyen en 1789.

À cet égard, l'expérience de la IIIe République a été capitale : reconnues officiellement, les libertés publiques ont été mieux respectées ; elles ont été inscrites dans la législation, ont fait l'objet de textes qui en précisaient le contenu et en garantissaient l'application. Le régime a réconcilié la République avec les libertés fondamentales. Même si les gouvernements n'ont pas totalement rompu avec de mauvaises habitudes héritées de précédents régimes, s'ils n'ont pas toujours renoncé à user de la pression administrative pour guider l'opinion, s'ils ont continué d'attendre des préfets qu'ils leur assurent de « bonnes élections », si, sous prétexte de défendre la République menacée par les oppositions, on a parfois bousculé quelque peu les libertés essentielles et même adopté des dispositions proprement discriminatoires, la IIIe République a incontestablement fait franchir un pas décisif en direction de ce qu'on appelle aujourd'hui l'État de droit.

Pour ce faire, les républicains n'ont pas perdu de temps. Ils n'ont les mains libres qu'à partir de janvier 1879 : en trente mois, ils adoptent une série de lois qui abrogent toutes les dispositions restrictives conçues par les régimes précédents, font de la liberté le principe de droit et instaurent la plupart des libertés publiques : de l'information, de la presse, de l'affichage, du colportage, de réunion. Cette législation forme un ensemble cohérent qui procède d'une inspiration essentiellement libérale : elle repose sur la confiance dans la capacité de l'individu à se faire par lui-même une opinion raisonnable parce que raisonnée, et sur l'idée que la liberté est bien un droit et qu'il n'est pas de meilleure condition pour déterminer ce qui convient à un peuple. En adoptant cet ensemble de lois, les républicains de la génération de 1880 avaient la conviction de travailler pour l'avenir, de fonder un édifice durable : ils ne se trompaient pas. La suite leur a donné raison : cent vingt ans plus tard, nous vivons toujours pour l'essentiel dans le cadre de cette législation. Après la première Révolution qui énonça les principes, après le régime de Juillet qui en amorça une timide application, le vote de ces lois libérales a écrit le troisième chapitre de l'histoire des libertés publiques et administratives en France. La suite le sera un peu sous la IVe République, davantage par la Ve sous deux présidences consécutives d'orientations contraires, à l'initiative d'abord du président Giscard d'Estaing (accès aux documents administratifs), puis de François Mitterrand (fin du monopole de l'État pour la radio et la télévision).

Au cours des soixante années de la IIIe République, le pays a fait l'apprentissage des libertés : il y a pris goût, il en a appris l'usage et elles se sont comme incorporées à la culture politique, devenant un élément essentiel du modèle républicain. Peut-être cette expérience prolongée n'a-t-elle pas été étrangère au fait que, contrairement à certaines idées reçues, la France a été dans l'entre-deux-guerres moins tentée que d'autres pays par les formules autoritaires, et l'opinion, étant moins disposée à renoncer à des libertés dont elle savait le prix et la durée, ajouta une touche supplémentaire à la légitimité que ces libertés tenaient de leur essence même et de leurs affinités avec l'inspiration démocratique de la République.

La liberté de l'information

Il n'y a pas de régime d'opinion sans circulation de l'information. Il n'y a pas de fonctionnement vraiment démocratique sans liberté de l'information : à la fois liberté d'informer pour ceux dont c'est le métier et pour les institutions dont c'est la raison d'être, et liberté pour le citoyen de s'informer. L'information, si elle est libre, étant souvent critique, épousant rarement les vues du pouvoir, tous les gouvernements sans exception s'en défient et sont tentés de mettre des limites à sa liberté. En près d'un siècle, rares avaient été les moments depuis 1789 où elle avait joui d'une liberté sans restriction : les tout débuts de la Révolution, qui l'avait momentanément affranchie de toute tutelle, et les premiers mois de la IIe République. Le reste du temps, les régimes avaient tous trouvé de bonnes raisons, de principe ou de circonstance – dangers intérieurs ou périls extérieurs, défense de la tradition, maintien de l'ordre menacé par la subversion, sécurité des personnes, protection des bonnes mœurs –, pour édicter des mesures de contrainte. L'ingéniosité des juristes avait inventé toute sorte de dispositions et bâti un arsenal qui conjuguait mesures administratives, exigences financières et sanctions judiciaires : autorisation préalable, cautionnement, censure, avertissement, suspension temporaire ou définitive, procès en correctionnelle.

Les républicains qui avaient souffert de ces régimes de police avaient de bonnes raisons de vouloir y renoncer : leurs convictions sur le sujet, leur confiance dans le jugement des citoyens, leur attachement à la liberté. Les mesures pour établir un statut de l'information fondé à partir de ces principes furent parmi les premières qu'ils prirent.

La liberté de la presse

Les canaux par lesquels chemine et se diffuse l'information sont multiples et ils concourent tous à leur façon à la formation de l'opinion, mais aucun n'a eu sous la IIIe République une influence comparable à celle de la presse périodique. La IIIe République a été l'âge d'or du journalisme et des journalistes. La presse n'a eu guère de concurrents avant l'apparition, relativement tardive, de la radio : encore celle-ci n'intervient-elle dans le champ politique que dans la décennie 1930 et le public qu'elle atteint est moins étendu que celui de la presse : à l'entrée en guerre en 1939, le nombre des récepteurs de radiodiffusion déclarés – quelque cinq millions – n'est pas même la moitié du tirage des quotidiens – autour de onze millions. Assurément, ces chiffres bruts demandent à être corrigés par des coefficients multiplicateurs, celui des auditeurs groupés autour du poste de TSF, celui des lecteurs qui se passent le journal de main en main, mais comme ils sont assez proches, la différence demeure. De plus, il existe d'emblée une relation des plus étroites entre la presse et la politique, comme entre le métier de journaliste et la carrière politique : la plupart des politiques, pour se faire connaître des électeurs, ont lancé à l'approche d'une compétition électorale une feuille qui a connu quelques parutions. Il était difficile de faire une grande carrière politique sans le soutien d'un journal et bon nombre de personnalités les plus marquantes du monde politique ont été ou se sont faits journalistes : Gambetta, Clemenceau, Jaurès, Tardieu et combien d'autres moins illustres, mais qui ont pratiqué et aimé ce métier.

Le régime de la presse a été fixé, en même temps que celui de l'affichage – à l'époque, les deux moyens sont associés dans l'esprit public comme les deux principaux vecteurs de l'information, notamment politique –, par la grande loi du 29 juillet 1881, dont l'existence, sinon le contenu, devrait être l'une des plus connues de l'homme de la rue car c'est une des rares dont la référence s'étale aujourd'hui encore, cent vingt ans plus tard, en lettres grasses sur les murs de nombreux bâtiments publics et même d'immeubles privés à la suite de la formule « Défense d'afficher ». Au vu de cette inscription mille fois répétée, on pourrait croire que cette loi est essentiellement répressive et restrictive ; ce serait une erreur absolue. D'abord parce que ladite mention ne résulte d'aucune prescription de la loi : c'est une précaution, autorisée par la Cour de cassation, prise par les propriétaires pour préserver la propreté de leur édifice, bien avant l'offensive des *taggers*. La loi de 1881 est d'inspiration éminemment libérale : la liberté est le principe, la répression l'exception. Elle supprime toutes les restrictions préalables. Elle définit quelques délits dont l'examen et la sanction relèvent non plus de la correctionnelle mais du jury, dont la compétence est donc retirée aux magistrats professionnels, présumés à tort ou à raison plus rigoureux ou plus conservateurs, et transférée aux citoyens ; on ne doit pas oublier que tel ou tel jugement qui scandalise aujourd'hui, comme celui condamnant Émile Zola pour son article « J'accuse ! » – exemple emblématique du rôle de la presse dans une crise politique –, a été rendu non par des juges aux ordres du pouvoir mais par des jurés citoyens, pleinement libres de leur verdict. Pour préserver la vie privée et l'honneur des personnes, la loi a prévu des poursuites et des sanctions : elle organise aussi le droit de réponse.

Sauf modifications sur quelques points que nous allons mentionner, cette loi de 1881 est aujourd'hui encore le cadre qui fixe le régime de l'information et règle l'activité des journalistes. C'est dire son importance historique : en la votant, les républicains ont disposé un des piliers de notre vie politique pour plus d'un siècle. Pareille longévité est aussi une présomption de la qualité du texte, de sa cohérence interne et sans doute aussi de la pertinence des réponses aux diverses questions posées par le statut de la presse. Peut-être est-ce même en raison de ces mérites que les amendements qui lui furent apportés ultérieurement furent si âprement discutés : ce fut aussi et surtout parce qu'ils apportaient quelques tempéraments à un texte que les circonstances conduisaient à trouver trop libéral.

Les premières modifications furent introduites une douzaine d'années plus tard sous la pression de l'opinion, impressionnée par la vague d'attentats anarchistes. Après la bombe jetée par Vaillant dans l'hémicycle du Palais-Bourbon, le gouvernement fit adopter deux lois de répression. La première, du 11 décembre 1893, punit de peines d'emprisonnement, dont la durée peut aller jusqu'à cinq ans, non seulement la provocation directe, mais aussi la provocation indirecte, même non suivie d'effet, au vol, au meurtre, à l'incendie ou à la désobéissance des militaires ainsi que la justification de ces actes. Une deuxième, votée quatre jours plus tard, concerne moins directement la presse, mais elle reflète bien l'état d'esprit qui a présidé à l'adoption de cette législation : elle permet de condamner aux travaux forcés, c'est-à-dire d'envoyer au bagne, pour simple entente en vue d'accomplir un acte criminel, même si celui-ci n'a pas eu lieu. Ces deux lois seront suivies d'une troisième, du 26 juillet 1894, à la suite de l'assassinat du président de la République, Sadi Carnot, par un anarchiste italien, Santo Caserio : elle étend les dispositions précitées à ceux qui, « en dehors de toute entente préalable, font par un moyen quelconque acte de propagande anarchique ». Cette innovation est la plus lourde de conséquences pour la presse : elle retire au jury le jugement des délits de presse pour le transférer aux tribunaux correctionnels.

Ces mesures essentiellement répressives suscitèrent une très vive opposition à gauche, en particulier chez les socialistes qui formaient pour la première fois un groupe parlementaire important à la Chambre des députés : ils craignaient qu'elles ne soient détournées de ceux qu'elles visaient expressément, les anarchistes, et utilisées contre eux. Elles soulevèrent des clameurs et leur caractère répressif leur valut d'être qualifiées et d'entrer dans l'histoire sous le nom de « lois scélérates ». Cette appellation et son cortège de représentations font partie de l'imaginaire de gauche : il sera fait référence à leur scélératesse chaque fois qu'un gouvernement cherchera dans un renforcement de la rigueur des lois et un durcissement du Code pénal la réponse à une situation critique et la parade à l'émergence de formes nouvelles de délinquance de nature à troubler l'ordre et la tranquillité publics. Ce sera le cas encore sous la Ve République lors de l'adoption en 1970 de la loi dite « anticasseurs » pour riposter après la crise de mai 68 à l'agitation gauchiste.

Un autre correctif sera apporté à la loi de 1881 en 1936, dans une situation différente et sur un autre point : au lendemain du suicide du ministre socialiste de l'Intérieur du gouvernement de Front populaire, Roger Salengro, harcelé par l'hebdomadaire d'extrême droite *Gringoire*, qui l'accusait d'avoir déserté pendant la guerre, le gouvernement fit adopter des mesures plus rigoureuses contre la calomnie et la diffamation. Leur signification proprement politique était assez différente de celle des lois dites scélérates : celles-ci visaient l'extrême gauche et se justifiaient par le souci de l'ordre public contre l'usage de la violence aveugle ; celle-là était dirigée contre l'extrême droite et entendait préserver l'honneur des personnes.

L'application des plus mesurées qui fut faite de ces lois ne justifia pas les craintes évoquées lors de leur introduction et ne modifia ni l'architecture de la loi de

1881 ni l'orientation résolument libérale imprimée par le gouvernement républicain au régime de la presse périodique.

Si la IIIe République fut l'âge d'or de ce moyen d'information, ce ne fut pas seulement parce qu'elle bénéficia alors pour la première fois d'un cadre juridique favorable. Ce fut aussi du fait de la conjonction du progrès des techniques d'impression, de l'abaissement des coûts et aussi de l'évolution des attentes et des capacités des lecteurs.

L'installation de la République a approximativement coïncidé avec une révolution dans l'histoire de la presse : l'invention de machines imprimant en un temps beaucoup plus court un nombre beaucoup plus élevé d'exemplaires, ce qui permit d'abaisser le coût unitaire et de toucher un public de lecteurs beaucoup plus étendu. Apparaît alors une presse, qu'on appelle « petite presse » pour la distinguer des grands quotidiens riches d'une histoire prestigieuse et qui s'adressaient à un public cultivé. La vente au numéro se substitue à l'abonnement dont le montant élevé, qui devait être acquitté en une fois, n'était accessible qu'à des lecteurs relativement fortunés. Le prix de vente tombe de cinq à un sou. En quelques années, cette petite presse conquiert des couches nouvelles : à Paris, le *Petit Parisien*, le *Petit Journal*, en province aussi, *Petite Gironde*, *Petit Marseillais* et combien d'autres ! Le tirage du *Petit Parisien* atteindra au début du XXe siècle le million d'exemplaires. Cette petite presse conservera une puissance considérable jusqu'au désastre de 1940. Le développement du réseau ferroviaire, des tarifs postaux avantageux facilitent grandement la diffusion des journaux et la pénétration des quotidiens parisiens jusque dans les campagnes les plus reculées. Le progrès de l'instruction avec la généralisation de l'obligation scolaire, en réduisant en une génération à presque rien la catégorie des Français ne sachant ni lire ni écrire, a constitué un public potentiel considérable pour la presse : la lecture d'un quotidien est devenue une pratique habituelle et un acte civique. La presse a ainsi grandement contribué à unifier la France en portant partout l'écho des joutes politiques et a créé une culture politique commune. En propageant dans la France entière les divisions politiques, religieuses aussi, l'information a paradoxalement travaillé pour l'unité nationale en posant partout les mêmes problèmes dans des termes identiques et en amenant chacun à s'inscrire dans le cadre national et à partager les mêmes passions.

L'éventail des publications périodiques réunit toutes les nuances d'un paysage politique déjà très varié, d'un extrême à l'autre. C'est souvent autour d'un organe de presse que se constitue une tendance et il n'est aucune des composantes de ce vaste panorama qui ne se dote d'un moyen d'expression. Tout le monde partage à la fin du XIXe siècle l'idée que la presse est le plus puissant levier pour la conquête de l'opinion et qu'elle détient la clé du pouvoir. Les religieux ne sont pas les derniers à en tirer les conséquences. C'est une formule souvent citée alors par des ecclésiastiques : si saint Paul revenait, il se ferait journaliste. À défaut de l'apôtre des Gentils une génération de jeunes prêtres ardents, désireux de réconcilier l'Église avec son temps, qui ont entendu l'invitation de Léon XIII à être présents dans le monde, se sont faits journalistes dans les années 1890. Avant eux, vingt ans plus tôt, une petite congrégation fondée en 1850 par le père d'Alzon, les Augustins de l'Assomption, avait pressenti avant même l'essor de la petite presse l'avenir du journalisme, créé une maison d'édition, la Bonne Presse, et lancé en 1883 un quotidien populaire à un sou, *La Croix*, appelé à jouer un rôle important et promis à un avenir plus que séculaire. Ils feront parler d'eux et seront poursuivis en justice au temps de l'affaire Dreyfus.

Autour des quotidiens politiques se constituent des réseaux de militants pour en assurer la vente à la criée et pour protéger les vendeurs bénévoles contre les agressions de vendeurs de feuilles opposées, se créent des services d'ordre. Ainsi naissent en 1908 les Camelots du roi, pour vendre l'*Action française* à la porte des églises et, après que *L'Humanité* est passée sous le contrôle du Parti communiste en 1920, les comités de défense de *L'Humanité*, les CDH, assurent la diffusion sur les marchés de l'organe du comité central.

Le journalisme concourt autant que l'éloquence parlementaire à donner un ton à la vie politique et à modeler son style. À vrai dire il n'y a pas un style uniforme : selon leur tempérament personnel et leur talent propre, selon aussi le journal où ils écrivent et le lecteur auquel ils s'adressent, les journalistes pratiquent des genres bien différents, de l'écriture gourmée du *Journal des débats* ou de l'analyse distanciée du *Temps* aux insinuations de la presse à scandale ou aux sarcasmes truculents d'un Léon Daudet. Mais, par comparaison avec les régimes antérieurs, la liberté conquise a fait sauter les verrous et repoussé certaines limites, ouvrant en particulier un vaste champ à la polémique : la IIIe République a connu des journalistes qui avaient un grand talent de polémiste. La presse a alors imprimé à la vie politique française un ton de violence verbale dont les excès ont suscité la loi de 1936 visant à prévenir les outrances d'une presse qui ne résistait pas toujours à la tentation d'abuser du pouvoir que lui conférait son quasi-monopole. L'historien ne saurait non plus oublier que, si la presse devait à la République de disposer désormais d'une indépendance presque totale à l'égard du pouvoir politique – encore que certains journaux aient émargé aux fonds secrets –, il n'en allait pas de même à l'égard des puissances d'argent : si les journalistes n'étaient certes pas tous disposés à se laisser acheter, la vénalité fut un des maux de la presse de ce temps. La preuve a été apportée de l'acceptation par de nombreux journaux de l'argent de l'ambassade du tsar pour presser les épargnants français de souscrire aux emprunts russes.

L'écrit ne doit pas faire oublier un autre élément qui eut sous la IIIe République une influence certaine sur la formation de l'opinion et en particulier de son regard sur les hommes politiques : la caricature. Les dessinateurs ont peu à peu obtenu d'être reconnus comme des journalistes à part entière. Un Steinlen, un Abel Faivre, un Sennep ont compté autant que les éditorialistes les plus talentueux. En l'absence d'autres possibilités de connaître le visage des politiques et de les identifier, puisque la photographie ne fera son entrée dans le journal qu'après la Première Guerre, dans *Excelsior* d'abord, puis dans *Paris-Soir*, dont la réussite ne date que des toutes dernières années du régime, le dessin au trait est le seul moyen de se représenter les politiques. Il est rare qu'il le fasse sous leur aspect le plus avantageux ou le plus flatteur. Indirectement, sans l'avoir nécessairement cherché, la caricature a alimenté l'antiparlementarisme et nourri le discrédit du personnel politique républicain.

L'affichage

Le sort de l'affichage, cet autre vecteur de l'information politique, était lié, on l'a dit, à celui des périodiques imprimés et réglé sur les mêmes principes par la grande loi du 29 juillet 1881. Au XIXe siècle, l'affiche a joué un rôle fort important en politique : l'insurrection de juillet 1830 a été en partie déclenchée par l'appel rédigé par Thiers, signé des journalistes et placardé sur les murs de Paris. Les gouvernements aussi usèrent de ce moyen pour se gagner l'opinion. C'est par l'affiche que le pays apprend souvent les événements. L'impression des affiches annonçant la dissolution de l'Assemblée et le rétablissement du suffrage universel est une pièce essentielle de la préparation du coup d'État du 2 décembre 1851. Et l'affiche blanche, qui est le privilège des avis officiels et qui tient de là son prestige auprès d'une opinion qui se laisse encore impressionner par le pouvoir, est mise par le régime impérial à la disposition des candidats qui ont son appui. Sous la IIIe République, concurrencée par de nouveaux moyens, l'affiche perdra de son impact sur un peuple plus instruit et de son pouvoir d'influence sur les esprits. Néanmoins, quand Henri de Kerillis crée en 1926 le Centre de propagande des républicains nationaux pour doter la droite d'un instrument efficace qui utilise systématiquement tous les moyens techniques modernes, le Centre consacrera une partie appréciable de ses efforts et de son budget à l'édition d'affiches parlantes que les militants colleront sur les murs de la France entière à l'occasion des campagnes électorales de 1932 et 1936. Le Parti communiste aussi fit grand usage de l'affiche, caricaturant ses têtes de Turcs de la droite. L'affiche retrouvera une heure de gloire sous la IVe République avec l'activité en guerre froide de Paix et Liberté, fondé par Jean-Paul David. L'affiche a aussi été au service du Parlement avec l'usage, hérité des précédents régimes, pour une majorité qui approuve particulièrement une déclaration gouvernementale ou entend témoigner à un président du Conseil son admiration, de voter l'affichage : la décision entraîne l'impression sur papier blanc du texte intégral et son apposition sur les murs de toutes les mairies de France.

On peut rapprocher de l'affichage une autre pratique aujourd'hui tombée en désuétude mais qui connut au XIXe siècle un succès populaire : le colportage, la diffusion, gratuite ou contre espèces, de porte à porte, de livres, de brochures, d'almanachs. Les gouvernements ayant des raisons de se défier de ce procédé, il était sévèrement réglementé par une loi adoptée en 1849 dans la phase de répression qui suivit les journées de juin 1848. Les colporteurs étant suspects par nature, leurs déplacements étaient surveillés de près par la gendarmerie et le colportage des journaux et imprimés soumis à autorisation. Dès 1880, les républicains abrogèrent la loi de la IIe République et établirent la liberté entière du colportage.

La radiodiffusion

Au lendemain de la Première Guerre apparaît un autre moyen d'information, la radio, qui gardera longtemps encore dans le vocabulaire courant son appellation originelle de TSF : télégraphie sans fil. Son statut est moins libéral que celui de la presse, car elle est issue de l'administration des Postes, Télégraphes et Téléphones. Il existe donc des postes d'État, Tour Eiffel, Radio-Paris. Se crée ainsi dès l'origine une tradition de service public qui survivra aux Républiques et s'étendra après 1945 à la télévision. Le statut de l'audiovisuel sera dès lors un enjeu majeur des débats politiques. Avant 1939, la question n'est pas aussi politique, mais le contrôle de la radio ou sa liberté suscitent déjà des mouvements de mobilisation. Le gouvernement ayant décidé dans les années 1930 de constituer auprès des stations régionales de radio des conseils élus, se constituent des organisations pour présenter des candidats et convaincre les auditeurs de participer aux élections ; Radio-Liberté est l'expression des forces de gauche pour défendre la démocratie et la laïcité ; en face, les partis de droite laissent l'initiative aux catholiques qui présentent des listes sous l'étiquette Radio-Famille. L'affrontement réactive ainsi la querelle religieuse et transpose sur un nouveau terrain le débat récurrent sur la laïcité.

La radio fait peu à peu son entrée en politique. Le premier à l'utiliser dans une campagne électorale fut André Tardieu, jamais en retard d'une idée pour moderniser la vie politique. Président du Conseil en avril 1932, à l'approche des élections législatives il s'adresse aux électeurs de la France entière par radio. L'initiative est très vivement critiquée par la gauche qui parle de nouveau boulangisme ; elle rompt trop ouvertement avec la tradition parlementaire attachée à un tête-à-tête exclusif entre gouvernement et représentation nationale pour avoir l'aval de la classe politique : c'était bien la peine de prendre la précaution d'interdire au chef de l'État de s'adresser directement à la Chambre pour laisser le chef du gouvernement entrer en rapport direct avec le peuple ! Deux ans plus tard, Gaston Doumergue cherchera à son tour l'appui de l'opinion pour ses projets de réforme des institutions en s'adressant au pays lui aussi par radio : le procédé ne lui portera pas chance, et il ne fait guère de doute que ce comportement trop peu conforme aux règles non écrites du régime parlementaire a contribué à la défiance des radicaux qui lui retirent leur soutien, et entraîné sa chute. Mais comme la vie politique ne peut ignorer ni écarter indéfiniment les innovations qui marquent la société, un accord s'est fait en 1936 pour l'utilisation de la radio dans la campagne électorale par toutes les forces politiques. Tous les leaders se plient à ce nouveau moyen. C'est même dans certaines allocutions radiophoniques que sont prononcées des déclarations d'importance qui marquent des tournants ou des engagements d'avenir : telle l'offre fameuse du jeune secrétaire général du Parti communiste, Maurice Thorez, de la main tendue à l'ouvrier catholique et au Volontaire national... Daladier et Paul Reynaud en useront à leur tour. La radio est désormais entrée en politique, elle fait partie de la panoplie des moyens d'information et d'action politiques ; elle n'en sortira plus.

La liberté de se réunir

La liberté, même la plus étendue, de l'information, indispensable pour la naissance de la vie politique, ne suffit pas pour son développement normal : elle permet la formation et l'expression des opinions individuelles, mais la vie politique est une activité collective qui requiert en conséquence reconnaissance et garantie de libertés collectives, celles-là mêmes qui avaient été refusées ou chichement concédées par tous les régimes depuis la Révolution. Comme pour l'information, les républicains, devenus maîtres du pouvoir, font sauter les verrous et autorisent ce qui, la veille encore, était carrément interdit ou encadré par une réglementation sourcilleuse.

Dès 1879, une loi n'exige plus pour l'ouverture d'un débit de boissons ou son transfert qu'une simple déclaration à la mairie : geste symbolique autant que mesure effective. Au XIXe siècle les cabarets, estaminets, débits de boissons de toute sorte ont entretenu une relation étroite avec l'activité politique. Le clergé les dénonçait comme des lieux de perdition et voyait en eux des concurrents qui détournaient les hommes du devoir dominical. Les partis conservateurs les soupçonnaient, non sans raison, d'être les quartiers généraux de la gauche. De fait, faute de locaux propres, les démocrates se retrouvaient au café : ils y tenaient leur permanence. En l'absence, à l'époque, au village et même dans les bourgs et les petites villes, de toute distraction et de tout lieu de rencontre, pas d'autre ressource que d'aller au café : c'est là que les hommes se retrouvaient, palabraient, jouaient aux cartes ou au billard, échafaudaient des projets, s'éveillaient à la politique. Combien de vocations politiques n'y ont-elles pas pris naissance ! Combien de carrières qui devaient les mener loin de leur point de départ se sont-elles amorcées dans l'arrière-salle des cafés ! C'est pourquoi ceux-ci étaient l'objet d'une surveillance inquisitoriale et exposés à tout un assortiment de sanctions administratives pouvant aller jusqu'à la fermeture définitive : les débitants étaient tenus pour responsables des propos tenus dans leur établissement. Par deux fois dans la décennie 1870, sous les deux gouvernements présidés par le duc de Broglie, au temps de l'Ordre moral, en 1873 et en 1877, de nombreux cafés avaient été frappés de mesures de la sorte et avaient payé un assez lourd tribut au triomphe de la réaction. Les républicains, qui y avaient souvent trouvé refuge, avaient à leur égard une dette qu'ils s'empressèrent d'acquitter.

Plus significative encore et plus importante pour l'avenir, une loi, votée juste un mois avant celle sur la presse, le 30 juin 1881 (dont la concomitance manifeste l'unité d'inspiration), pose le principe de la liberté pour les réunions publiques aussi : plus besoin pour leurs organisateurs de solliciter et d'obtenir au préalable une autorisation que l'administration était en droit de leur refuser ; une simple déclaration suffit et la désignation d'un bureau à qui échoit la responsabilité de la police de la réunion. La liberté de réunion est désormais un droit dont l'application échappe à l'appréciation et donc à l'arbitraire de l'administration. Progrès considérable pour la vie politique, qui assure à toutes les formations et associations l'égalité en même temps que la liberté. Ces réunions revêtent des formes très variées dont certaines dépérissent ou perdent de leur intérêt, comme les banquets. Non pas que les politiques aient cessé de se retrouver autour d'une table pour entendre des orateurs porter des toasts, mais la liberté acquise de réunion a fait perdre à cette forme de convivialité le caractère qui en faisait sous les régimes précédents un élément irremplaçable de l'action politique : d'être la seule forme de réunion tolérée. À la place prospèrent d'autres formes avec un succès croissant : les réunions contradictoires, très appréciées, qui font souvent salle comble et exigent des orateurs entraînés à la réplique, et les *meetings*. L'appellation, empruntée au vocabulaire politique de l'Angleterre, souligne la nouveauté de la chose pour laquelle notre langue n'avait pas de vocable approprié.

L'application de cette liberté connaîtra des vicissitudes : l'instauration en août 1914 de l'état de siège, qui ne sera levé qu'en juillet 1919, suspendra son exercice ordinaire. Son champ d'application sera étendu de façon imprévue à un type de réunions pour laquelle elle n'avait pas été prévue : les cérémonies religieuses. Par un curieux concours de circonstances : la loi du 9 décembre 1905, qui séparait définitivement les Églises de l'État, prévoyait que la propriété et donc la responsabilité de l'utilisation des édifices du culte seraient transférées à des associations cultuelles à qui incomberait désormais la responsabilité de la tenue des assemblées. Rome ayant interdit aux catholiques de France de constituer lesdites associations, les bâtiments devinrent propriété des communes ou de l'État pour les cathédrales. Mais où allaient désormais se célébrer chaque dimanche les dizaines de milliers d'offices dominicaux, sans parler de toutes les cérémonies liées à des actes religieux, baptêmes, mariages, funérailles ? Dans son embarras, le gouvernement décida de faire jouer la loi sur les réunions publiques, assimilant les cérémonies religieuses à des réunions publiques. Mais le clergé ayant fait comprendre qu'il n'était pas question de faire pour chaque office une déclaration préalable, les pouvoirs publics renoncèrent à ladite formalité. C'est sous ce régime que les cultes sont célébrés en France depuis près d'un siècle.

La reconnaissance de la liberté de réunion pleine et entière, si elle écartait l'intervention des pouvoirs publics, ne supprimait pas toute responsabilité de leur part : il leur revenait de la faire respecter par tous. Or, dans les moments de grande tension où les passions étaient vives, les factions acceptaient mal que les partis adverses pussent tenir des réunions et appelaient souvent à empêcher une réunion qu'elles tenaient pour une provocation : manifestation appelant contre-manifestation avec des risques d'affrontement physique qui n'excluaient pas qu'il y ait mort d'homme. Encore, au temps du Cartel et du réveil de la guerre religieuse, un membre de la Fédération nationale catholique est tué à Marseille lors d'un meeting de protestation contre les projets laïcisateurs du gouvernement Herriot. Quelque temps plus tard, au cours d'un meeting des Jeunesses patriotes, rue Damrémont à Paris, dans le XVIIIe arrondissement, plusieurs ligueurs sont tués. Placées en face de telles éventualités, les autorités préfectorales ou gouvernementales ont le droit d'interdire ou la manifestation ou la contre-manifestation. Elles ont corrélativement le devoir d'assurer la protection des réunions qui n'ont pas été interdites et de prendre des dispositions en conséquence : présence de forces de police et éventuellement dispersion par la force des perturbateurs. C'est ainsi qu'en mars 1937 sous le gouvernement Léon Blum, à Clichy, pour protéger une réunion de caractère privé, organisée dans une salle de cinéma par la section locale du Parti social français du colonel de La Rocque, menacée par des contre-manifestants mobilisés par la CGT, le service d'ordre fut réduit à ouvrir le feu et fit cinq morts. La chronologie de ces affrontements qui reflètent l'irruption de la violence dans le jeu politique dessine assez exactement la courbe des fièvres politiques de la nation française.

La liberté de manifester

La liberté de manifester sur la voie publique, si elle s'inscrit, d'une certaine façon, dans le prolongement de la liberté de réunion, pose de fait d'autres problèmes, notamment d'ordre public. La frontière n'est pas toujours aisée à reconnaître entre la démonstration pacifique par laquelle une fraction de la population exprime ses sentiments ou ses revendications plus ou moins légitimes, et la manifestation dont les organisateurs entendent faire un moyen de pression sur la délibération parlementaire ou la décision gouvernementale en appelant le pays réel à se dresser contre le pays légal au nom d'une distinction spécieuse, inacceptable pour les républicains, opposant le pouvoir de la rue au pouvoir de la loi. Aussi tous les régimes avaient-ils pris des dispositions restrictives de cette liberté. Au lendemain de la Commune, la France vit encore sous le régime de la loi de 1849 et de l'état de siège. Avec l'arrivée des républicains au pouvoir, la réglementation et la pratique qui en est faite s'assouplissent. Dans l'entre-deux-guerres, la manifestation de rue entrera dans les habitudes sous deux faces bien différentes.

L'une est à la limite de l'agitation factieuse, au Quartier latin, avec les démonstrations étudiantes orchestrées par les ligues, Action française ou Jeunesses patriotes, avec pour prétexte des affaires qui mettent en cause des professeurs de la faculté de droit, Georges Scelle ou Gaston Jèze. La petite guérilla urbaine où les ligueurs d'Action française harcèlent les barrages de police aux abords du Palais-Bourbon pour l'affaire Stavisky en janvier 1934 culmine au soir du 6 février suivant avec un vaste rassemblement place de la Concorde, sur le mot d'ordre « À bas les voleurs ! » à l'appel d'une partie du conseil municipal de Paris, des ligues de droite ou d'extrême droite et de la puissante Union nationale des combattants. Sans oublier que le Parti communiste, qui n'a pas encore amorcé son ralliement à la légalité, a aussi appelé à manifester, mais à part, et qu'il poursuivra les jours suivants de dures batailles de rue contre la police de l'État bourgeois.

De ces démonstrations sur la voie publique on peut rapprocher, bien qu'elle ne déborde pas dans la rue, mais parce qu'elle relevait de la même stratégie de contestation des pouvoirs réguliers et recourait pareillement à des méthodes de violence délibérée, la tactique, utilisée à plusieurs reprises par des organisations d'extrême droite, de s'enfermer dans des immeubles transformés en camps retranchés, pour mettre les forces de police au défi de leur donner l'assaut. Le premier à avoir recouru à cette tactique fut Jules Guérin, de la Ligue antisémite : refusant de déférer à la convocation du juge, il se barricade avec quelques fidèles, au siège de son organisation, rue Chabrol. Le lieu a donné son nom à cette façon de faire : faire Fort Chabrol. L'Action française reprendra cette manœuvre dans les années 1920 à son siège, rue de Rome. Cette tactique présente plusieurs avantages pour des minorités qui savent ne pouvoir rassembler des foules. C'est obliger les pouvoirs publics à prendre la responsabilité de l'épreuve de force. C'est aussi s'assurer à peu de frais une large publicité : l'opinion est tenue en haleine et une certaine sympathie s'éveille pour ces hommes décidés qui tiennent en échec l'État et son appareil. Cette stratégie fait partie du répertoire traditionnel de l'extrême droite. Elle resservira beaucoup plus tard sur un autre théâtre, dans une situation bien différente, et pour un autre enjeu : la défense de l'Algérie française. Pierre Lagaillarde et ses partisans se retrancheront à Alger en janvier 1960 dans le quartier des Facultés une semaine entière, spéculant sur les connivences dont ils savent disposer dans l'armée, jusqu'à ce que le général de Gaulle donne l'ordre d'emporter les barricades. Permanence et résurgence d'une forme d'action politique qui a été expérimentée sous la IIIe République.

En face de ce type de démonstration, caractéristique des activistes d'extrême droite, la manifestation de rue emprunte une tout autre forme : celle du rassemblement et du défilé. Les journées de février 1934 ont vu tour à tour les deux cas de figure : après la soirée du 6 qui a tourné à l'émeute et la guerre de rue menée par les communistes, le lundi 12 inaugure un cycle différent : à l'appel des syndicats qui ont lancé un mot d'ordre de grève de vingt-quatre heures se rassemblent, cours de Vincennes, des milliers d'hommes qui croient à un danger fasciste et sont résolus à s'y opposer par tous les moyens, en particulier la démonstration de masse. Le moment où ont conflué les deux cortèges, l'un conduit par la CGT et qui rassemble les socialistes, l'autre à l'initiative de la CGTU, proche des communistes, pour ne plus former qu'un seul rassemblement est entré d'emblée dans la légende de la gauche. L'union des forces de gauche s'exprime le 14 juillet 1935 dans des rassemblements par toute la France, jusque dans les plus petits villages : celui de Paris réunit des centaines de milliers de participants qui défilent des heures entières, dans le Paris populaire, de la Bastille au cours de Vincennes. L'année suivante, le 14 juillet 1936, un immense rassemblement qui s'écoulera toute une après-midi célébrera dans l'allégresse la victoire électorale du Front populaire, la formation du gouvernement Blum et les premières conquêtes sociales. De ces immenses rassemblements le souvenir vivace demeure aujourd'hui encore dans la mémoire de la gauche : on s'en souviendra en 1981.

Ces défilés sur la voie publique, ces grandes translations d'une place à l'autre du triangle des grands carrefours du Paris populaire – République, Bastille, Nation – qui se prolongeront sous les Républiques suivantes avec le défilé du 28 mai 1958, celui de Charonne en février 1962 sont le fait de la gauche. Ils ont leur pendant à droite avec la remontée des Champs-Élysées en direction de l'Arc de triomphe et du tombeau du Soldat inconnu ; la dalle sacrée est le point qui aimante les manifestations d'anciens combattants ou de ligueurs.

La droite a inventé en mai 1936 une troisième forme d'occupation visible de la rue : le pavoisement des immeubles. Tant pour relever le moral de la droite, durement atteint par la défaite électorale, que pour riposter au drapeau rouge flottant sur les usines occupées par les grévistes, le colonel de La Rocque invite ses fidèles et tous les Français qui n'acceptent pas cette mainmise du communisme à arborer les trois couleurs à leurs fenêtres. Le mot d'ordre fut très largement suivi, l'imagination se donnant libre cours pour tapisser les balcons, tendre les façades de tricolore. Ce plébiscite des édifices était une manifestation politique qui ne fut pas sans effet sur le ressaisissement de la droite.

La liberté d'association et les groupements politiques

Pour que la vie politique trouve à se déployer sans entraves, il est une dernière liberté dont la reconnaissance est indispensable : celle de s'associer. La politique ayant par définition vocation à gérer la société et toute action en ce domaine n'ayant d'efficacité que si elle est collective, elle appelle la constitution de forces organisées. Or cette liberté a été reconnue beaucoup plus tard que les autres : même les républicains ont différé pendant vingt ans de l'inscrire dans la loi. De ce retard nous avons déjà dit les raisons : la défiance invétérée des libéraux pour tout ce qui viendrait s'interposer entre l'État et les individus, le souvenir des contraintes exercées dans la société d'Ancien Régime sur la liberté des personnes par les corps intermédiaires et, dans l'ordre politique, le fâcheux souvenir laissé par les clubs, la répugnance à admettre la formation de partis qui diviseraient la nation et restreindraient la liberté des élus. Cet ensemble de craintes et de préjugés explique qu'il ait fallu attendre cent dix ans après la Déclaration des droits de l'homme pour que le législateur reconnaisse celui pour les individus de s'associer. La loi de 1901 ne comporte aucune disposition particulière pour les associations de nature politique : leur statut est le droit commun de toute association.

À vrai dire, le fait avait parfois devancé le droit et la vie politique avait connu des formes d'association. On a vu que même la représentation nationale avait dû prendre acte de la présence de groupes et renoncer à la fiction d'une assemblée d'individualités sans lien entre elles. Dans les périodes révolutionnaires, l'effervescence politique avait suscité des clubs dont le rôle avait été grand sous la Révolution d'abord, en 1848 ensuite et pendant la Commune enfin. Cette forme a dépéri sous la IIIe République : des institutions subsistent qui portent encore ce nom, tel le Club du Faubourg animé par Léo Poldès, où des hommes politiques prennent la parole, traitent de sujets politiques à l'ordre du jour, mais elles n'ont plus grand-chose à voir avec les clubs mentionnés ci-dessus : le public n'est plus acteur : c'est un auditoire qui vient comme au spectacle assister à des joutes oratoires.

Sous la IIIe République s'est ainsi opéré un renouvellement des formes de participation politique : certaines ont disparu ou dépéri, tel le pétitionnement dont on sait quel avait été le succès sous la Révolution. D'autres apparaissent, plus accordées à une vie politique qui se développe désormais dans la durée et peut se déployer sans entraves dans le cadre légal des libertés publiques. De cette mutation des formes de la vie politique l'exemple le plus éclatant est assurément l'invention du parti moderne.

CHAPITRE XI

Les partis politiques

La politique, champ de forces

La vie politique, un jeu de forces. Cette définition n'épuise certes pas sa réalité : elle est aussi exercice du pouvoir dans le cadre des institutions, mise en œuvre de programmes, réalisation de projets inspirés par des vues intéressées ou des intentions généreuses. Ce serait même, à en croire Albert Thibaudet, essentiellement des idées. Tout cela est bel et bon et prévient utilement contre les interprétations purement machiavéliques qui réduisent la politique à des rapports de force et à des stratégies. Il n'en reste pas moins que toute décision est la résultante d'un processus au terme duquel un point de vue l'emporte parce qu'il a obtenu l'adhésion d'une majorité, que le pouvoir échoit à qui a su rallier une majorité, et la démonstration pourrait se prolonger pour tous les autres aspects de ce qui fait l'essence du politique. Aussi n'est-il pas illégitime – bien au contraire – de considérer la vie politique comme un champ de forces qui s'affrontent, s'associent ou se contrarient, se combattent surtout, car la politique est par nature ou par nécessité conflictuelle.

Il ne saurait en être autrement, car les acteurs ont des intérêts différents, sinon contraires. Par quel hasard ou quel miracle partageraient-ils les mêmes vues sur le destin collectif ? La politique, étant le lieu où s'exprime la diversité des composantes de la société, est celui où se révèlent ses divisions. Ce trait est sans doute celui qui suscite les réserves les plus vives à son encontre chez tous ceux qui détestent les affrontements, ou qui nourrissent l'illusion d'un consensus universel. Ils en veulent à la politique de ruiner leur chimère. Ils lui en font reproche et lui imputent la responsabilité de divisions qu'elle ne fait que rendre manifestes.

La politique oppose des individus dont les ambitions entrent inévitablement en compétition, à toutes les étapes de leur carrière. La réussite exige des qualités en conséquence : d'endurance, de résistance, physique et nerveuse, à la fatigue, à l'échec, aux attaques. Pour cette bataille d'hommes, il faut être taillé en force. À égalité de talent, c'est souvent l'énergie, la détermination, la force de volonté qui départagent et décident de qui l'emportera. À ce stade intervient déjà un rapport qui est bien un rapport de force.

C'est aussi et surtout entre des forces collectives que se jouent les épreuves de force. C'est un trait qui contribue à la spécificité du politique que d'être le lieu où confluent toutes les forces qui existent dans une société. Nulle part ailleurs ne se retrouve ainsi la totalité du corps social dans sa diversité. Pour une raison simple : le politique est le lieu de la globalité, le seul habilité à prendre des décisions qui concernent la totalité. Il n'est aucune des composantes de la société civile, quelle que soit sa nature – portion de territoire, collectivité locale, catégorie sociale, profession, cohorte d'âge, famille de pensée –, qui ne se trouve, à un moment ou un autre, concernée par une décision qui relève du politique, qui n'ait à se préoccuper des incidences d'une mesure législative ou d'une disposition fiscale, ou qui, à l'inverse, ne soit amenée à solliciter une intervention en sa faveur, que ce soit pour obtenir l'assouplissement d'une réglementation jugée trop contraignante ou solliciter une aide publique. Pour se faire entendre des politiques, ces composantes sont toutes conduites par une stratégie élémentaire à se constituer en forces capables de faire pression sur les décideurs à tous les niveaux, élus locaux, parlementaires, gouvernement, administrations publiques.

À l'instar des spécialistes américains, l'école française de science politique s'est, au lendemain de la Seconde Guerre mondiale, intéressée de près aux groupes de pression et a inclus dans son champ d'observation l'étude de leurs moyens d'action. Cette forme d'intervention est générale : la chose est vraie aussi bien pour les syndicats agricoles que pour l'ancien Comité des forges sous la IIIe République, pour l'Église catholique comme pour les diverses obédiences de la franc-maçonnerie. Ce serait naïveté que d'ignorer les interventions de ce type de groupements dans l'espace politique. Ce le serait tout autant de lui attribuer un rôle absolument déterminant et de croire que telle est la seule réalité véritable du politique dont tous les autres aspects ne seraient qu'un camouflage. Ce serait une erreur d'une autre sorte que de s'en tenir à un jugement d'ordre moral, et, sous prétexte que les interventions de ces forces s'exercent en marge des procédures régulières définies par les textes juridiques et dans une relative clandestinité, de leur refuser l'attention que mérite toute réalité. Ne craignons pas de redire que l'implication de toutes les composantes de la société civile dans des rapports de force n'est que la conséquence logique et l'illustration du fait que le politique est l'instance qui récapitule la diversité entière et la complexité du corps social.

Forces sociales et forces politiques

Si donc aucune des forces qui composent une société ne peut ignorer la politique (et si tel était le cas, celle-ci ne manquerait pas de se rappeler à son attention par les incidences de ses décisions), la politique n'est néanmoins pour toutes celles-là qu'un terrain occasionnel et secondaire d'activité. Elles ne « font de la politique », selon l'expression consacrée, que pour des raisons de circonstance et pour des objectifs toujours limités, en relation directe avec la finalité propre qui est leur raison d'être : faire obstacle à l'instauration d'un impôt dont, à tort ou à raison, la profession présume qu'elle lui causerait un préjudice grave, obtenir un relèvement des tarifs douaniers sur les produits concurrents importés de l'étranger, s'opposer à une aggravation de la législation sur les congrégations religieuses, arracher un relèvement des pensions pour les anciens combattants et victimes de la guerre... L'intervention des forces sociales dans le champ politique est donc intermittente et elles ne s'intéressent au politique qu'indirectement, pour ce qu'elles en attendent, en espèrent ou en redoutent.

Tout autre est le cas d'autres forces qui sont, elles, bel et bien politiques : la politique n'est pas pour elles un point de passage. C'est leur raison d'être : c'est par référence à elle qu'elles se définissent. L'enjeu suprême de toute leur activité est le pouvoir. Que ce soit, selon les conjonctures, pour y accéder, le conserver ou le reconquérir. Celles mêmes dont l'ambition est moins immédiate, qui par exemple se consacrent plutôt à la réflexion, à l'élaboration de programmes, à l'éducation de l'opinion, ont en vue la politique et entendent bien que leur action ait quelque effet sur elle. Leurs modalités de fonctionnement peuvent être d'une grande variété, la référence au politique crée entre elles toutes une communauté d'appartenance qui les constitue en une espèce singulière dans le vaste catalogue des organisations.

Leur émergence procède directement de ce qu'on a dit de la relation entre force et politique. Dans aucun domaine autant qu'en politique ne se vérifie peut-être la pertinence de l'adage qui veut que l'union fasse la force. L'individu isolé n'a guère de chance de se faire entendre, il en a moins encore de faire carrière et d'accéder au pouvoir. Le bon sens lui recommande donc de s'associer pour faire nombre. Cet impératif est devenu plus contraignant depuis l'apparition du gouvernement d'opinion. Dans un régime monarchique où le pouvoir est tout entier contenu dans la personne du souverain, la faveur du prince suffit, encore que celui-ci soit parfois contraint de sacrifier son favori à la jalousie de l'entourage. Mais dès que pointe, même dans un état embryonnaire, le gouvernement d'opinion, il en va tout autrement. On a vu, sous la monarchie constitutionnelle, se constituer des partis. À plus forte raison si le souverain dont dépend la faveur est le peuple tout entier, même limité à sa partie masculine. L'avènement du suffrage universel est pour l'histoire de la vie politique organisée un événement capital qui a marqué une date décisive. Il suscite à terme de nouvelles structures adaptées au nouvel ordre de grandeur. Ce n'est pas encore l'ère des masses : l'âge des partis ne viendra que plus tard et s'imposera progressivement. Mais la vie politique a déjà changé d'échelle : elle ne se réduit plus à quelques centaines de milliers d'électeurs censitaires. On ne compte comme force qu'à partir d'un seuil relativement élevé. Il y a désormais une corrélation entre la force et le nombre : on n'existe en politique que si l'on pèse lourd. Telle est l'impérieuse loi de la démocratie ; c'est un effet de la règle qui veut que toute décision dépende de la majorité et que son point de vue devienne la loi pour tous. Cette tyrannie du nombre qui nivelle les suffrages et exclut toute pondération fondée sur d'autres critères qu'arithmétique est bien ce que critiquent le plus vivement dans la démocratie ses adversaires philosophiques.

Les partis ont une histoire

Si la pratique de la vie politique a ainsi franchi sous la IIIe République, sur le chapitre des organisations, une étape historique, elle a aussi eu une histoire au long de ce régime. Les formations qui ont animé la scène politique n'ont pas soudain surgi toutes constituées, telles qu'on les connaît à la veille de la guerre de 1914 ou dans l'entre-deux-guerres : leur naissance a été précédée d'une longue gestation. Elles-mêmes ont évolué par un processus d'adaptation tantôt spontané et tantôt délibéré. L'expérience de la démocratie représentative a duré assez longtemps dans le cadre de la IIIe République pour se prêter à une transformation continue qui a affecté tous leurs aspects.

À commencer par leur identité, et pas seulement leurs appellations. En soixante ans, le paysage s'est totalement renouvelé : un député élu en 1877 n'aurait retrouvé dans la Chambre de 1936 aucun des groupes qui composaient l'arc qui lui était familier, et réciproquement aucune des formations qui emplissait l'hémicycle de la dernière législature de la IIIe République n'était représentée comme telle dans les Chambres des années 1880, même si telle ou telle pouvait s'y chercher quelque grand ancêtre dans le souci de s'inscrire dans la durée.

De ces formations les structures n'ont pas moins évolué. Ce n'est pas le moindre intérêt de cette histoire que de mettre en évidence la capacité de la vie politique d'inventer des structures neuves. Sous ce rapport la

IIIe République a été un riche laboratoire d'expériences qui permet d'écrire une histoire naturelle des organisations politiques. Si le phénomène qui se dénomme parti est assurément la forme la plus achevée de ce processus, car la plus complète et celle qui assume la plupart des fonctions à remplir dans le champ politique, il n'est pas la seule : même si, par facilité, on tend à identifier parti et organisation politique, il est d'autres formes dont certaines sont restées à un état embryonnaire, mais qui ont préservé leur spécificité. Le parti est une espèce, celle qui a le mieux réussi, qui a connu le plus grand développement au point de faire oublier qu'il en existe d'autres, du genre plus général des organisations politiques. Il est vrai que les partis ont pris dans la vie politique une place telle qu'on parlera de régime des partis. Leur rôle est allé croissant en même temps qu'ils remplissaient des fonctions plus nombreuses. Mais, simultanément, leurs propres structures se transformaient dans le sens d'une plus grande consistance, d'une rigidité accrue, les deux développements s'appelant et se renforçant réciproquement.

Les comités électoraux

Au point de départ, à peine peut-on parler de formations ou d'organisations, tant les liens sont lâches : il n'y a pas à proprement parler de partis tels que nous les entendons de nos jours. Pas seulement pour la raison qui a déjà été énoncée : la défiance des Français à l'encontre de telle organisation soupçonnée de travailler à les diviser au lieu de les rassembler – c'est peut-être un effet d'une culture catholique attachée à l'unité. Les mauvais souvenirs des expériences antérieures entraînent aussi le rejet des partis. Les assemblées parlementaires elles-mêmes refusent de reconnaître l'existence de groupes en leur sein. Cet état d'esprit, qui est une donnée permanente de notre culture politique, si elle n'a pas fait obstacle à l'émergence de véritables partis politiques sous la IIIe République, n'en pèsera pas moins sur leur destinée. Elle retardera leur formation et sera cause que, sauf à de rares moments, les partis français ne connaîtront jamais de succès comparables à ceux de leurs congénères des autres pays démocratiques. Les chiffres de leurs adhérents notamment resteront dérisoires au regard des gros bataillons du Labour britannique ou de la social-démocratie allemande.

S'il n'y a pas dans les débuts de la IIIe République de formations qui relèvent de l'appellation de parti, c'est aussi que le besoin ne s'en est pas encore faire sentir ou, plus exactement, que la fonction première du parti qui découle directement du recours à l'élection pour la désignation des représentants s'accommode alors de structures plus légères, indépendantes les unes des autres, et d'une durée limitée au temps des compétitions électorales : ces comités électoraux ont été la forme embryonnaire et la matrice des futurs partis. Voilà qui nous fait prendre conscience que les partis sont nés de la pratique électorale : c'est l'élection qui les a enfantés. Même quand ils lui en auront ajouté d'autres, la fonction électorale restera la fonction principale et la mère de toutes. Il y a une corrélation essentielle entre élection et parti en démocratie représentative. On ne conçoit guère qu'il puisse y avoir des élections libres, authentiquement démocratiques, impliquant une effective liberté pour l'électeur de choisir entre plusieurs candidatures, sans la présence et l'intervention de formations organisées. Mais il n'est pas indispensable que ces formations se soient déjà dotées de structures stables et nationales.

Pour les premières consultations de la IIIe République, il y a des comités formés dans le cadre des circonscriptions : tantôt ce sont les candidats eux-mêmes qui prennent l'initiative de réunir quelques notabilités locales qui leur apportent, avec leur nom, leur notoriété, parfois aussi des ressources, et les recommandent au suffrage des électeurs, tantôt ce sont des citoyens qui se regroupent en quête d'un candidat qui défendra leurs idées et portera leurs couleurs. Le premier cas est plus répandu à droite où les candidats sont souvent déjà connus et bénéficient généralement du soutien du clergé. Le second cas est plus fréquent à gauche. Le rôle de ces comités est important dans les campagnes électorales : ils rédigent des affiches, insèrent des communiqués dans la presse, lancent un journal qui publie quelques numéros, organisent des réunions dans les mairies des villages, des meetings dans les villes. Ils effectuent des démarches auprès des électeurs. Le jour du scrutin, ils sont représentés dès l'ouverture dans les bureaux de vote et veillent le soir à la régularité du dépouillement. Ces comités ne survivent généralement pas à la consultation. Sitôt le résultat acquis, ils se dissolvent, quitte à se reformer à l'approche de la consultation suivante. Leur horizon ne dépasse pas le cadre de la circonscription : il existe pour chaque grande tendance autant de ces comités que de circonscriptions. Il leur arrive d'utiliser du matériel établi à l'échelle nationale, de diffuser des brochures proposées par des groupements, mais ils ne songent pas à se fédérer, à tisser entre eux des liens qui dépassent le cadre de l'arrondissement dans le scrutin uninominal, du département au plus avec le scrutin de liste. Une existence éphémère, un cloisonnement : deux traits qui indiquent la longueur du chemin qui reste à parcourir pour en arriver au parti moderne.

Des comités aux partis

La participation aux élections restera la fonction principale des partis, l'axe majeur qui fera la différence essentielle entre eux et les autres types d'organisation qui se situent aussi en politique, mais s'y adjoindront d'autres activités qui en procèdent. Ils la concevront et l'exerceront de façon plus complète. Ils interviendront dans le choix des candidats, soit qu'eux-mêmes décident effectivement des noms qui seront proposés aux électeurs, soit que les postulants sollicitent eux-mêmes l'investiture d'un parti, avec le droit de faire suivre leur profession de foi et leur nom sur les affiches de l'étiquette du parti. La référence à une formation nommément désignée et accordée exclusivement deviendra de plus en plus nécessaire. Aux débuts de la IIIe République, chacun pouvait s'intituler radical ou conservateur, s'approprier une épithète à son gré ; il n'y avait pas d'appellation contrôlée en l'absence d'organisations soucieuses de préserver leur identité et veillant à ce qu'elle ne fasse pas l'objet d'appropriation indue. On n'aurait pas imaginé alors, comme on l'a vu récemment, qu'un parti puisse obtenir une décision de justice interdisant à une formation rivale d'emprunter une épithète qui figure déjà dans sa dénomination. À la fin de la IIIe République, l'usage était devenu plus rigoureux. Il était encore possible, dans quelques circonscriptions situées dans des contrées reculées qui étaient comme des fiefs et peu peuplées, pour des fils de famille portant des noms aristocratiques, de se faire réélire, mais les cas étaient devenus de plus en plus rares : la très grande majorité des élus à la Chambre devaient leur succès autant à leur appartenance proclamée à un parti organisé qu'à leur crédit personnel et aux services rendus à leurs électeurs. Peu à peu le rôle des partis s'élargira jusqu'à épouser et englober tous les aspects de l'activité politique qui accompagnent de près ou de loin le fait électoral, préparant aux élections de longue date : rédaction d'un programme, propagande, information de l'électeur. De ces tâches les partis s'acquitteront avec une efficacité croissante : elles feront beaucoup pour la transformation de ces organisations éphémères, à objectifs limités, éparpillées à travers la France entière, en organisations stables, se regroupant dans un cadre plus large que la circonscription électorale. Cette mutation s'est effectuée au tournant du siècle dans le climat de tension et d'affrontement qui caractérise alors la conjoncture politique.

D'élection en élection, ces comités tendaient à prolonger leur existence, maintenant une certaine activité entre deux consultations, que ce fût pour exercer une manière de contrôle sur celui dont ils avaient assuré l'élection ou pour préparer la revanche en cas d'insuccès. Dans le même temps, ils prenaient des contacts avec les comités d'autres circonscriptions proches, par un mouvement que facilitait la pérennité de comités plus affranchis des contraintes de la gestion d'une campagne et plus disponibles pour un travail de réflexion et d'éducation des citoyens, élargissant le cadre géographique. Bientôt le cadre du département lui-même parut trop étroit pour des enjeux qui étaient nationaux, le débat politique ayant pour effet d'unifier le corps politique autour de quelques grands thèmes, les mêmes sur tout le territoire, et de nationaliser la vie politique. Le mouvement fédératif s'effectue de la base vers le haut, de la multiplicité des comités locaux vers la constitution de formations auxquelles il est désormais possible de donner le nom de parti. S'ouvre alors une nouvelle phase de l'histoire des formations politiques.

La naissance du Parti radical

C'est ainsi qu'au terme d'une démarche qui s'est poursuivie plusieurs années, du lendemain des élections de 1893 au début de l'été 1901, est né un parti qui s'approprie l'appellation de « radical ». Le terme faisait partie du vocabulaire politique depuis plus de soixante ans, importé d'Angleterre : c'est un exemple, entre autres (meeting, plate-forme...), de la fascination exercée sur les politiques français par les pratiques britanniques : c'est un substitut pour le terme « républicain » dont l'affirmation est proscrite sous la monarchie de Juillet. Il définit et caractérise ceux qui entendent pousser l'application des principes démocratiques jusqu'à leurs dernières conséquences : « radical » a à peu près le sens d'« intégral ». Ils n'admettent ni restriction à une fraction seulement du corps politique ni délai dans la réalisation. La révolution de 1848 leur donne satisfaction avec l'instauration du suffrage universel, leur objectif majeur. Cette grande réforme accomplie, d'autres applications se découvrent de leur idéal ; les radicaux envisagent toute sorte de réformes dont Léon Gambetta dresse la liste dans le programme qu'il présente en 1869 en vue des élections au Corps législatif, dans le quartier de Belleville dont il brigue le siège : ce catalogue devient d'emblée fameux et sera la référence de tous les radicaux dans les premières décennies de la IIIe République. Demeurant fidèles à leur inspiration première après la conquête du pouvoir par le parti républicain tout entier, les radicaux, à la différence de ceux auxquels ils donnent le sobriquet d'opportunistes, se refusent à transiger, à faire des concessions à l'opposition conservatrice. Attachés à l'instauration de la démocratie intégrale, les radicaux se caractérisent par leur intransigeantisme. « Intransigeant », c'est le titre d'un quotidien qui s'établit sur les positions du radicalisme, sous la direction d'Henry de Rochefort. À partir de

1881, il y a des radicaux dans toutes les législatures : ils combattent sans merci les gouvernements opportunistes au nom de l'idéal de la République démocratique. Ils siègent à l'extrême gauche de l'éventail parlementaire tant qu'ils ne seront pas débordés à leur tour sur leur gauche par des élus qui se réclament du socialisme. Le programme de certains radicaux se teinte de préoccupations sociales qui les conduisent à ajouter à la référence radicale la mention socialiste. Il y a ainsi, sur la fin du XIXe siècle, après vingt ans de gouvernement républicain, des idées radicales, une presse radicale, des députés radicaux, des groupes parlementaires radicaux, mais toujours pas de parti radical. Cette situation prend fin en juin 1901 par une initiative qui est l'aboutissement de deux tiers de siècle et qui donne naissance au premier parti moderne de notre histoire politique.

Le 21 juin 1901, s'ouvre à la salle des Sociétés savantes, au Quartier latin, à l'appel d'un comité d'action pour les réformes républicaines, un congrès qui réunit 1 132 participants : il y a là tout ensemble des délégués, au nombre de 476, de comités locaux, dont beaucoup étaient la postérité de la première génération de ces comités électoraux, 215 directeurs de journaux, les représentants de 155 loges maçonniques et de nombreux élus dont 78 sénateurs et 201 députés. La présence de 215 journaux souligne l'étroite association de la presse avec la vie politique. La diversité de cette assemblée met en évidence la nature composite de cette instance constitutive qui fédère des types différents d'organisations, mais qui ont en commun de s'intéresser à la politique et de partager un ensemble de convictions qui les situent à gauche. De cette convention sort un parti dont l'appellation complète souligne le caractère fédératif : Parti républicain radical et radical-socialiste. Il adopte ses statuts l'année suivante : ils définissent le parti comme composé de comités, ligues, unions, fédérations, sociétés de propagande, groupes de libre-pensée, loges, journaux et municipalités.

Ainsi est née la première des grandes formations qui vont organiser le paysage politique. Sa constitution suit de près (et a peut-être été facilitée par elle) une autre transformation qui a modifié les assises sociales et géographiques du radicalisme et, par contrecoup, sa stratégie. Depuis ses débuts, le radicalisme était essentiellement urbain, il recrutait principalement dans la capitale et les grandes villes : de cet enracinement il tenait son caractère excessif et passionné, ses outrances verbales. Sa compromission dans l'aventure boulangiste, ses imprudences ont provoqué dans les années 1890 un ressaisissement : le radicalisme s'est purgé de ses fièvres et a opéré une véritable translation des villes sur le peuple des campagnes ; il est devenu l'expression des notables des bourgs et des petites villes. Cette métamorphose explique sans doute que les radicaux aient répudié leur intransigeance doctrinaire pour prendre en considération le possible et tenir compte des contingences. Le nouveau parti est mûr pour passer de l'opposition systématique aux responsabilités du pouvoir et devenir le parti de gouvernement qui sera, jusqu'à la chute de la République, le pivot de la plupart des majorités et en tout cas celui sans lequel aucune majorité n'était viable.

Premier de nos partis du XXe siècle, le Parti radical-socialiste n'en présente pas encore tous les traits distinctifs : il en reste certains à concevoir et à réaliser. L'histoire de ce type original d'organisation n'est pas encore achevée. Les structures du nouveau parti sont fort lâches, chaque comité disposant d'une large autonomie : les fédérations départementales qui décident des orientations générales se constituent lentement. L'appareil du parti n'a pas autorité sur les parlementaires qui restent attachés à leur liberté de vote et il n'y a pas d'instance de pouvoir pour imposer une ligne commune. Les statuts donnent peu de moyens aux dirigeants. L'unité réalisée du parti ne se répercute pas dans les Chambres, elle n'entraîne même pas la fusion des groupes parlementaires : la double appartenance est pratiquée sans susciter de réprobation. On est ainsi fort éloigné encore des machines que seront les grands partis. La naissance du parti ne remet pas en question le dogme de l'indépendance de chaque élu qui n'a de comptes à rendre qu'à ses électeurs.

L'unification socialiste

Pour importante que fût historiquement l'apparition à gauche du Parti radical, l'événement n'aurait pas eu pareille signification s'il était resté seul de son espèce. Ce ne fut point le cas. Quatre ans plus tard surgissait en effet, à gauche aussi, mais plus à gauche, à l'extrême gauche, d'où le Parti radical avait été délogé par de nouveaux venus, une autre organisation partisane résultant pareillement du rapprochement de plusieurs éléments acceptant de fusionner pour donner naissance à une formation unifiée, le Parti socialiste. Les composantes étaient différentes, le processus aussi. Ce n'était pas des comités locaux, mais de petites formations nationales. Dans la dernière décennie du XIXe siècle, le socialisme se présente comme une sorte de nébuleuse qui associe des groupes d'études, des publications périodiques et des formations qui sont bien déjà des partis, de taille modeste, mais comptant quelques dizaines d'élus à la Chambre. Cette diaspora est travaillée par une aspiration sourde à l'unité. Toute l'histoire du socialisme en France au XXe siècle se caractérisera par une dialectique entre la recherche de l'unité et une exigence de rigueur doctrinale qui provoquera ruptures et dissidences. En conséquence, sa chronologie sera tout entière rythmée par l'alternance entre scissions et réunifications.

Entre 1898 et 1905, on s'achemine vers l'unité par étapes. Le mouvement est encouragé par le fait que les socialistes, qui n'accordaient au départ que peu d'importance au politique en raison de leurs présupposés philosophiques postulant la subordination du politique au social, et se désintéressaient en conséquence des compétitions électorales, prennent progressivement conscience que le politique ne peut être négligé même par qui rêve de transformer la société. Cette évolution est un exemple de la capacité du régime démocratique à rallier les oppositions. S'intéressant à l'enjeu et à l'issue des élections, les socialistes découvrent la nécessité de se doter d'un instrument pour les gagner, ou tout au moins gagner des électeurs. Mais, à la différence d'autres tendances, les socialistes ne sacrifieront jamais tout à fait leurs autres objectifs à l'électoralisme. Un premier regroupement aboutit, lors d'un congrès au gymnase Japy en 1899, à une première unification, mais qui ne résiste pas aux controverses doctrinales renaissantes sur les orientations de fond. Néanmoins, de quatre ou cinq formations concurrentes on est passé à deux : le Parti socialiste de France, guesdiste, et le Parti socialiste français. Ce premier pas est suivi en 1905 d'un autre, plus décisif et plus durable, qui est pour le socialisme le pendant de ce qu'avait été pour le radicalisme le congrès de 1901, avec la constitution lors du congrès à la salle du Globe (23 avril 1905) d'un parti unifié sous l'appellation de Section française de l'Internationale ouvrière (SFIO). Ainsi, à quatre années d'intervalle, ont surgi dans le compartiment de gauche de l'opinion française deux partis appelés l'un et l'autre à jouer jusqu'à nos jours un rôle capital dans notre histoire politique. Avec ces deux avènements, la vie politique est entrée dans une phase nouvelle qui l'éloigne du siècle précédent.

Si les deux partis se situent incontestablement à gauche, s'il leur arrive de joindre leurs efforts et de s'allier contre l'ennemi commun, qu'il s'appelle réaction, nationalisme ou cléricalisme, ils ne se ressemblent pas du tout. Leurs visées sont profondément dissemblables : le Parti radical s'inscrit dans le cadre de la démocratie parlementaire et attend du fonctionnement régulier des institutions républicaines et de l'expression du suffrage universel la résolution par la loi des problèmes de société et l'accomplissement des progrès qu'il reste à faire pour la réalisation d'une démocratie authentique. Aussi la participation aux élections est-elle pour les radicaux la préoccupation majeure et une activité presque exclusive. Le Parti socialiste est révolutionnaire : il entend réaliser un changement qu'on dirait radical, si le mot n'était déjà pris par d'autres, du régime de la propriété et des rapports de production ; c'est de l'appropriation collective des moyens de production qu'il espère l'extinction de la lutte des classes qui est dans son explication la clé du mouvement de l'histoire. Aussi l'implication dans la préparation des élections n'est-elle pas pour les socialistes une préoccupation exclusive : ils s'y sont ralliés parce que l'expérience les a convaincus qu'il fallait en passer par là. L'engagement dans les batailles électorales est loin d'absorber toutes leurs énergies.

Cette divergence sur l'objectif de leurs stratégies respectives s'accompagne d'une autre dont elle est peut-être l'explication. Le Parti radical ne cherche pas à recruter massivement : il vise plutôt à obtenir l'adhésion de ceux qui détiennent déjà des positions de pouvoir ou des mandats, peu importe leur nombre. Par référence à la distinction classique énoncée en 1951 par Maurice Duverger, le Parti radical correspond à la définition du parti de cadres qui tire sa force et son influence du ralliement de notables et leur apporte en contrepartie des moyens, auxquels ceux-ci ne sont pas indifférents, de conforter leur position et de maintenir ou d'étendre leur réseau d'influence. Le Parti socialiste entre, lui, dans la catégorie du parti de masse : il travaille à recruter le plus d'adhérents possible ; avec lui se fait jour une préoccupation statistique. La signification de l'appartenance à ce parti est aussi d'une autre nature : elle implique adhésion à une philosophie, acceptation de ses postulats. Le parti est une école de pensée et l'une de ses activités essentielles sera d'assurer la formation des adhérents : le parti devient institution éducative qui propose une vision globale, une explication de l'histoire et du monde. Adhérer à la SFIO implique en conséquence un engagement à militer pour la diffusion de ses positions : l'adhérent recrute à son tour d'autres adhérents. L'émergence de la SFIO signifie à la fois l'avènement du parti de masse et l'apparition dans notre histoire politique du militant. Certes, le militantisme n'est pas un phénomène absolument neuf : il ne date pas des débuts du XXe siècle. Les clubistes de la Révolution, les sans-culottes qui ont fait le 10 Août, les fédérés de la Commune étaient déjà des militants. La nouveauté, c'est qu'au lieu de prendre part à une explosion passagère, à un événement extraordinaire, le militant fait désormais partie d'une organisation régulière, assiste à des réunions, paye une cotisation. Le désintérêt actuel du citoyen pour les partis, la dépolitisation progressive de notre société, dont l'actualité multiplie les indices, obligent à se demander si la figure du militant qui a tenu une si grande place dans l'histoire du XXe siècle, qui est apparue avec lui, n'est pas vouée à disparaître aussi avec lui. La réponse appartient à l'avenir.

Il est encore une autre différence, qui n'est pas mineure ni sans conséquence sur l'organisation de la nouvelle formation et son fonctionnement interne. Le processus qui avait abouti en juin 1901 à la création du Parti républicain radical et radical-socialiste était parti de la base et avait fédéré des initiatives diverses : ce trait restait imprimé dans les textes des statuts qui privilégiaient l'autonomie des comités et ne laissaient aux instances nationales qu'une étroite marge de jeu. C'est presque l'inverse au Parti socialiste : certes, il y avait à la base une aspiration à l'unité, mais l'unification a finalement été imposée par la pression extérieure et les injonctions de l'Internationale. C'est pour ne pas être absents de la IIe Internationale, celle qui avait pris le relais de la première autour de 1889, que les socialistes français des deux partis rivaux, Parti socialiste français, celui de Jean Jaurès entre autres, et Parti socialiste de France, celui de Guesde, ont consenti à passer sur leurs divergences et à fusionner, les instances de l'Internationale ayant décrété qu'elle n'admettrait qu'un parti par pays et aux conditions fixées par elle : adhésion à une interprétation rigide du marxisme et refus de toute participation gouvernementale. L'union se fit ainsi par alignement sur la position la plus intransigeante. Cette subordination à l'oukase d'une instance étrangère est un précédent qui explique que, quinze ans plus tard, la majorité des militants socialistes réunis à Tours n'aient pas trouvé exorbitant que la IIIe Internationale leur imposât vingt et une conditions, ni anormal de s'y soumettre pour y être admis : c'était le prix à payer pour la solidarité internationale. Loin de la ressentir comme humiliante, ce fut pour le nouveau parti un motif de fierté. La dénomination officielle de Section française de l'Internationale communiste (SFIC) proclame fièrement cette appartenance pour se distinguer de la formation rivale. À la différence du Parti radical, les statuts du Parti socialiste désormais unifié, décalqués de ceux de la social-démocratie allemande, qui est alors le modèle et la référence pour le socialisme européen, le dotent après 1905 d'une solide organisation d'inspiration démocratique : le congrès, qui réunit périodiquement les délégués de toutes les sections et fédérations, est l'instance souveraine. Dans l'intervalle, la direction du parti est exercée par un conseil national composé de délégués des fédérations et du groupe parlementaire. L'organe exécutif, qui assure la mise en œuvre des résolutions adoptées, est la commission administrative permanente (CAP) composée à partir de 1907 à la proportionnelle des tendances. Le parti cherchera toujours le point d'équilibre entre la liberté d'expression des courants et l'efficacité. Le tour résolument démocratique de ces structures n'a pas du tout les mêmes conséquences qu'au Parti radical : elles n'excluent pas le respect d'une stricte discipline pouvant aller jusqu'à l'exclusion d'une section qui s'écarterait de la ligne arrêtée par les instances responsables.

Cette discipline s'impose en particulier aux élus. Dans un Parlement où les élus sont jaloux de leur liberté de vote et où l'indépendance de l'élu représentant du peuple souverain est un dogme, c'est une singularité qui a d'abord fait scandale. Dépendance de l'élu, supériorité du militant, subordination du groupe parlementaire à l'appareil du parti : c'est le renversement du rapport habituel, un déplacement du centre de gravité. Dans toutes les formations plus anciennes, le groupe parlementaire était le centre de décision dont les comités ou sections étaient le prolongement périphérique ; à la SFIO, le lieu des décisions est extérieur au Parlement et les élus dans leurs votes mettent en œuvre ses résolutions. La discipline s'impose à eux ; il n'est pas question pour un député de la SFIO, sauf à se démettre de son mandat ou à quitter le parti, de revendiquer sa liberté de vote. Ainsi, Jaurès, quoi qu'il ait pu en penser, n'a jamais songé à remettre en question le principe de non-participation et n'a de ce fait jamais été ministre. L'application de ces principes n'ira pas toujours sans difficulté : elle provoquera des crises qui se solderont souvent par des exclusions et des scissions. L'histoire de la SFIO sera scandée par ces crises, mais elles ne remettront pas en cause la spécificité de l'organisation. La vie politique compte donc à partir de 1905 un parti d'un type nouveau dont beaucoup envieront la cohésion et la discipline. Plus tard, d'autres iront plus loin encore dans l'enrégimentement sur le modèle militaire.

La naissance de ce parti a modifié aussi le style de l'activité parlementaire. Au XIXe siècle, elle reposait sur des individus réputés indépendants : il y a désormais à la Chambre un groupe compact qui reçoit ses instructions d'un organisme extérieur où les élus d'une base militante qui ne compte qu'une infime partie du corps électoral disposent d'une autorité supérieure à celle de leurs amis politiques qui sont les élus des citoyens. Conflit de deux légitimités qui bouscule les concepts traditionnels et instaure un état de fait pour lequel il n'est pas absurde de parler de régime des partis.

À droite aussi

Dans ces mêmes années décisives – 1901-1905 –, on observe à droite aussi les signes concomitants d'une mutation moins prononcée mais qui n'en donne pas moins naissance à des formations qui entrent, elles aussi, dans la catégorie des partis politiques. La génération républicaine qui vient après celle des fondateurs du régime, celle des disciples de Ferry, Gambetta, Grévy, s'est divisée sur l'affaire Dreyfus ; sa cohésion n'a pas résisté à la constitution du gouvernement de défense républicaine dont les chefs ont fait le choix de l'union des gauches. Une fraction se refuse à faire cause commune avec les radicaux et plus encore avec les socialistes, tandis qu'une autre décide de donner la priorité à la défense de la République, qu'elle juge menacée par l'agitation nationaliste et la turbulence cléricale, sur toute autre considération. La fracture persistera jusqu'à l'Union sacrée et aux retrouvailles des deux fractions dans le Bloc républicain national aux élections de novembre 1919. Cette cassure du parti républicain intéresse au premier chef l'histoire des rapports entre droite et gauche : elle n'est pas non plus sans intérêt pour celle des organisations. Car l'une et l'autre, peu après la rupture, ont eu le même souci de se doter d'une structure nationale plus large que les groupes parlementaires. Ceux qui ont suivi Waldeck-Rousseau et sont une composante du Bloc des gauches fondent en 1902 l'Alliance républicaine démocratique qui fournira plusieurs présidents du Conseil. L'année suivante, l'autre fraction du groupe progressiste constitue la Fédération républicaine qui fusionne trois groupements, l'Alliance des républicains progressistes avec l'ancien président du Conseil Méline pour président, l'Union libérale républicaine, héritière de l'ancien centre gauche, et l'Association nationale républicaine qui a pris la suite de l'association fondée en 1888 pour préparer la célébration du centenaire de la Révolution. Alliance démocratique, Fédération républicaine sont l'une et l'autre promises à un bel avenir : la droite parlementaire s'ordonnera, dans l'entre-deux-guerres, autour de ces deux formations. Elles survivront même au désastre de 1940 : elles n'ont pas totalement disparu aujourd'hui. C'est également en 1902 que les ralliés fondent l'Action libérale populaire qui aurait regroupé quelque 2 000 comités et compté jusqu'à 250 000 adhérents au plus fort de la bataille religieuse.

Ainsi, en quelques années, en un lustre entre 1900 et 1905, se sont mises en place presque toutes les pièces du jeu politique, assemblés tous les éléments du système pour les quatre décennies à venir de la IIIe République, à une exception près, le communisme. Moment décisif, tournant assurément significatif dans l'histoire de notre vie politique. Pareille concomitance ne peut être purement fortuite : elle obéit à des raisons profondes qui débordent du champ politique et correspondent à une mutation sociale. Elle est en relation directe avec un phénomène dont il a déjà été fait mention au chapitre de la vie parlementaire, à propos de la formation des groupes, à la Chambre d'abord, au Sénat ensuite et particulièrement de leur reconnaissance pour la composition des commissions : le passage d'une société civile essentiellement individualiste à une société qui admet l'existence de groupements et leur fera une place de plus en plus large dans le droit et la pratique sociale. L'adoption, le 1er juillet 1901, d'une loi qui, rompant avec la tradition révolutionnaire de défiance à l'égard de tous groupements identifiés à la féodalité et à la réaction, affranchit les associations, illustre ce passage autant qu'il le favorise.

Il y a d'autres exemples de création de groupements qui n'entendent pas se placer sur le terrain électoral mais que la politique ne laisse pas indifférents et qui ont des retombées en politique. Ainsi le Sillon, mouvement de jeunesse confessionnel, fondé en 1894 par un jeune polytechnicien, Marc Sangnier, plus religieux que politique, mais qui travaillera à rapprocher christianisme et démocratie, convaincu que le conflit qui oppose ces deux forces depuis 1791 est l'effet d'un malentendu et que, si l'Église n'a rien à craindre de la démocratie, celle-ci a le plus grand besoin du christianisme pour être fidèle à son inspiration et résister aux tentations qui menacent son authenticité. Sous l'impulsion de son fondateur, les sillonistes, dont les plus fervents militent dans la Jeune Garde, s'engageront de plus en plus dans une action d'éducation démocratique et la création de mutuelles et de syndicats. Après la condamnation fulminée en août 1910 par le pape Pie X, en partie motivée par la crainte d'une confusion du religieux et du politique, le Sillon donnera naissance en 1912 à une ligue de la Jeune République qui limitera strictement son action au terrain politique et qu'on retrouvera, un quart de siècle plus tard, parmi les organisations constitutives du Rassemblement populaire : elle comptera quelques élus dans la Chambre de 1936.

Autre exemple d'organisation sur les marges de la politique, à l'autre extrémité du spectre, et qui recrutera aussi la plupart de ses ligueurs dans le peuple fidèle à l'Église catholique : l'Action française, fondée par quelques intellectuels républicains dans le climat de l'affaire Dreyfus, qui n'acceptent pas la rupture entre la République et la nation et se regroupent autour d'une revue qui porte ce titre. Ils n'entendent pas constituer un parti. Ils réprouvent le principe même du choix des dirigeants politiques par le peuple ; ils dénoncent le suffrage universel et le principe qu'une voix en vaut une autre comme une absurdité préjudiciable aux intérêts supérieurs du pays ; ils critiquent la démagogie des partis et rejoignent les thèmes classiques de l'antiparlementarisme. Mais, loin de se désintéresser de la politique, les militants d'Action française s'y engagent de tout leur être, jusqu'à politiser la religion.

Le Parti communiste

Après l'épreuve de la guerre qui a suspendu la vie politique, les partis qui sortent de leur sommeil reprennent leur autorité, retrouvent leurs adhérents et s'emploient à en recruter de nouveaux. Le tableau des formations politiques s'enrichit d'une nouvelle formation qui introduit un type inédit, le Parti communiste.

C'est la conséquence directe dans la politique intérieure d'un événement qui s'est passé hors de France : la révolution d'octobre 1917 et la conquête du pouvoir en Russie par le parti bolchevique. Ce n'est pas la première fois que des exemples étrangers ont un impact sur les partis français. Plusieurs avaient emprunté à leurs homologues britanniques des vocables, des façons de faire. On a vu la pression de la IIe Internationale sur l'unification du socialisme français qui s'était inspiré assez directement du modèle d'outre-Rhin. Le phénomène est plus manifeste encore à l'origine du Parti communiste, puisque c'est sur la réponse aux vingt et une conditions posées par Moscou pour être admis dans la nouvelle Internationale que s'opère le partage entre ceux qui souscrivent à ces exigences et ceux qui les rejettent comme contraires à l'idée qu'ils se font du fonctionnement démocratique d'un parti. Elles impliquaient un lien de dépendance absolue à l'égard de la direction de l'Internationale. Ce lien demeurera très fort, en dépit des apparences, ou des efforts pour le masquer. Les adversaires le dénonçaient et faisaient reproche au Parti communiste d'être le parti de l'étranger. Dans l'entre-deux-guerres, on soupçonnait bien que Moscou intervenait dans le choix des dirigeants, peut-être même finançait le parti. De nombreux témoignages ont récemment confirmé ce soupçon, et depuis la chute du communisme et l'effondrement de l'Union soviétique qui eut pour conséquence l'ouverture, au moins partielle, des archives de l'appareil, le doute n'est plus permis ; le Parti communiste a vécu dans une totale subordination à Moscou. Loin d'en avoir honte, il en était fier. Thorez se glorifiait encore en 1950 d'être le premier des staliniens.

Le nouveau parti a calqué ses structures et son mode de fonctionnement sur le modèle conçu par Lénine. Aligné sur le modèle bolchevique, le parti n'a plus rien à voir avec les autres partis, de gauche ou de droite. Pas question de se plier aux usages de la démocratie représentative : tout étant à ses yeux rapport de forces, il ne partage pas les illusions de ce qu'il appelle le « crétinisme parlementaire ». On utilisera la tribune de la Chambre comme une caisse de résonance. L'hémicycle est un terrain de lutte parmi d'autres, tous les moyens, y compris d'obstruction, étant licites contre la majorité bourgeoise. Le vrai combat se livre ailleurs, sur le terrain social, à l'usine, aux champs. D'où la préférence marquée pour les cellules d'entreprise. Le parti ne se connaît ni amis ni alliés : les autres partis de gauche sont plus dangereux encore que ceux de droite, car ils entretiennent des illusions et masquent la vérité de la lutte de classe qui oppose le prolétariat dont le Parti communiste est l'avant-garde et l'unique défenseur à tous les autres partis, instruments complaisants ou alliés objectifs de la bourgeoisie capitaliste. Cette représentation conflictuelle du monde prescrit une stratégie qui s'inspire du modèle d'une armée au combat ou des ordres religieux, et qui impose une discipline de fer : la stricte subordination de tous aux directives du centre est la règle d'un système baptisé centralisme démocratique. Le parti est un parti de révolutionnaires professionnels qui ont mission d'entraîner les masses populaires. À cette fin, le parti suscite tout un éventail d'organisations satellites qui encadrent la population par catégories – travailleurs affiliés à la CGTU qui a fait scission de la CGT en 1922, anciens combattants adhérents à l'ARAC, Fédération de locataires, Jeunesses du parti – dont le réseau serré dessine une contre-société dans la société française : Annie Kriegel, qui a analysé avec perspicacité ce système et en a démonté les mécanismes, a fait observer que c'est la seule tentative de la sorte, avec la nébuleuse des organisations confessionnelles créées entre 1880 et 1914 par l'Église pour soustraire les catholiques aux influences délétères de la laïcisation. L'entrée au parti, symbolisée par la prise de carte, a pour le nouvel adhérent une signification bien différente de celle de l'affiliation au Parti radical : celle d'une adhésion totale à un système de pensée, une explication du monde et de l'histoire, une stratégie globale. C'est aussi l'entrée dans une sorte d'Église séculière : la démarche est autant religieuse que politique, et certaines pratiques ne sont pas sans ressemblance avec des coutumes du monde ecclésiastique.

Ce modèle absolument original ne sera pas adopté d'emblée, ni ne s'imposera sans résistances. Ceux qui en 1920 adoptèrent d'enthousiasme les vingt et une conditions par admiration pour la révolution d'Octobre, par solidarité, mais aussi pour se repentir de la participation de la SFIO au gouvernement de guerre ne mesuraient pas tous la portée de leur ralliement et n'en prévoyaient pas les conséquences. Ils refaisaient simplement ce qu'avaient fait leurs aînés en 1905 après le congrès d'Amsterdam ; ils ne percevaient pas que commençait une histoire toute nouvelle. Aussi fallut-il des interventions répétées des envoyés de Moscou, des purges drastiques pour faire du parti ce que Lénine avait voulu qu'il soit, un parti de révolutionnaires professionnels : sa bolchevisation demanda plusieurs années.

Pareille mutation eut pour première conséquence une diminution brutale des effectifs qui tombèrent à une trentaine de mille autour de 1930. Le parti ambitionnait de mobiliser les masses : il est réduit à une secte qui vit à l'écart, n'entretenant de relations avec aucun autre ; tous le tiennent à distance. La situation a commencé à changer à partir de 1934. Le parti, jusque-là si soucieux de préserver son isolement, infléchit sa tactique et amorce avec d'autres un rapprochement dont tout donne à penser que c'est avec l'approbation et sans doute même sur ordre de l'Internationale qui expérimente une stratégie plus adaptée pour conjurer la menace que la montée des régimes fascistes représente pour la sécurité de l'Union soviétique. C'est la nouvelle stratégie, dite des fronts populaires, qui substitue à la dénomination SFIC celle de Parti communiste français pour marquer son intégration dans la nation. Le parti signe d'abord avec la SFIO un pacte d'unité d'action qui enterre la guerre fratricide entre les deux partis ouvriers (juillet 1934). En 1935, il élargit l'alliance au Parti radical et c'est sur le socle de cette alliance tripartite qu'il entre en campagne en avril 1936. Dans le prolongement de cette politique d'ouverture, le jeune secrétaire général Maurice Thorez tend la main à l'ouvrier catholique, au Volontaire national. Cette stratégie d'union tous azimuts trouvera son apogée en 1937 dans la vision idéalisée d'un peuple rassemblé dont ne seraient écartées que les deux cents familles. Cet infléchissement de stratégie s'accompagne d'autres changements qui touchent le style et les modes d'action ; il n'est plus question de brocarder le jeu parlementaire au risque de faire le jeu des ennemis de la démocratie. Le Parti communiste se range dans le camp des défenseurs des libertés publiques et de la démocratie représentative.

Ces transformations lui valent ralliements et sympathies. Le parti se redresse ; en quelques mois, ses effectifs sont multipliés par dix : il devient enfin ce parti de masse dont il rêvait, bien inséré dans la société. Il revendique l'héritage du passé national. Apparemment le parti bolchevique des années 1920, la secte du début des années 1930 est devenu un parti comme les autres, rallié au système et intégré dans la communauté nationale. Réalité ou trompe-l'œil ? Pour ses ennemis irréductibles, le doute n'est pas permis : changement purement tactique imposé par Moscou dans l'intérêt exclusif de l'Union soviétique dont les partis communistes ne sont en chaque pays que des pions avancés. Ils en verront la preuve dans l'alignement de l'appareil du parti à l'annonce du pacte germano-soviétique, ses prises de position pour la paix après l'effondrement de la Pologne, les invitations à fraterniser avec les troupes allemandes après la défaite de la France. Mais par ailleurs les travailleurs qui ont rejoint le parti entre 1935 et 1939 l'ont fait sur la base de ses nouvelles positions et parce qu'ils ont vu en lui le fer de lance de la résistance au fascisme. C'est sur cette affiche et cette plateforme que le PCF a doublé le nombre de ses électeurs : ils ont cru à la sincérité de son ralliement à la tradition démocratique telle que conçue et honorée en France. Le trouble qu'ils ont connu à la nouvelle de la « trahison » de Staline en est la preuve : qu'au lendemain de l'entrée de l'Armée rouge en Pologne le 17 septembre 1939 pour se partager les dépouilles, près d'un tiers des députés élus en 1936 sous le drapeau du Parti communiste aient alors quitté le groupe parlementaire, désavouant le pacte, n'est-ce pas que l'essor sur la fin de la IIIe République s'est effectué à la faveur d'une équivoque sur l'identité du parti, à la fois radicalement irréductible aux autres et néanmoins engagé dans un processus de transformation ? Entre ces deux interprétations qui sollicitent contradictoirement l'esprit en 1939, ce sera à l'histoire ultérieure de trancher et de donner réponse.

Gauche et droite

Parti radical, Parti socialiste, Parti communiste : trois partis situés du même côté de la ligne de démarcation qui coupe la France en deux, à gauche de cette frontière, la plus constante. Il est difficile de penser que cette rencontre est le simple effet du hasard. D'autant que, même si l'on discerne à droite aussi des signes de regroupements et l'apparition de phénomènes qui présentent quelque ressemblance, on n'observe pas de mouvements d'importance comparable ni promis à un avenir durable. Le fait n'a pas échappé aux observateurs les plus sagaces de la chose politique : il les a intrigués et pour l'expliquer, ils ont échafaudé deux hypothèses. Première supposition : une différence dans la conception des rapports entre individu et société dictant des comportements dissymétriques ; plus individualiste, l'homme de droite serait, selon une version valorisante, attaché à l'initiative personnelle et à l'exercice de la responsabilité, et répugnerait à se fondre dans un ensemble indifférencié ; dans la version pessimiste, qui est souvent celle des leaders de droite désespérant de réussir à unir leurs électeurs, l'électeur de droite serait incapable de faire passer ses petits intérêts après des impératifs généraux. Symétriquement, l'homme de gauche inspire deux interprétations pareillement jumelles : pour l'une, la positive, l'unité et la discipline librement consenties seraient l'expression d'une solidarité acceptée et même revendiquée, vertus naturelles inculquées et entretenues par le mouvement ouvrier. Pour l'autre, ce serait une disposition innée des couches populaires à un comportement grégaire. S'en tenir à ce type d'explication par le tempérament ferait perdre de vue que droite et gauche sont également plurielles : s'il y a une famille de pensée qui professe un attachement profond à l'expression de la liberté individuelle, c'est bien la radicale, qui à gauche se réfère aux principes de 1789, tandis qu'il existe à droite une conception organiciste légitimée par la tradition catholique pour laquelle l'individu ne trouve son accomplissement que par l'intégration dans une communauté, qu'elle soit familiale, sociale ou nationale.

Une seconde hypothèse se fonde sur une différence d'ordre sociologique. Si ce n'est pas à droite que surgissent les premières organisations partisanes, ce serait parce qu'elles ne seraient pas nécessaires, la droite disposant de réseaux constitués et de moyens d'influence dont la gauche serait cruellement dépourvue. Les candidats tout désignés de la droite sont des notables héréditairement accoutumés à exercer l'autorité et qui inspirent aux électeurs respect et considération : le vote ne ferait que confirmer et reporter sur un mandat électif l'influence et le pouvoir de fait dont ils disposaient déjà auparavant – propriétaires ruraux, patrons, chefs d'entreprise. En face, les candidats de gauche sont des hommes nouveaux qui ne peuvent se réclamer des services rendus par leurs ancêtres, leurs noms n'ayant pas le prestige de l'ancienneté. L'investiture par une formation politique les tire de l'anonymat, leur confère une identité et compense le handicap initial.

Une autre considération de même nature vient confirmer ce type d'explication : le rôle de l'Église catholique. Le combat politique étant dominé par la question dite religieuse, l'Église est tout entière rangée du côté de la droite qu'elle appuie de son poids qui est grand, peut-être même sans équivalent dans la balance des forces contraires. Elle est présente dans les plus petits villages, le clergé paroissial quadrillant tout le territoire. Ajoutons que les congrégations religieuses ont connu au XIXe siècle une renaissance et une expansion considérables : elles contrôlent l'enseignement et tiennent une partie des institutions hospitalières. La droite n'a donc pas besoin de se doter de structures propres pour orienter le vote des paroissiens fidèles ; l'Église y suffit. La gauche n'a rien de comparable. Elle dispose bien sur la fin de ce siècle si largement dominé par les affrontements entre l'intransigeantisme catholique et la démocratie, fille des Lumières, de sociétés de pensée qui mènent le combat contre l'Église : la Ligue de l'enseignement fondée par Jean Macé sous l'Empire libéral et qui a inspiré dans les années 1880 la laïcisation de l'enseignement public et surtout la franc-maçonnerie, qui est à la gauche ce que l'Église est pour la droite ; on a vu le nombre des loges qui s'étaient fait représenter au congrès constitutif du Parti radical en 1901. Le dernier quart du XIXe siècle a été un âge d'or pour l'obédience du Grand Orient qui compte en 1910 quelque 40 000 frères dans 445 loges. On estime à 60 % le nombre des ministres qui ont été initiés entre 1889 et 1913. Mais pour disputer à la droite le suffrage des électeurs, pour faire contrepoids au prestige des autorités sociales, à leur argent aussi, comme pour contrecarrer l'influence du clergé et des ordres religieux, il fallait des organisations nouvelles : des partis modernes dont l'intervention permettrait d'arracher les masses populaires à la réaction. Ils seraient les instruments de l'émancipation du suffrage populaire.

Cette disparité entre droite et gauche pour la participation organisée à la vie politique était peut-être à la veille de s'atténuer dans les dernières années de la IIIe République et la droite sur le point de se doter à son tour d'une structure de parti moderne, si le régime n'avait pas été emporté en 1940 par le souffle de la défaite. Cette fois, en effet, c'est à droite qu'émerge un grand parti de facture classique qui s'inscrit dans le cadre des institutions républicaines. Jusque-là les électeurs de droite, s'ils s'intéressaient à la politique, n'avaient guère le choix qu'entre des formations ordonnées autour de l'activité parlementaire et ne regroupant que des notables détenteurs de mandats électoraux, députés et sénateurs, maires, conseillers généraux, et des organisations qui se défendaient d'être de ces partis qu'elles avaient tendance à diaboliser : si elles n'étaient pas toutes factieuses, elles n'en entretenaient pas moins un état d'esprit antiparlementariste. Il n'était pas question pour ces mouvements d'entrer dans le système et par exemple de présenter des candidats aux élections ; c'eût été faire le jeu de ces partis qu'ils vilipendaient et tenaient pour responsables de tous les défauts du régime. De ce fait, il n'y avait à droite aucune formation qui dispense les rudiments d'une éducation politique et où puisse se faire l'apprentissage de la politique. Cette absence, qui traduit une lacune de la culture politique de droite, explique aussi qu'une bonne partie de l'électorat de droite soit encore, après quelque cinquante ans de pratique de la démocratie, comme étranger au régime, ne connaisse pas bien ni ne maîtrise ses mécanismes et soit une proie pour les thèmes d'une démagogie antiparlementaire.

Cette lacune du dispositif est comblée, en partie, par la création, en juin 1936, du Parti social français. L'événement est doublement déroutant et déjoue les explications purement rationnelles. D'une part, ce parti se crée à l'initiative du chef de l'une de ces ligues que la gauche dénonçait comme la version française du fascisme européen et même de la plus emblématique de toutes, l'association des Croix de feu : d'où le doute sur la sincérité de la reconversion. D'autre part, cet infléchissement, qui aurait moins surpris en un temps d'apaisement des luttes politiques, intervient dans la situation la plus conflictuelle, à un moment où les tensions et les passions ont atteint leur paroxysme, au lendemain des élections d'avril-mai 1936 qui ont amené une majorité de gauche et exaspéré les électeurs de droite. Quelques jours après sa constitution, le gouvernement que préside Léon Blum prononce par décret la dissolution de plusieurs ligues dont la nébuleuse des organisations agrégées autour du noyau des Croix de feu. Le colonel de La Rocque, leur chef incontesté, n'a pas le choix : pour maintenir l'activité de ses organisations, faire comme les dirigeants des autres ligues dissoutes, adopter la formule du parti qui permet d'échapper à la législation sur les ligues. Pour les autres, ce n'est qu'une échappatoire purement tactique et qui ne signifie aucun changement véritable ni de l'esprit ni même du mode d'organisation ; ainsi pour le Parti républicain national et social qui relève le drapeau des Jeunesses patriotes de Pierre Taittinger. Mais pour le Parti social français, c'est le point de départ d'une véritable transformation, comme si la dissolution imposée, dont La Rocque conteste la légitimité, avait été l'occasion d'une métamorphose peut-être souhaitée. De fait, son organisation avait toujours suivi une ligne originale qui la distinguait : on lui avait assez reproché d'avoir fait bande à part le soir du 6 février et de ne pas avoir porté le coup de grâce au régime en envahissant la Chambre des députés, alors que les Croix de feu étaient en situation de prendre à revers le service d'ordre qui protégeait le Palais-Bourbon. En 1935, quelques-uns des plus anciens compagnons de La Rocque se séparent de lui : ils ne trouvent pas son orientation assez radicale. Le colonel de La Rocque oriente en effet l'ensemble des organisations regroupées sous le vocable de Mouvement social français vers l'aide aux situations de détresse créées par la crise économique plus que vers la polémique et le combat politique.

La circonstance précipite la métamorphose. Le mouvement se transforme en un parti véritable qui adopte des structures démocratiques, constitue des fédérations, tient des congrès départementaux, bref s'engage sans réserve dans la pratique normale de la démocratie. Il corrige le caractère autoritaire hérité de la ligue par une décentralisation effective. La transition est facilitée par le départ d'une partie des anciens ligueurs qui ne reportent pas sur le parti leur fidélité et par l'afflux de nouveaux adhérents qui submergent les cadres anciens. Tel est le fait majeur qui intéresse l'histoire des partis : pour la première fois les électeurs de droite s'engouffrent massivement dans une formation qui est un parti comme les autres et non pas une ligue de combat ou un mouvement protestataire. Il n'est pas possible d'avancer un chiffre précis pour dénombrer les électeurs qui ont afflué dans les permanences que le nouveau parti ouvre jusque dans les plus petites localités ; ils se comptent par dizaines de mille dans les départements les plus peuplés. Mais on est certain de ne pas être au-dessus de la réalité si l'on énonce le chiffre de plus d'un million. C'est en tout cas une certitude que le PSF a compté à lui seul, en 1936-1938, plus d'adhérents que les trois grands partis de gauche – radical, socialiste et communiste – réunis. De surcroît, à la différence des mouvements de masse qui avaient jadis surgi à droite et qui ne duraient que le temps de la crise qui les avait suscités – boulangisme, affaire Dreyfus, Cartel des gauches –, cette fois, l'adhésion se prolonge par une participation régulière aux activités du parti : en 1937 et 1938, les congrès départementaux réunissent pour des journées de travail les délégués de centaines de sections qui élisent les organes directeurs, discutent des rapports, adoptent des résolutions, votent des motions. Bref, l'électorat de droite fait pour la première fois l'apprentissage d'une vie politique régulière. Ce succès exceptionnel du PSF, qui marque une préférence pour des méthodes démocratiques, n'est-il pas une présomption que, contrairement aux thèses de certains historiens, l'électorat de droite n'avait pas grande sympathie pour le fascisme ?

L'expérience aurait pu être le point de départ d'une transformation en profondeur du comportement de la droite française et de sa culture politique, assurer sa réintégration dans la société démocratique fondée sur les principes de 1789 et configurée à la République, si elle n'avait été interrompue trois ans plus tard par la guerre et la défaite. Comment ne pas s'interroger sur ce qu'eût été l'issue des élections législatives si elles s'étaient tenues à leur heure, autour du 10 mai 1940 ? Le PSF escomptait bien conquérir une centaine de sièges : la présence dans l'hémicycle d'un groupe parlementaire discipliné s'appuyant sur un parti de masse fort de plusieurs centaines de milliers d'adhérents en face des partis de gauche aurait rééquilibré le rapport entre droite et gauche, le parti de masse n'étant plus le privilège de la seule gauche.

Mais si cette nouveauté n'a pu développer ces effets présumés, n'en aurait-elle pas préparé de loin d'autres qui se manifesteront après la catastrophe ? Est-il absurde d'estimer que, compte tenu de la différence des personnalités et des situations, le succès des mouvements de masse qui surgiront à l'appel du général de Gaulle, en 1947 d'abord, puis sous la Ve République, ont prolongé à leur manière l'expérience du PSF ? Qu'on m'entende bien, je ne suggère pas que le gaullisme soit la postérité du mouvement du colonel de

La Rocque, mais que, par l'appartenance au PSF, l'accoutumance aux pratiques des partis politiques a peut-être préparé une partie des électeurs à rejoindre le Rassemblement du peuple français. Après tout, l'appel de Strasbourg en avril 1947 n'est séparé de la suspension de la vie politique à la fin de la IIIe République que par la durée de moins de deux législatures.

Chapitre XII

Les systèmes de partis

Le nombre et la force

Avec l'apparition des partis et plus encore avec l'émergence des partis de masse s'introduit dans la vie politique une dimension nouvelle : celle du nombre qui est un élément de leur force, réelle ou présumée. Cette considération, à vrai dire, n'est pas absolument nouvelle : elle est inhérente à la politique, elle en est même constitutive depuis qu'il est admis que c'est le nombre qui départage et arbitre entre les points de vue. En l'absence de formations organisées encadrant des adhérents, c'était le nombre des électeurs. Avec des partis de cadres, la question du nombre des membres ne se posait guère : regroupant des personnalités, composés essentiellement de notables locaux, ils ne cherchaient pas à rassembler, la qualité – entendez le poids personnel, la notoriété, l'influence – les intéressant plus que la quantité. Mais, pour les partis dits de masse, le nombre ne compte pas moins que la qualité. Ils se prévalent des effectifs d'adhérents qu'ils peuvent aligner comme des armées en campagne. Leur poids en politique est entre autres fonction de leur importance numérique. La force qu'on leur prête en dépend autant que du nombre de leurs électeurs. Il n'est donc pas indifférent de connaître les chiffres qui mesurent leurs forces respectives.

Mais la connaissance que nous en avons n'est pas satisfaisante pour un concours de raisons, les unes objectives et d'autres proprement politiques. Les états-majors entretiennent souvent un certain flou sur le sujet : ce n'est pas toujours leur intérêt de chercher la transparence. En périodes de basses eaux, ils redoutent, non sans raison, en révélant les chiffres réels si leurs concurrents ne jouent pas le jeu de la vérité, de souffrir de la comparaison alors biaisée entre leurs chiffres véridiques et d'autres plus ou moins falsifiés. Eux-mêmes ne connaissent pas toujours avec exactitude les chiffres véritables : les procédures d'adhésion et les mécanismes d'enregistrement varient d'un parti à l'autre. Les sections et les fédérations ont selon les formations une autonomie plus ou moins grande : elles gardent pour elles la meilleure part des cotisations ; la transmission des sommes se fait parfois avec retard. Plusieurs partis ont adopté à l'instar des syndicats le paiement par des timbres mensuels apposés sur la carte ; la prise de carte initiale ne garantit pas que l'adhérent réglera ses douze timbres : il est courant qu'il n'acquitte que sept ou huit mensualités. L'adhérent doit-il alors être compté à part entière ou seulement comme une fraction ?

Mais la principale difficulté, dès lors qu'on se propose d'estimer à partir du dénombrement des individus la force d'un parti, réside dans la définition de la réalité qu'on veut appréhender. Que cherche-t-on à compter ? À l'intérieur même du cercle des affiliés, il y a toute une hiérarchie de degrés dans l'adhésion, depuis celui qui s'est inscrit un jour mais qui n'est pas assidu aux réunions de section ou de cellule, jusqu'aux permanents pour qui le parti est leur vie. Selon les degrés, l'appartenance n'a pas la même intensité. Surtout, elle n'a pas la même signification d'un parti à l'autre : celle-ci varie selon leurs exigences respectives. Certains se contentent de peu, d'autres demandent plus. Les militants de l'un sont comme les adhérents de l'autre. À cet égard, à gauche, le degré d'exigence va croissant du Parti radical au Parti socialiste et de celui-ci au Parti communiste. Au Parti radical, le lien avec le parti est relativement lâche, ce qui ne veut pas dire que les convictions des adhérents ne soient pas fortes. Au Parti communiste, c'est un engagement total qui est requis, faute de quoi on court le risque de l'exclusion. Le Parti communiste a le culte des statistiques : il professe pour elles le même respect que pour les normes de la planification en économie. Le Parti socialiste avait déjà hérité du mouvement ouvrier un attachement pour les chiffres. La statistique est un élément de l'action politique. Le Parti communiste érige en vertu politique la tenue minutieuse des listes d'adhérents. Ce souci de précision ne rend pas fiables pour autant les chiffres qu'il consent à rendre publics. L'exigence d'exactitude à usage interne n'implique pas un engagement à la transparence. Les chiffres divulgués sont le plus souvent des chiffres relatifs, calculés en pourcentages de progression par rapport à des chiffres antérieurs qui eux-mêmes ne sont pas davantage énoncés en chiffres absolus. C'est dire que l'historien doit procéder au déchiffrement critique de données en partie cryptées.

Sous le bénéfice de ces observations qui invitent à la prudence, il n'est pas impossible cependant d'établir des ordres de grandeur et même de dessiner des courbes d'évolution dont l'intérêt n'est pas mince pour la connaissance de la vie politique, car leurs fluctuations en éclairent l'histoire générale.

Pour le Parti radical, les indications ne sont pas riches, mais on peut estimer dans l'entre-deux-guerres le nombre de ceux qui ont pris et qui renouvellent leur carte du parti de la rue de Valois entre 80 000 et 120 000. On est mieux renseigné sur les effectifs de la SFIO grâce au calcul des mandats dans les congrès à partir desquels on peut déterminer des fourchettes. Lors de la fusion en 1905, le nombre des adhérents en provenance des deux formations antérieures est d'environ 35 000. À la veille du conflit, du fait de la dynamique déclenchée par l'unification, la SFIO a presque triplé ses effectifs qui ont avoisiné les 90 000. Au lendemain de la guerre, l'aspiration à un profond changement, la fascination exercée par la révolution d'Octobre font que le parti connaît un afflux d'adhésions nouvelles ; les délégués qui se retrouvent à Tours à la Noël 1920 ne représentent pas moins de 178 000 adhérents, soit le double de l'immédiat avant-guerre ; un sommet que la SFIO ne retrouvera pas de sitôt. En effet, la scission qui est alors consommée se fait à son détriment : elle ne garde guère qu'un quart des adhérents, les trois autres s'étant prononcés pour l'adhésion à l'Internationale communiste. En 1921, ceux qui ont écouté la pathétique adjuration de Léon Blum, les invitant à garder la « vieille maison » dans l'improbable espoir d'une réunification, ne sont plus que 39 000 : la SFIO est ramenée à l'étiage de 1905. S'amorce alors une lente remontée : 44 000 en 1922, 50 000 l'année suivante, 60 000 en 1924, l'année des élections. Cette patiente reconstitution de sa base militante a été servie par la stratégie sectaire du Parti communiste engagé à corps perdu dans la bolchevisation et qui pratique purge sur purge. Les courbes des deux partis dessinent des lignes de sens contraire sans qu'on puisse parler d'une vraie corrélation entre elles. La SFIO repasse devant la SFIC. En 1925, ses effectifs dépassent la centaine de mille, retrouvant approximativement le niveau de l'immédiat avant-guerre. Elle a réparé les conséquences de la scission. Ses effectifs sont désormais stabilisés : elle se maintiendra à ce niveau dix ans. À partir de 1935, elle sera portée par les circonstances : le rapprochement avec les autres partis de gauche, la mystique du Front populaire, la ferveur de l'antifascisme et la politisation croissante, puis l'élan de la campagne électorale, l'euphorie du succès et l'accession au gouvernement. En 1937, les socialistes sont quelque 300 000 : en deux ans les effectifs ont triplé. Pour la première fois depuis trente ans, la réalité correspond au projet : le Parti socialiste est enfin un parti de masse. Est-il pour autant, comme il l'espère et le prétend, un parti ouvrier ? C'est une autre question et la réponse est moins évidente. Une bonne partie des nouveaux adhérents appartient aux classes moyennes, travaille dans la fonction publique ou les entreprises d'État, tels les arsenaux. Surtout, la SFIO n'est pas de taille à rivaliser pour le contrôle du prolétariat avec le Parti communiste : le montre bien le rapport inégal entre les deux courants du mouvement syndical, l'un proche du socialisme et l'autre inspiré étroitement par le communisme, dans la CGT réunifiée depuis le début de 1936.

Quant à la courbe du Parti communiste dans les quinze premières années de son histoire, nous l'avons dit, elle décrit la ligne contraire. De 109 000 en regard des pauvres 39 000 socialistes du lendemain de la scission en 1921, l'effectif est déjà tombé en octobre 1922 à 79 000 : 30 000 départs qui s'expliquent par les déceptions, une prise de conscience qui a dissipé les illusions et aussi les décisions d'exclusion. En 1923, le chiffre se situe entre 45 000 et 55 000. Il se stabilise pour quelques années à ce niveau, oscillant autour de 50 000. À partir de 1928, une lente régression le fait passer au-dessous de 30 000. C'est en partie l'effet de son comportement et d'une stratégie qui fait du parti une secte. La tendance s'inverse à partir de 1934 : le Parti communiste aussi bénéficie du renversement de situation et de la politisation croissante du corps politique. Annie Kriegel parle alors d'un frémissement statistique ; le parti enregistre entre 10 000 et 15 000 adhésions nouvelles par an ; en mai 1935, il a retrouvé les chiffres de 1926, autour de 55 000. À la fin de l'année, il est à 87 000 : dans la seule année 1935, il a ainsi doublé, préfigurant son grand succès électoral. Avec les élections et la victoire du Rassemblement populaire, c'est un changement d'échelle : en mai 1936, le PCF a déjà dépassé la SFIO. À la fin de l'année, il comptera 284 000 adhérents, 340 000 en 1937, dix fois le chiffre de 1932. L'apogée est au printemps 1938. Dès la fin de l'année le reflux a commencé : l'échec de la grève du 30 novembre 1938, largement inspirée par le parti, lui a porté un coup décisif en attendant le coup de théâtre du pacte germano-soviétique qui anéantira, pour un temps, tout le bénéfice de sa réintégration dans la tradition politique et la société françaises.

Ce rapide aperçu arithmétique sur les variations des effectifs des deux principaux partis de gauche montre à quel point elles sont dépendantes de la conjoncture : si elles s'expliquent en partie par des causes internes – décisions stratégiques, purges, querelles, scissions –, elles reflètent aussi les grandes pulsations de la vie politique, en particulier l'alternance des périodes d'indifférence à la chose politique et des phases de politisation intense comme entre 1934 et 1938.

Prenons un peu de hauteur par rapport à ces données statistiques, et replaçons-les dans le cadre de la société politique française, tous les chiffres demandant à être appréciés relativement. Rapprochons ces données éparses. Au meilleur moment, les trois grands partis de gauche ont additionné quelque 700 000 adhérents. À droite, il est plus hasardeux d'avancer des chiffres significatifs. Mais si l'on retient l'estimation que nous avons avancée pour le Parti social français, qu'on y joigne le Parti populaire français fondé également en 1936 par Jacques Doriot et qui connut un certain succès, on ne doit pas être loin d'un total de deux millions pour un corps électoral qui est le plus nombreux de l'histoire de la IIIe République avec quelque douze millions d'inscrits et dix millions de votants : soit un rapport de quinze à vingt adhérents pour cent électeurs : un rapport assez proche de celui des grandes démocraties pluralistes.

Mais ces chiffres sont tout à fait exceptionnels : ils correspondent à un moment de politisation intense comme notre vie politique en a rarement connu, et ne doivent donc pas faire illusion. Elle en connaîtra un autre, qui lui fait pendant, lors de la reprise de la vie politique, après la coupure de la guerre, avec des effectifs assez comparables. En dehors de ces moments exceptionnels, les chiffres des adhérents aux partis sont faibles, parfois dérisoires : avant 1914 et autour de 1930, quelques centaines de mille, toutes formations confondues. C'est-à-dire plus près de 5 que de 15 % : c'est un citoyen sur vingt électeurs qui porte intérêt et participe à l'activité d'un parti. Ce rapport exprime mieux la réalité spécifique de notre culture politique qui associe, en dépit des réputations, participation électorale élevée et très faible participation partisane : le Français attache du prix à l'acte électoral ; il n'aime pas les partis. Le vote se nimbe à ses yeux d'un caractère quasi sacré ; le parti n'est pas en odeur de sainteté. Cette disparité est en partie le produit de notre histoire. Elle n'est pas sans conséquences sur la vie politique elle-même et son fonctionnement. Il est vrai que les partis s'associent et mettent en commun leurs faiblesses.

Les systèmes de partis : alliances et coalitions

Pas plus que les individus, les partis, pour jaloux qu'ils soient de leur autonomie et attachés à leur identité propre, ne sont des entités isolées. Ils sont en relation constante les uns avec les autres, en compétition permanente pour la conquête ou le partage du pouvoir : ils se définissent parfois les uns par rapport aux autres et sont amenés à passer des accords entre eux. Aussi leurs systèmes de relations sont-ils un élément absolument déterminant de la vie d'une société politique.

Il est lui-même déterminé entre autres par le nombre des partis. Dans un régime de bipartisme comme en Angleterre, qui a été pour tant de politiques français un modèle admiré et envié, le problème est simple, ou, plus exactement, il n'y a pas de problème. Sauf en effet circonstances tout à fait exceptionnelles où l'urgence des décisions à prendre ou la gravité de la situation imposent la formation d'un gouvernement d'union nationale auquel participent les deux partis, comme en 1931 pour la dévaluation de la livre ou en 1940 pour la conduite de la guerre, la relation entre les deux partis est d'antagonisme : l'un au pouvoir et l'autre dans l'opposition, en attendant que les électeurs inversent le rapport de force. Pas question de conclure quelque alliance que ce soit. La situation est toute différente en France : elle se caractérise par un multipartisme moins poussé assurément qu'en certains pays méditerranéens ou d'Amérique latine où les partis se comptent par dizaines, mais plus marqué que dans les démocraties scandinaves ou en Allemagne. C'est un autre trait de notre culture politique. Il se manifeste à l'approche de chaque compétition électorale par le nombre des candidatures déposées à la préfecture, encore que les partis ne présentent pas des candidats dans toutes les circonscriptions, soit que les états-majors ne parviennent pas à persuader des adhérents de se présenter là où ils n'ont pas de chances, soit qu'ils renoncent d'eux-mêmes à compter leurs voix dans ces circonscriptions. Bien qu'il déprécie le parlementarisme, le Parti communiste est le seul sous la IIIe République à présenter systématiquement partout des candidats, même si dans la plupart des départements ses chances d'enlever un siège sont nulles ; il le peut parce qu'il dispose d'un vivier de militants inconditionnellement dévoués. L'élection n'est dans sa stratégie qu'un terrain de manœuvre et une occasion de faire connaître ses thèses, d'accoutumer l'électeur à son existence avec l'espoir de récolter un jour les fruits de cette politique de présence.

Les partis sont nombreux, les groupes parlementaires plus encore. Les liens entre les uns et les autres n'obéissent en effet à aucune logique rationnelle. Il n'y a pas de concordance entre eux. Les appellations mêmes ne correspondent pas : les groupes parlementaires portent d'autres dénominateurs ; ainsi, après 1919, Républicains de gauche pour l'Alliance démocratique ou Union républicaine démocratique pour la Fédération républicaine après 1919. Beaucoup d'élus, on l'a vu, répugnent à toute discipline de vote : ils revendiquent la liberté de choisir le groupe auquel ils s'inscriront. La double appartenance n'est pas interdite par le règlement des assemblées ni par les statuts ou la coutume de la plupart des partis ; même après l'unification du radicalisme en 1901, au parti désormais unifié correspondront deux groupes parlementaires distincts, gauche radicale et gauche radicale socialiste. Jusqu'en 1910, certains radicaux appartiennent simultanément à l'Alliance démocratique. C'est seulement en 1913 que se constitue un groupe unique à la Chambre, mais pas encore au Sénat. Seuls le Parti socialiste et le Parti communiste imposèrent d'emblée à leurs élus l'appartenance à un groupe unique et il y a pour eux corrélation entre le parti et le groupe parlementaire, mais même elle n'exclut pas des entorses. Certains socialistes qui n'ont pas accepté les décisions du congrès de 1905 forment, pour échapper à la discipline, des groupes qui se réclament aussi du socialisme et lui empruntent leur dénomination. De plus, chaque scission de la SFIO est suivie de la naissance d'un groupe dissident qui s'empresse de proclamer sa référence au socialisme : c'est le cas en 1933 où l'Union socialiste républicaine regroupe un contingent appréciable de parlementaires élus ou réélus aux élections précédentes sous l'étiquette de la SFIO et qui ont fait dissidence à la suite de Marcel Déat, Paul Ramadier, Adrien Marquet, Barthélemy Montagnon. De même par rapport au groupe communiste, le petit groupe émanant du Parti d'unité prolétarienne (PUP) qui a rompu avec la bolchevisation. Conséquence : dans les Chambres de l'entre-deux-guerres, les groupes n'ont jamais été moins d'une dizaine et plus souvent entre douze et quinze.

De cet éparpillement les causes présumées sont nombreuses et de nature diverse. On incrimine à juste titre l'individualisme des hommes politiques français qui regimbent contre toute décision imposée. Le calcul aussi des ambitieux à qui il n'a pas échappé que les chances d'obtenir un portefeuille ministériel sont plus grandes dans des groupes marginaux, dont le soutien est indispensable pour faire l'appoint d'une majorité, que dans un parti structuré où l'accession au gouvernement dépend de l'appareil et se fait par ordre d'ancienneté. Il y a aussi des raisons moins subjectives et moins intéressées : le facteur idéologique, qui est à l'origine de la plupart des scissions, notamment à gauche tant chez les radicaux que dans les rangs socialistes. Il y a, plus encore, le régime électoral : nous retrouvons à propos des élections ce qui a été dit des sortes de lois établies par Maurice Duverger sur les corrélations entre modes de scrutin et systèmes de partis. Le mode le plus souvent pratiqué par la IIIe République au point d'en devenir emblématique, le scrutin majoritaire d'arrondissement à deux tours, est de tous celui qui correspond le mieux au penchant individualiste des politiques : il encourage la multiplication des candidatures singulières et favorise la dissémination des suffrages. D'autre part, il affranchit les candidats de la tutelle des partis et ne comporte pour les élus aucune obligation à se plier à la discipline d'un groupe parlementaire dès lors qu'ils pensent jouir de la confiance de leurs électeurs et s'estiment assurés de leur réélection.

Pour toutes ces raisons qui conjuguent leurs effets, les suffrages des électeurs se dispersent entre une pluralité de partis dont aucun ne peut raisonnablement espérer obtenir plus d'un cinquième ou au mieux un quart du total des voix. En 1932 le Parti radical, qui arrive en tête de toutes les formations, a totalisé 1 837 000 suffrages sur les 9 579 482 votants, soit moins de 20 %, et la SFIO qui le devance en 1936 n'atteint pas tout à fait les deux millions. Quant à la répartition des sièges à la Chambre, aucun groupe n'en détient jamais plus du quart : le groupe socialiste en 1936 compte 149 députés sur un peu plus de 600. Dans ces conditions, non seulement l'espoir est interdit pour un parti de gouverner seul, mais ce n'est pas davantage possible à deux, ni même souvent à trois : il faut s'entendre à trois ou quatre pour mettre sur pied ce qu'on appelle judicieusement une combinaison. La chose est d'autant plus ardue que le mode de scrutin dispensait les futurs alliés de se concerter à l'avance. Il n'est donc de majorité que de coalition et celles-ci sont précaires comme toute coalition, peut-être plus encore du fait précisément de l'absence de concertation antérieure. Point n'est besoin de chercher ailleurs une explication de la fragilité des gouvernements, de leur succession précipitée, du rythme haletant imprimé à la vie politique, bref de l'instabilité ministérielle à laquelle nous avons consacré tout un chapitre.

L'histoire de ces alliances électorales et de ces coalitions ministérielles qui se font et se défont est un élément essentiel de la vie politique : elle la modèle autant qu'elle la reflète. Ces alliances sont locales ou générales, tantôt dictées par une situation propre à telle circonstance et tantôt arrêtées et conclues pour la France entière.

Leur constitution dépend en premier lieu de la conjoncture politique qui ne laisse parfois pas d'autre possibilité à une formation pour sauver ses sièges que d'entrer dans une alliance. Elle est aussi déterminée par des choix stratégiques majeurs et des options de fond : ainsi le Parti communiste de sa naissance en 1920 jusqu'à 1934, soit donc pour les trois élections générales de 1924, 1928 et 1932, a-t-il écarté systématiquement, pour raison de principe, toute entente avec quelque parti que ce soit, ouvrier ou bourgeois, au motif que tous faisaient le jeu de l'ennemi de classe. De même que, dans l'Allemagne voisine, le parti frère a refusé de s'allier aux partis démocratiques pour faire échec à l'ascension d'Hitler. Ce faisant, le parti s'interdisait de bénéficier d'un éventuel report de suffrages de gauche sur ses candidats au second tour en 1928 et 1932, comme il dissuadait ses électeurs d'arbitrer en faveur de la gauche tout duel opposant un socialiste à un candidat de droite.

Au jeu des alliances la partie n'est pas égale entre les extrêmes et les centres. Un parti extrême n'a le choix qu'entre l'isolement et l'accord avec le plus proche. Les centres peuvent se chercher un allié sur leur droite ou sur leur gauche. D'eux dépend la solidité de la coalition. Il leur est loisible de pratiquer successivement, voire simultanément, des alliances contraires, par un jeu de bascule où le Parti radical est passé maître dans l'entre-deux-guerres, entrant tour à tour dans des alliances de gauche dont il est l'aile droite et des alliances de droite dont il couvre le flanc gauche. Ce jeu de bascule est la clé de presque toutes les crises ministérielles de l'entre-deux-guerres.

En une soixantaine d'années, la IIIe République a cependant connu quelques coalitions relativement stables dont la succession a écrit quelques-uns des chapitres majeurs de cette histoire. La plupart de ces alliances se sont constituées à gauche. La première est antérieure à l'installation définitive du parti républicain au pouvoir ; ce fut lors de la crise du 16 mai 1877. Elle est formée des 363 députés qui ont contresigné le manifeste dû à la plume d'Eugène Spuller qui dénonçait une « politique de réaction et d'aventures » dans la dissolution décrétée par le président : les républicains s'accordent pour ne leur opposer aucun concurrent et porter sur leurs noms toutes les voix républicaines.

C'est ensuite de 1899 à 1905, pendant quelque six années, le Bloc des gauches. Le mot est alors à la mode : Clemenceau, répondant aux détracteurs de 89, avait proclamé que la Révolution était un bloc. La gauche aussi : dans le sillage du gouvernement de Défense républicaine formé en juin 1899 et dirigé par Waldeck-Rousseau, les gauches ont fait bloc. Le Bloc associe quatre groupes : de droite à gauche, la fraction des progressistes qui, à la suite du président du Conseil, se sont séparés de leurs amis politiques et vont fonder l'Alliance démocratique, les radicaux et radicaux socialistes qui forment encore deux groupes distincts à la Chambre, et les socialistes qui suivent Jean Jaurès. Leur rapprochement, la discipline qu'on commence à appeler républicaine et qui commande aux candidats moins chanceux de se désister au second tour pour celui que les électeurs ont placé en première ligne et d'inviter expressément leurs propres électeurs à reporter sur lui leurs suffrages assurent au Bloc des gauches un succès triomphal en 1902 : 366 élus, bien que l'écart en voix entre les deux blocs affrontés au premier tour se soit réduit.

À la différence de la plupart des coalitions électorales, le Bloc survivra à sa victoire parce qu'il a su s'organiser ; c'est un des rares exemples d'organisation plurielle de la gauche pour gouverner ensemble. La cohésion est garantie par une Délégation des gauches composée de représentants désignés par chacun des quatre groupes de la majorité proportionnellement à leur importance et qui se réunit régulièrement pour contrôler autant que pour soutenir le gouvernement. Jaurès, dont le groupe appartient à la majorité mais n'est pas représenté au gouvernement, joue dans cet organisme un rôle considérable. Cette Délégation interpose comme un écran entre le gouvernement et sa majorité parlementaire : on est loin de l'idée d'un rassemblement composé d'individus libres. Cette Délégation a des prolongements dans le pays ; elle s'appuie sur le réseau des comités locaux et vise à être représentée et informée jusque dans les plus petits villages par des délégués qui surveillent l'administration pour s'assurer du loyalisme des fonctionnaires à l'égard du gouvernement. Le président du Conseil Émile Combes fait la théorie de cette administration parallèle qu'il justifie par référence à la démocratie. Cette expérience a été la tentative la plus poussée d'instauration d'un régime des partis. Le réseau parallèle exerce sa tutelle aussi sur les députés que Combes invite explicitement à regarder vers leurs circonscriptions : ils ne seront représentés aux prochaines élections par leur parti et n'auront en conséquence de chance sérieuse d'être réélus que s'ils ont donné pendant la présente législature des gages de docilité au gouvernement et de fidélité au programme du Bloc. Le Bloc se disloque en 1905 : conséquence indirecte de l'unification socialiste qui s'est faite sur la position défendue par Jules Guesde de non-participation et dont le parti ne faisait pas partie de la Délégation des gauches : Jaurès avait trop milité pour l'unité socialiste pour ne pas se soumettre ; il quitte la Délégation à laquelle son retrait retire tout intérêt. La lassitude aussi a joué ainsi qu'une réaction contre le sectarisme dont Combes a fait preuve dans la mise en œuvre de la législation anticléricale.

Au lendemain de la guerre et dans le prolongement de l'Union sacrée, qui entrerait plutôt dans la catégorie des rassemblements d'unanimité, se forme une autre coalition appelée aussi à durer et qui détiendra le pouvoir, elle aussi, toute une législature. Elle porte également l'appellation de Bloc, mais elle est toute différente tant par sa composition que dans son orientation. L'initiative de sa constitution est venue de l'Alliance démocratique, cette formation qui était en 1900 l'aile droite du Bloc des gauches, mais au lieu, comme avant guerre, de se tourner vers les autres gauches, elle s'est orientée à droite : le Bloc républicain national inclut tous les groupes parlementaires de droite qui acceptent la République désormais auréolée du prestige de la victoire : entre autres l'Action libérale populaire, la Fédération républicaine et même une fraction nationaliste. Une partie des radicaux apporte à ce Bloc national une caution de gauche. L'union de ces diverses composantes est cimentée par le refus du collectivisme qui englobe socialistes et communistes : le futur Parti communiste ne s'est pas encore dégagé de l'indivision de la SFIO. En face d'une gauche qui se divise, le Bloc tire le meilleur parti du nouveau mode de scrutin qui donne une prime aux listes d'union et enlève le 16 novembre 1919 la majorité des sièges.

Les mêmes dispositions joueront quatre ans plus tard aux élections suivantes en faveur de la gauche qui a retenu la leçon de sa défaite. Les radicaux se sont peu à peu démarqués du gouvernement de Bloc national, en désaccord avec sa politique allemande à l'occasion de l'occupation de la Ruhr en janvier 1923 ainsi que sur le rétablissement des relations avec le Saint-Siège. À l'approche des élections, le Parti radical s'accorde avec la SFIO pour constituer un Cartel des gauches qui s'inspire du précédent du Bloc des gauches. Le Cartel associe dans la plupart des circonscriptions (sa composition n'est pas uniforme sur toute la France) socialistes de la SFIO, républicains-socialistes, radicaux socialistes et même, ici ou là, quelques membres de l'Alliance démocratique. Les comités locaux ont repris du service. Le Cartel dispose d'un hebdomadaire, *Le Progrès civique*, et d'un quotidien qui s'appelle précisément Le *Quotidien*. La coalition se disloquera sous les coups de boutoir de la crise monétaire qui enfonce un coin entre les socialistes, ces derniers ayant refusé de participer au gouvernement et préconisant, pour remédier à la dépréciation du franc, un impôt sur le capital, et les radicaux dont une telle proposition heurte l'attachement à l'orthodoxie libérale. La coalition éclate en 1926 : socialistes et radicaux se séparent, ceux-ci entrant dans une majorité d'union nationale axée à droite et retrouvant le chemin du Bloc national.

Ce processus d'une coalition de gauche, qui gagne les élections puis se divise au gouvernement et ouvre par sa dislocation à mi-chemin de la législature à la droite défaite électoralement l'occasion de revenir au pouvoir, se reproduira par deux fois dans des conditions très semblables. La seconde est une répétition à l'identique du scénario de 1924-1926 : reconstitution de l'alliance entre radicaux et socialistes pour les élections de 1932, victoire électorale du Cartel, succession rapide de gouvernements de gauche, crises ministérielles à répétition, dissociation du Cartel, entrée des radicaux dans un gouvernement axé à droite, retour de la SFIO à l'opposition, le tout à peu près dans le même délai : vingt-six mois de mai 1924 à la chute du gouvernement Herriot en juillet 1926, vingt-deux mois de la victoire en mai

1932 à la démission du gouvernement Daladier, le 7 février 1934.

Le mouvement se reproduit une troisième fois après les élections de 1936 mais avec d'appréciables différences ; la première est l'entrée dans la coalition du Parti communiste dont les initiatives ont été décisives pour le rapprochement des diverses gauches. Pour la première fois, toutes les gauches se trouvent réunies dans le Rassemblement populaire : aucune ne manque au rendez-vous. Le Rassemblement trouve aussi, du fait des circonstances, un écho profond dans le pays : il répond à une attente qu'il orchestre. Cette fois, le mouvement déborde les politiques : il inspire un programme, formule des mots d'ordre, rassemble des foules considérables, invente des gestes symboliques, tel le serment solennel prêté le 14 juillet 1935 de ne pas se séparer. Le Parti communiste excepté, qui a refusé l'offre de Léon Blum d'entrer dans le gouvernement qu'il constitue comme lui-même douze ans plus tôt avait décliné la proposition d'Édouard Herriot, l'architecture tripartite du gouvernement reflète fidèlement la pluralité des gauches associées pour exercer le pouvoir après l'avoir été dans la campagne : SFIO, Union socialiste-républicaine et radicaux-socialistes. La suite n'est pas sans rappeler les processus antérieurs : glissement du Parti communiste du soutien sans participation à une opposition discrète, déplacement de l'axe de la majorité des socialistes vers les radicaux jusqu'à l'abandon après vingt-deux mois, en avril 1938, de la référence au Front populaire et à la formation d'un gouvernement d'union présidé par le radical Daladier dans lequel une partie de la droite fait pour la troisième fois sa rentrée.

Ainsi, dans les quatre décennies du XXe siècle, par quatre fois la plupart des gauches se sont associées et à chaque fois leur union leur a assuré la victoire électorale : en 1902, 1924, 1932 et 1936. Chaque fois aussi, la composition du gouvernement a été en retrait sur celle de la majorité électorale à cause du refus de participer aux responsabilités du pouvoir de la formation située la plus à gauche, socialistes d'abord, communistes en dernier lieu, pour des raisons de principe autant que de tactique. Les divergences qui s'accusent à l'épreuve du pouvoir entre les partenaires ont trois fois entraîné la dislocation de la majorité et fait qu'au milieu de la législature la gauche a laissé la place à une autre majorité parlementaire que celle qui avait reçu l'onction du suffrage. Tel est un effet du multipartisme.

Les trois fois, la majorité de gauche s'est dissociée et a laissé la place à une nouvelle majorité dite d'union nationale. La dénomination pourrait être source de malentendu : même si ses instigateurs se réfèrent plus ou moins à l'Union sacrée de 1914 et si une partie de l'opinion a peut-être fait le rapprochement, l'Union nationale n'a pas grand-chose à voir avec ce moment historique. L'Union sacrée répondait à l'adjuration solennelle du président Poincaré invitant le 4 août 1914 les partis à suspendre pour la durée de la guerre leurs querelles, sans renoncer pour autant ni à leurs convictions ni à leurs programmes ; à la suite, le gouvernement de gauche issu des élections du printemps s'élargit : les socialistes renoncent à leur opposition et plusieurs d'entre eux, dont le plus intransigeant, Jules Guesde, entrent dans le gouvernement. Ils y resteront trois ans. Les majorités qu'on appellera plus tard d'union nationale autour de Poincaré en 1926, de Doumergue en 1934, de Daladier en 1938 ne reflètent pas tout l'arc-en-ciel des formations politiques : elles laissent chaque fois en dehors une fraction de la gauche et leur axe, nettement décalé à droite, passe quelque part entre le Parti radical, lui-même de plus en plus déporté vers la droite par l'émergence sur sa gauche du Parti socialiste d'abord, puis du communisme, et le centre droit. Ces majorités se sont maintenues jusqu'à ce que les électeurs ramènent au pouvoir une coalition de gauche.

L'histoire des partis et des gouvernements dans l'entre-deux-guerres peut ainsi être présentée en partie comme celle de l'alternance de majorités de gauche associées dans des cartels ou des fronts et de majorités d'union nationale. Ce trait établit une différence avec l'avant-guerre : la dissociation du Bloc des gauches en 1905 n'avait pas ramené la droite au pouvoir ; ce sont encore des gouvernements de gauche qui prennent le relais. Cette différence de part et d'autre de la guerre met en évidence un changement d'importance dans le rapport entre droite et gauche : de 1879 à 1914, la gauche a toujours été majoritaire et a continûment détenu le pouvoir. La gauche selon les critères du temps qui ne sont plus les nôtres : un homme de gauche aujourd'hui trouvera peut-être timorés les républicains de progrès et hésitera à leur appliquer le qualificatif d'homme de gauche. Mais, à leurs yeux comme aux yeux de leurs électeurs et plus encore de leurs adversaires conservateurs ou cléricaux, il n'y avait pas le moindre doute ; sur les problèmes qui divisaient alors, les institutions, ou la question religieuse, les gouvernements étaient bien tous des gouvernements de gauche et faisaient une politique de gauche. La période de l'entre-deux-guerres est singulièrement plus contrastée : sur vingt ans, la droite a été associée au gouvernement près de quinze ans et la gauche n'a gouverné seule que six. Cette dissymétrie révèle un mouvement de fond du corps politique.

La République est-elle le régime des partis ?

Ainsi, la vie politique s'est enrichie sous la IIIe République d'un phénomène nouveau qui n'a cessé, au long de cette soixantaine d'années, de croître et d'étendre son empire : le parti politique de type moderne. Au point de prêter à une identification de la démocratie représentative et du régime républicain à la domination des partis, jusqu'à leur imputer la paternité de tous les maux qui affligeaient la vie politique. S'il n'est pas douteux que le phénomène a infléchi la pratique et peut-être même modifié l'interprétation des institutions, est-il tout à fait légitime de lui faire porter l'entière responsabilité de l'instabilité ministérielle, de l'impuissance des gouvernements, du dévoiement des institutions et, pour couronner le tout, de la chute de la République ?

On observera au préalable l'étrange situation des partis au regard du droit. Les textes qui régissent les institutions les ignorent purement et simplement ; ils n'ont pas d'existence au regard du droit constitutionnel.

De cette situation juridique nous connaissons les raisons : elles avaient toute leur force dans les premiers temps du régime, mais l'ont perdue à mesure que les nécessités de la politique ont davantage imposé l'émergence de formations qui exercent une médiation entre l'électeur et les représentants, ainsi que de coordination entre les acteurs. Les règlements des deux assemblées finirent par admettre l'existence de groupes parlementaires, ils les prendront même comme bases de leur organisation interne, en particulier pour la composition des commissions, mais rien pour les partis : le contraste demeurera sur ce chapitre entre le droit et la réalité jusqu'à la fin de la IIIe République. Il se prolongera même au-delà, la IVe République, où les partis joueront un rôle peut-être plus grand encore que sous la précédente, observant le même silence à leur sujet : la Constitution de 1946 ne souffle mot de leur existence ou de leurs attributions. Ils devront attendre la Constitution de 1958 pour obtenir droit de cité ; en son article 4, elle définit leur fonction en démocratie : « Ils concourent à l'expression du suffrage. » On ne saurait mieux dire : en quelques mots leur rôle est indiqué et leur légitimité fondée. Ce n'est pas le moindre paradoxe de leur longue histoire que ce soit le régime dont l'inspiration était assurément la plus éloignée de la culture partisane qui ait le premier fait une place aux partis dans son texte constitutif. Personne autant que le fondateur de la Ve République, notamment à la tête du Rassemblement du peuple français, n'avait stigmatisé le régime des partis. La formation qu'il constitue au printemps 1947 a précisément pour objectif d'y mettre fin et entend bien s'en démarquer ; c'est le sens de l'appellation de

« Rassemblement » : il s'agit de transcender les divisions engendrées ou entretenues par les partis et de faire prévaloir l'intérêt supérieur de la nation sur les intérêts inévitablement égoïstes de ces féodalités politiques. Et c'est lui pourtant qui en 1958 réconcilie le fait et le droit en reconnaissant l'existence des partis de la façon la plus solennelle qui soit – l'inscription dans la charte du régime – et en leur assignant dans le système institutionnel une place qui n'est pas mineure ni subalterne, puisqu'elle est définie par rapport à l'acte majeur qui confère le pouvoir, l'expression du peuple souverain.

Cela étant relevé, l'absence de reconnaissance et de statut n'a pas empêché les partis politiques de jouer un rôle qui est peut-être allé croissant sous la IIIe République dans l'ensemble des processus politiques, formation des gouvernements, composition des majorités, ouverture et déroulement des crises ministérielles, délibérations des Chambres, adoption ou rejet des textes législatifs. L'enceinte parlementaire n'est plus le seul lieu de la décision : il advient qu'elle soit prise à l'extérieur du Palais-Bourbon ou du palais du Luxembourg : au siège des partis, par leurs instances exécutives, ou dans leurs congrès. Le fait est plus manifeste et davantage avéré à gauche qu'à droite, et tels à gauche qui contestaient aux membres de la Haute Assemblée le droit de faire échec aux décisions de la Chambre des députés au nom de la souveraineté du peuple n'ont pas de trouble de conscience si une réunion de militants ou un comité directeur de parti dicte leur devoir aux parlementaires : le vote des députés socialistes est statutairement suspendu aux directives des instances de la

SFIO. Le Parti radical aussi s'ingère dans le fonctionnement des pouvoirs réguliers, à l'occasion notamment de la formation des gouvernements et de l'attribution des portefeuilles. Les partis exercent ainsi un droit de regard sur l'existence des gouvernements. Par deux fois entre les deux guerres, les militants radicaux réunis en congrès ont interrompu une expérience gouvernementale avec une partie des droites par le vote d'une résolution qui sommait leurs ministres de quitter sur-le-champ le gouvernement : la première fois en novembre 1928, après vingt-huit mois de cohabitation dans le gouvernement Poincaré, au congrès d'Angers ; ils récidivent six ans plus tard au congrès de Nantes, mettant leurs ministres en demeure de démissionner séance tenante du gouvernement Doumergue. L'une et l'autre fois, leur leader, Édouard Herriot, qui siège dans les deux cabinets, s'exécute sur-le-champ, suivi de ses amis politiques et entraînant un changement de majorité.

Les adversaires du régime comme ceux qui sont attachés à la suprématie des pouvoirs régulièrement institués, en conformité avec les principes et les textes, étaient donc fondés à parler de dévoiement et à tenir cette intervention des partis dans le fonctionnement du régime pour un dérèglement du système. C'est un fait qu'ils ont affaibli l'autorité de l'exécutif, aggravé l'instabilité et souvent paralysé l'action des gouvernements, retardant ou repoussant des décisions qui s'imposaient.

Mais l'émergence des partis n'a pas été un hasard. Elle n'a pas non plus été le fruit d'ambitions individuelles. Au reste, nous ne sommes pas le seul pays à connaître pareilles formations : ce n'est pas une exception française. Dans toutes les démocraties, on observe des phénomènes semblables. Les partis répondent à une nécessité. Le gouvernement d'opinion, à plus forte raison la démocratie, ne peuvent se passer de structures qui s'interposent entre la multitude immense des citoyens et les pouvoirs publics : les partis sont tout simplement les corps intermédiaires de la démocratie de masse. Ils sont indispensables ou utiles à plus d'un titre. Ils assurent la sélection des candidats. Ils contribuent à l'information des électeurs. Par leurs choix de programme, ils donnent un sens aux campagnes et aux votes. La politique étant l'activité qui articule le particulier et le général, ils inscrivent les options divergentes sur des questions techniques dans des perspectives philosophiques et des choix idéologiques globaux. Aucun parti en France n'étant régional, tous ayant au contraire l'ambition d'être présent sur l'ensemble du territoire et s'y évertuant, ils ont travaillé à unifier le corps politique et à faire de la France une des sociétés les plus unifiées qui soient. Comme de surcroît aucun, pas même ceux qui se proclament fièrement ouvriers, n'a jamais consenti à réduire sa représentativité à une seule classe, mais que tous ont été des partis interclassistes, dans des proportions assurément variables entre les catégories sociales, ils ont proposé et rendu possibles des arbitrages entre les intérêts, parfois contradictoires, des différents groupes sociaux. Il n'est pas paradoxal de dire que les partis révolutionnaires eux-mêmes ont contribué à intégrer les travailleurs dans la communauté nationale : le Parti communiste, en engageant les prolétaires dans la lutte des classes, a travaillé en ce sens, en dépit de son internationalisme ou, qui sait ? à cause de lui :

il a intégré les immigrés, Polonais, Italiens, dans la nation. Il n'est pas non plus paradoxal de soutenir que les divisions engendrées ou complaisamment entretenues par les partis et dont ils sont eux-mêmes l'expression, si elles ont indéniablement créé un climat parfois détestable et dont on comprend qu'aient pu s'alarmer ceux qui tenaient l'unité nationale pour un bien inestimable, ont aussi cimenté l'union des Français. Que d'une extrémité à l'autre du territoire les citoyens soient divisés sur les mêmes enjeux, s'enflamment pour l'innocence ou la culpabilité d'un officier juif, se soient déchirés sur la laïcité, que le débat ait été du Nord au Midi le même avec les mêmes arguments, voilà qui a concouru à l'unité d'une nation. Avec l'école, la presse, le service militaire et les élections, les partis ont contribué à faire des électeurs des citoyens et, par l'apprentissage de la vie politique, des habitants de la France, des Français attachés à leur patrie.

Plutôt que de souscrire au procès intenté aux partis, qui dénonçait leur pouvoir excessif, on en viendrait, au vu des fonctions qui leur incombaient et du rôle qu'ils auraient pu jouer, à se demander si leur principal défaut ne fut pas leur faiblesse. Trop puissants ? Trop faibles plutôt. La comparaison avec l'étranger corroborerait cette appréciation. On a vu le chiffre dérisoire de leurs effectifs, la modicité de leurs ressources, la pauvreté de leurs moyens d'action au regard des responsabilités qui leur échoient. Réfléchissant à la lumière du désastre de 1940 sur les causes de notre défaite et de la faillite du régime, Léon Blum, dans *À l'échelle humaine*, incriminait la faiblesse des partis et appelait de ses vœux la constitution d'un nombre limité de grandes formations comptant leurs adhérents par centaines de mille, organisées, disciplinées, capables de passer des accords entre elles et de les respecter. Ce vœu sera le rêve des fondateurs de la IVe République.

CHAPITRE XIII

Société civile et vie politique

Les ligues

Pour importants qu'ils soient devenus et même indispensables au fonctionnement régulier de la démocratie représentative, les partis ne sont pas les seuls groupements à s'inscrire dans le champ politique. Il en est d'autres qui se définissent aussi par rapport à lui, mais sans adopter les structures ni surtout les modalités d'action des partis : en particulier ils ne visent pas à conquérir des mandats électifs et ne s'engagent donc pas dans les campagnes électorales. De ce fait, ils encourent de la part des politiques le soupçon de mépriser le jeu normal de la démocratie de partis et on conclut parfois un peu hâtivement de leur absence dans les consultations électorales à une prévention à l'égard des pratiques de la démocratie, comme s'il ne pouvait y avoir d'autres organisations légitimes dans le système républicain que les partis et que toute autre forme d'association fût suspecte. À la défaveur, dont nous avons relevé les symptômes, qui frappe les partis dans une partie de l'opinion répond la défiance de ceux-là pour tout autre type de groupement dont on redoute qu'ils n'altèrent la sincérité du vote ou ne vicient le processus normal de la décision politique.

L'évolution sémantique du mot « ligue » illustre assez bien cette vision des choses. On en est venu entre les deux guerres, un peu par facilité, mais aussi par un effet de cette conception, à désigner tous les groupements qui s'intéressent à la politique sans être des partis de type classique par l'appellation générique de ligues, comme si tout ce qui ne se coule pas dans le moule du parti relevait *ipso facto* d'un type unique. Simplification réductrice, intellectuellement discutable, de surcroît critiquable au regard de l'objectivité, du fait que le concept de ligue s'est chargé dans les années 1930 d'une connotation plutôt sulfureuse qu'il n'avait pas auparavant. C'est en effet alors seulement qu'il est suivi, comme de son double, de l'adjectif factieux : ligue factieuse. Qu'il n'en ait pas toujours été ainsi prouve le fait, que nous avons rapporté, qu'à la naissance du Parti radical en 1901 des ligues nombreuses sont partie prenante au même titre que des comités. Cet amalgame appelle deux rectifications. D'abord, à côté des partis et des ligues existent d'autres sortes de groupement qui entretiennent aussi avec la vie politique des relations mais dissemblables : nous les retrouverons plus loin. D'autre part, il y a ligue et ligue. Il en est de deux espèces au moins que différencient leurs finalités, sans parler de leurs références idéologiques qui ne les départagent pas moins.

Un premier lot d'associations qui s'intitule bien ligues a pour objectif et programme d'agir directement sur l'opinion, de l'informer, de l'éduquer, de la sensibiliser, de la mobiliser éventuellement afin qu'elle fasse à son tour pression sur les politiques et pèse sur les décisions. Ainsi la Ligue de l'enseignement, dont la naissance a précédé de quelques années celle de la IIIe République, s'était-elle fixé comme objectif l'instauration d'un service public de l'enseignement soustrait à la tutelle de l'Église catholique, laïque par son contenu comme par ses maîtres, ouvert à tous et dont l'universalité serait garantie par son caractère obligatoire et sa gratuité. Elle agit par des campagnes d'opinion et contribua puissamment à l'adoption des lois scolaires votées dans les années 1880. L'objectif atteint, elle ne considéra pas son rôle comme terminé : elle estimait avoir des devoirs à l'égard de l'institution scolaire, et sa vigilance ne se relâcha pas. Elle mena une guerre acharnée contre l'enseignement confessionnel concurrent. Jusque sous la Ve République, elle fut l'animatrice ardente des combats pour la laïcité, donnant à ce concept une interprétation qui excluait toute reconnaissance du fait religieux. Pendant près d'un siècle, la Ligue, qui a suscité une constellation d'œuvres para- ou périscolaires et trouvait appuis et connivences dans l'administration de l'Instruction publique, a exercé une pression sur les partis de gauche.

Autre exemple de ces ligues qui se vouent à une action en direction de l'opinion : la Ligue des patriotes, première manière, fondée en 1882 avec les encouragements des républicains gambettistes, avant qu'à la suite de la crise boulangiste elle glisse vers le nationalisme et se retrouve en 1899 dans le camp opposé. Elle avait comme objectif d'entretenir la flamme patriotique, de cultiver l'amour de la France et de mettre le pays en état de défense au cas où il devrait faire face à un nouveau conflit avec l'Allemagne.

Ou encore la Ligue des droits de l'homme, toujours présente aujourd'hui, dont la création est liée à l'affaire Dreyfus : il s'agissait d'opposer les valeurs de justice et de vérité à l'autorité de la chose jugée, la défense de la liberté individuelle à la raison d'État. Cette organisation restera toujours très proche des milieux politiques. En 1918, elle cautionne la formation d'un intergroupe parlementaire qui comportera, quinze ans plus tard, 240 députés et sénateurs. Elle joue un rôle dans toutes les opérations de rassemblement de la gauche, offrant ses bons offices pour rapprocher ses membres séparés et proposant un terrain de rencontre affranchi des querelles de préséance. C'est aussi une force dans le pays avec son réseau de sections : 240 en 1933, qui regroupent 177 000 adhérents. Si ces trois exemples se réfèrent tous à la gauche, l'apparition, en riposte à la Ligue des droits de l'homme, de la Ligue de la patrie française dont la destinée fut plus éphémère montre que la droite recourut aussi à ce type d'action ; elle n'est pas plus factieuse que l'organisation antagoniste ; elle aussi s'adresse à l'opinion par le moyen de manifestes et de pétitions qui collectent les signatures, illustres ou obscures.

Dernier exemple d'une association qui n'est pas non plus suspecte de nourrir des desseins ténébreux contre le régime et qui s'appelle ligue : la Jeune République fondée en 1912 par Marc Sangnier et vouée à l'éducation des citoyens. Elle se transformera ensuite en parti politique, présentant des candidats aux suffrages des électeurs. Ce glissement nous avertit que les frontières entre les différents types de groupements qui partagent un intérêt pour la politique ne sont pas toujours des plus nettes et rappelle que nos distinctions ne tiennent pas toujours assez compte de la fluidité des évolutions : la différence n'est pas telle que l'un d'eux ne puisse l'enjamber.

La différence de nature est cependant bien marquée entre ces organisations qui visent à agir sur l'opinion publique par d'autres voies que celles empruntées par les partis mais dans le respect des institutions et un second type de ligue, celui qui a indûment accaparé l'attention et qui est responsable de la confusion entre la notion de ligue et l'évocation d'une agitation brouillonne mettant en péril l'ordre public. Celles qui relèvent de ce second lot visent aussi l'opinion, mais, au lieu d'inscrire leur action dans un débat respectueux des règles de la démocratie, elles cherchent à forcer la main au gouvernement et à déborder les pouvoirs réguliers. Elles combattent les partis dont elles dénoncent les vues intéressées, elles critiquent les assemblées parlementaires dont elles contestent la légitimité : elles opposent le pays réel, dont elles ont la prétention de connaître et d'exprimer la volonté, au pays légal, celui des politiciens : distinction pernicieuse qui sape l'autorité des pouvoirs réguliers. Puisqu'elles ne font pas confiance aux représentants élus de la nation, ces ligues mobilisent la rue contre le Parlement. Par tous les moyens appropriés qui tirent à leurs yeux leur légitimité de la fin poursuivie – pétitions, manifestations, défilés –, ces ligues visent à faire pression en dehors des procédures ordinaires. Il n'est donc pas tout à fait faux de les tenir pour factieuses, même si les intentions des dirigeants ne sont pas toujours aussi coupables que le soupçonnent les défenseurs intransigeants du régime républicain.

Un autre trait concourt à les distinguer, qui peut paraître purement fortuit, mais qui tient à leur nature même qu'il illustre : le caractère fugace de leur existence et la discontinuité, qui en résulte, de la chronologie de ces mouvements. Les organisations du premier groupe étaient stables : le prouvent les exemples cités dont l'existence atteignit une durée séculaire. Rien de tel pour les ligues réputées factieuses : elles sont très directement liées à des conjonctures passagères, elles naissent généralement à l'occasion d'une crise dont elles sont un symptôme et qu'en retour elles amplifient. Elles ne durent guère plus que la crise : la fièvre retombée, ces ligues ont vite perdu leurs adhérents et disparaissent, laissant cependant le paysage politique passablement bouleversé. La liste de ces organisations transpose la chronologie des crises qui ont secoué le régime et jalonné l'histoire orageuse de la IIIe République.

C'est ainsi que l'épisode boulangiste, qui n'a guère duré que deux ou trois ans et a vu la Ligue des patriotes changer d'orientation, a illustré quelques-uns des thèmes qui deviendront classiques de toute agitation antiparlementaire, depuis le slogan démagogique « À bas les voleurs ! », qui trahit maladroitement une aspiration louable à plus de moralité en politique, jusqu'à l'appel au soldat qui exprime le rejet des politiciens civils. Au temps de l'affaire Dreyfus, plusieurs épisodes manifestent l'inclination de ces organisations de l'extrême droite antiparlementaire pour des formes d'agitation : Jules Guérin et ses amis se retranchent au siège de la Ligue antisémitique transformé en fort Chabrol et Paul

Déroulède adjure le général qui commande les troupes de la garnison de Paris au retour des funérailles du président Félix Faure de marcher sur l'Élysée.

La tentation du recours à l'agitation de rue est particulièrement forte quand la droite a perdu les élections : au lieu de s'incliner devant l'expression du corps électoral en préparant sa revanche par les moyens que la démocratie autorise, une droite extrême conteste les résultats et recourt, pour renverser le rapport de force et peut-être aussi le régime, à des méthodes plus expéditives et plus tapageuses. Chaque défaite électorale de l'entre-deux-guerres a ainsi suscité de nouvelles ligues, leur succession rapide illustrant la précarité de ce type d'organisation. En 1924, au lendemain de la victoire du Cartel des gauches, ce sont les Jeunesses patriotes de Pierre Taittinger, rameau détaché de la vieille Ligue des patriotes, qui bénéficient de l'effet de nouveauté. Au Quartier latin, leurs phalanges universitaires disputent aux ligueurs d'Action française la primauté dans la défense des valeurs nationales. Les JP, avec leur organisation hiérarchique, leur discipline calquée sur le modèle militaire, leur uniforme (béret basque, trench coat), imposent le stéréotype du ligueur en qui la gauche verra l'ombre redoutée et détestée du fascisme. Deux années durant, du printemps 1924 à l'été 1926, les ligues recrutent et exploitent les difficultés du Cartel. L'agitation s'apaise comme par miracle dès la chute du dernier gouvernement de gauche et la formation, sous l'autorité de l'ancien président de la République Raymond Poincaré qui a la confiance de la droite parlementaire, d'un gouvernement d'union nationale où la droite partage les responsabilités du pouvoir avec des ministres radicaux. Preuve, si nécessaire était, que l'agitation ligueuse est avant tout une réaction de dépit à l'échec électoral et un moyen de faire appel du résultat des élections et d'effacer ses conséquences.

Le phénomène se reproduit, trait pour trait, huit ans plus tard. La défaite électorale de la droite aux élections du printemps 1932 enclenche le même enchaînement : crise financière, exploitation des scandales, instabilité ministérielle, exaspération d'une partie de l'opinion qui s'alarme de l'impuissance des gouvernements successifs à défendre les intérêts et la sécurité du pays comme à apporter une réponse aux problèmes posés par la crise économique mondiale. Les Ligues, Camelots du roi, Étudiants d'Action française, Jeunesses patriotes organisent soir après soir manifestation sur manifestation de rue en janvier 1934, aux abords de la Chambre des députés. Cette petite guerre de rue culmine le mardi 6 février 1934. Ce soir-là, une autre composante est entrée en scène : l'une des deux grandes confédérations d'anciens combattants, l'Union nationale des combattants, qui reproche aux politiques de dilapider les fruits de la victoire. L'attachement nostalgique à la fraternité des tranchées (« Unis comme au front » est leur devise), la fidélité à la mémoire des camarades qui ont donné leur vie pour la France, le ressentiment qui resurgit alors contre l'arrière et les embusqués se mêlent à des thèmes plus immédiatement politiques pour insuffler un esprit nouveau à l'antiparlementarisme traditionnel. Il est significatif que la ligue qui connaîtra après février 1934 la croissance la plus rapide ne sera ni la vieille Action française, à qui les activistes issus de ses rangs reprochent et son âge et une stratégie timorée, ni les

Jeunesses patriotes, même si les conseillers municipaux de Paris qui leur appartiennent ont joué un rôle important dans les journées préparatoires : ce sont les Croix de feu et leur constellation d'organisations satellites dont les Volontaires nationaux ouverts à la génération trop jeune pour avoir fait la guerre.

Le parallélisme avec la situation de 1924-1926 se vérifie point par point. Suivant l'exemple de son prédécesseur, le président Albert Lebrun appelle Gaston Doumergue à former un gouvernement d'union nationale dont la composition reproduit celle du gouvernement Poincaré. Écartée du pouvoir par sa défaite électorale deux ans plus tôt, la droite parlementaire y est ramenée. Instantanément l'agitation s'apaise, pour un temps, manifestant une fois de plus la corrélation entre les défaites aux urnes et sa recrudescence, entre échec électoral des partis classiques et succès de ces mouvements qu'on appelle ligues.

L'histoire de ces mouvements connaîtra un peu plus tard un dénouement inattendu. Après une trêve de quelques mois avec le gouvernement Doumergue, la situation se tend de nouveau : l'aggravation de la situation internationale (guerre d'Éthiopie, réarmement allemand) comme l'approche d'une échéance électorale dont chacun pressent que l'enjeu sera capital enflamment les esprits. De part et d'autre, on se défie, on mobilise. À droite, les organisations dirigées par le colonel de La Rocque engrangent les dividendes de cette politisation croissante. L'ampleur des rassemblements des Croix de feu, le secret qui les enveloppe, la précision des mouvements, ce qu'on sait de leur service d'ordre, les concentrations soudaines assurées par l'automobile donnent consistance au thème du fascisme. En plusieurs circonstances les rencontres tournent à l'affrontement physique et font des victimes. Préoccupés de cette escalade de la violence, les Croix de feu, par l'entremise d'un député de leurs amis, Jean Ybarnegaray, proposent le 6 décembre 1935 à la Chambre un pacte de désarmement réciproque des services d'ordre, qui reçoit l'accord de la gauche : le Parlement connaît ce jour-là un moment d'unanimité assez exceptionnel, mais qui n'aura guère de suite.

Néanmoins, un mois plus tard, le Parlement adopte une proposition de loi sur les groupes de combat et les milices privées qui donne au gouvernement pouvoir de prononcer par décret la dissolution des associations, groupes de combats, milices privées menaçant l'ordre public. Une première application en sera bientôt faite : des ligueurs d'Action française revenant des obsèques de l'historien royaliste Jacques Bainville ayant malmené Léon Blum, le gouvernement dissout la ligue d'Action française et deux de ses filiales, les Camelots du roi et la Fédération nationale des étudiants d'Action française (13 février 1936). Quatre mois plus tard, après sa victoire, sans qu'il y ait eu un prétexte analogue, car la droite, abasourdie par l'ampleur de sa défaite, n'a pas réagi par une agitation violente, mais pour tenir une promesse du programme du Rassemblement populaire, Léon Blum décrète la dissolution en bloc des Croix de feu du colonel de La Rocque, des Jeunesses patriotes de Pierre Taittinger, de la Solidarité française de François Coty, du Francisme de Marcel Bucard. Les ligues visées protestent mais s'inclinent, quitte à se reconstituer sous les espèces de partis politiques. Pour la plupart, ce changement de statut n'est que tactique. Pour le Mouvement social français du colonel de La Rocque, on a vu que sa disparition avait au contraire été le point de départ d'une transformation véritable et l'acte de naissance à droite d'un grand parti conservateur et social. La plupart des autres anciennes ligues poursuivirent leur existence discrète et leur activité alla se réduisant. Était-ce le chapitre ultime de l'histoire de ces organisations turbulentes dont l'activité brouillonne et l'agitation ont donné du fil à retordre aux gouvernements de la IIIe République ?

De fait, dans les quelques années qui lui restent à vivre, les activistes les plus décidés, les adversaires les plus déterminés de la République, les ennemis irréductibles de la démocratie, les admirateurs des régimes autoritaires étrangers ne désarmèrent ni ne renoncèrent à renverser la République. Mais, privés désormais du soutien d'un peuple nombreux, ils sont tentés par ce qu'on appellera plus tard l'action extraparlementaire : ils se jettent dans la clandestinité, ils recourent au terrorisme. Une partie d'entre eux se retrouve dans l'organisation connue sous le sobriquet de Cagoule et dont l'exacte dénomination est Comité secret d'action révolutionnaire (CSAR). Appellation combien significative ! Le terme « révolutionnaire » manifeste qu'on n'agit plus dans le cadre de la démocratie et d'un État de droit ; c'est l'entrée en scène d'une dimension insolite : la violence physique délibérément mise au service de fins politiques, instrument d'un projet subversif qui entend détruire l'ordre légal. La suite des événements ne donnera à cette forme d'action que trop d'occasions de se manifester et de troubler le jeu.

Clubs, sociétés de pensée, Église

Différents par définition des partis, distincts aussi des ligues, figurent aussi dans le champ politique d'autres groupements moins immédiatement tournés vers l'action, moins préoccupés de résultats à court terme, plus tentés par la réflexion et raisonnant davantage dans la durée. Ils prennent le relais de ces cercles ou chambres dont Maurice Agulhon a retracé l'histoire pour les temps obscurs antérieurs à l'instauration de la démocratie. Si leur histoire fut riche, la vie ne leur fut pas toujours facile : la législation héritée de la Révolution leur refusait jusqu'au droit d'exister. De même que plus tard, on l'a vu, le terme de « ligue » sera pris en mauvaise part, celui de « club » traînera longtemps avec lui une réputation de mauvais aloi héritée des souvenirs de la Révolution ravivés par la brève expérience de la IIe République et, plus compromettante encore, celle de la Commune. Même la IIIe République, en dépit de ses intentions libérales, se défie de ce qui rappelle ces fâcheux souvenirs : quand, dans le grand mouvement législatif des années 1880 qui fixe le cadre de nos libertés publiques, il légifère sur la liberté de réunion en 1882, le Parlement adopte un article 7 qui déclare que les clubs demeurent interdits. Cet article ne sera abrogé que par l'article 21 de la loi du 1er juillet 1901 sur la liberté d'association. Bon exemple de la frilosité des politiques et de la timidité de la IIIe République en matière de liberté. Cette attitude restrictive corrobore aussi le commentaire qu'autorisaient déjà l'absence de sympathie des citoyens pour les partis et la tendance à identifier toute ligue avec une organisation factieuse. Autant de signes de la difficulté pour la démocratie française à intégrer la dimension collective. Comment s'étonner ensuite de l'individualisme des citoyens français dans notre vie politique ?

Si celle-ci n'a effectivement rien connu sous la IIIe République qui ressemblât aux célèbres clubs des Jacobins ou des Cordeliers, même si tel homme politique y faisait référence et empruntait pour son journal ou son association l'une ou l'autre de ces augustes appellations, ce n'est pas seulement du fait d'une législation répressive : c'est plus encore que dans un système institutionnel différent et régulier leur existence avait moins de justification, les partis ayant repris à leur compte et remplissant mieux leurs fonctions dans le cadre nouveau. Il existe cependant des lieux publics ouverts à la discussion, qui font écho aux débats politiques ; c'est ce qui fait par exemple le succès du Club du faubourg animé par Léo Poldès qui attire un public fidèle. La réunion dite contradictoire, où s'affrontent des orateurs de convictions opposées, est une donnée essentielle et caractéristique de la vie politique sous la IIIe République, en tout temps et pas seulement à l'approche des élections. Littérature, peinture, photographie en portent témoignage. Ces réunions exigent des orateurs rompus à ces joutes, capables de répondre trait pour trait, de rendre coup pour coup, qui ne se laissent pas démonter par les interruptions, qui en prennent même argument pour retourner la flèche qui leur a été décochée et dont la voix, en l'absence de sonorisation, porte loin et domine le vacarme aussi bien en salle qu'en plein air. Gambetta raconte dans une de ses lettres l'une de ces performances oratoires à Carpentras, où il harangue quelque trois mille personnes. La photo de Jaurès au Pré-Saint-Gervais est fameuse. Ces réunions sont très courues, les citoyens en sont friands ; ils viennent par désir de s'informer, par goût de la discussion, pour soutenir les orateurs de leur camp ou faire obstruction à ceux du parti adverse. Ce type de manifestation ne traite pas seulement de politique. La question religieuse étant alors au cœur des débats politiques, des ecclésiastiques s'en font une spécialité et les discussions portent aussi bien sur l'existence de Dieu ou le danger clérical. Le chanoine Desgranges, qui fut proche du Sillon, avant de siéger longtemps à la Chambre des députés, estimait que, dans sa carrière de conférencier itinérant, il devait avoir participé à trois mille de ces réunions contradictoires dans toute la France.

Moins publiques, plus élitistes, il y avait aussi des institutions pareillement ordonnées à la parole publique sur la politique et ayant pour raison d'être d'y préparer. C'était le cas de celles appelées « conférences » dont la plus fameuse était la conférence Molé-Tocqueville où de jeunes avocats, des étudiants de l'École libre des sciences politiques faisaient l'apprentissage de la discussion publique en s'exerçant sur les problèmes inscrits à l'ordre du jour du Parlement. Pour les jeunes catholiques désireux de s'engager en politique, la conférence Olivaint, fondée en 1875 et appelée ainsi en souvenir de l'un des otages jésuites exécutés par la Commune, jouait le même rôle. Le Centre de propagande des républicains nationaux, créé en 1926 par Henri de Kerillis, organisait des cours d'art oratoire pour les candidats et animateurs de réunions électorales.

La crise de régime qui ébranle la République après 1930 a suscité une floraison de groupes qui se proposent d'élaborer des propositions de réformes destinées à remédier aux défectuosités du système institutionnel. Leur visée est généralement plus ambitieuse : conscients de la gravité de la crise, convaincus de l'archaïsme des pratiques, ils remettent en question les idées reçues et se rendent suspects aux tenants et défenseurs de l'interprétation parlementariste de la République. De ces laboratoires de pensée politique, l'un des plus souvent cités est X-Crise, fondé par Jean Coutrot et appelé ainsi par référence à ses origines polytechniciennes.

Entre ces clubs, au sens britannique du terme plus que dans son acception révolutionnaire, et les sociétés de pensée d'inspiration philosophique, la frontière n'est pas toujours aisée à repérer ; au reste elles-mêmes la transgressent. Tel est le cas de la franc-maçonnerie, et de son obédience la plus nombreuse et la plus engagée politiquement, celle du Grand Orient de France, qui n'a sans doute jamais été plus politisée que sous la IIIe République qui fut pour elle un âge d'or. Sans qu'elle ait eu l'influence exorbitante que lui prête l'opinion catholique portée à lui imputer la responsabilité de toute la législation anticléricale, il n'est pas douteux qu'elle a joué un rôle des plus importants. La franc-maçonnerie a pris fait et cause pour la défense de la République contre la réaction cléricale : dans son esprit, la République est synonyme de philosophie rationaliste et elle-même combat tout dogme religieux. Le Grand Orient est engagé à gauche et même à l'extrême gauche : en 1901, 155 loges, soit le tiers des loges affiliées au Grand Orient, ont participé à la fondation du Parti radical. En 1910, cette obédience compte quelque 40 000 membres et 445 loges, dont une forte proportion est engagée en politique. Réciproquement, la franc-maçonnerie compte de très nombreux initiés dans le personnel politique : sur les 436 parlementaires élus du département de la Seine de 1871 à 1936, Jacqueline Lalouette ne dénombre pas moins de 175 libres-penseurs dont 140 au moins ont été initiés, soit quelque 40 %. On estime que, dans la période où la guerre religieuse a atteint son paroxysme, entre 1899 et 1913, 60 % environ des ministres appartenaient à la maçonnerie. Tout n'est donc pas faux dans la légende entretenue à droite et dans l'Église de la toute-puissance de la franc-maçonnerie : son influence est assurément une composante de la vie politique et un facteur important de la décision.

L'Église catholique n'est pas non plus absente du champ politique, ne serait-ce que pour contrebattre l'action de ceux qu'elle estime être ses adversaires, contrecarrer leurs efforts pour réduire sa propre influence et remettre en question les avantages dont elle disposait traditionnellement. La question dite religieuse – c'est-à-dire celle du statut de l'Église et des libertés qu'elle tient pour nécessaires à l'accomplissement de sa mission – étant au centre des débats parlementaires, comment pourrait-elle se désintéresser de l'issue des compétitions électorales ? À leur approche, les évêques adjurent les fidèles de bien voter. Mais leur liberté d'action et de parole est contrainte ; les Articles organiques que Bonaparte avait édictés pour déterminer l'application du Concordat et dont la direction des Cultes applique strictement les dispositions, interdisent aux évêques toute concertation et toute démarche collective : chacun d'eux est cantonné dans son diocèse. S'il tient des propos, par exemple dans un mandement à ses diocésains, qui paraissent au gouvernement déborder sur le terrain politique et contrevenir à la réserve qui s'impose à lui, il est, selon une vieille procédure (dite d'appel comme d'abus, héritée de la monarchie gallicane), déféré au Conseil d'État qui peut prendre à son encontre des sanctions comme de suspendre son traitement. C'est donc à d'autres, laïcs ou religieux, qu'il revient de prendre des initiatives politiques. Le gouvernement a moins de prise sur les congrégations. À l'approche des élections de 1898, les Assomptionnistes de la Bonne Presse, puissant groupe de pression, suscitent la formation de comités Justice et Liberté pour s'opposer à un projet de loi sur les congrégations. L'effort pour organiser politiquement les fidèles n'a jamais pris en France la forme adoptée en d'autres pays – Allemagne, Belgique, Pays-Bas – du parti confessionnel regroupant l'ensemble des catholiques. La seule tentative, celle d'Albert de Mun, en 1885, s'est heurtée à l'opposition de Léon XIII. De cette singularité les explications sont nombreuses : l'attachement des Français, y compris des fidèles, au respect de la distinction du politique et du religieux, et le refus du cléricalisme. C'est aussi une conséquence du pluralisme des formations politiques dont nous avons vu qu'il était un trait constitutif de notre vie politique. La hiérarchie a peut-être aussi pensé que, plutôt que de rassembler la totalité des fidèles dans une formation unique qui pouvait être mise en minorité, il était préférable de jouer sur plusieurs organisations entre lesquelles on pouvait faire monter les enchères. Mais l'explication probablement la plus satisfaisante est que les catholiques avaient des vues par trop divergentes sur les relations entre la religion et la politique : divisés entre ceux qui rejetaient en bloc la société moderne issue de la Révolution et ceux qui, ne croyant pas à une incompatibilité absolue entre le christianisme et la démocratie, recherchaient la conciliation, entre intransigeants et libéraux, ils ne pouvaient voisiner durablement dans une même machine politique. L'accord n'était concevable et viable que pour un temps limité sur des objectifs bien identifiés : pour tenir en échec une offensive anticléricale, défendre les libertés menacées de l'Église. Lors de l'expulsion des congrégations ou des inventaires, sillonistes, militants d'Action française et adhérents de l'Association catholique de la jeunesse française se retrouvent un temps au coude à coude. De même vingt ans plus tard, contre la volonté du Cartel des gauches de remettre en vigueur les lois laïques dont l'application avait été suspendue en 1914 pour permettre l'union sacrée de tous les Français devant l'ennemi, la résistance des catholiques s'organise dans le cadre d'une organisation qui se crée à l'automne de 1924, la Fédération nationale catholique dont la présidence est exercée par un glorieux soldat, le général de Curières de Castelnau, qui avait été député dans la Chambre sortante. La FNC utilise les moyens qu'autorise la pratique de la démocratie : campagnes de presse, affichage, grands meetings qui rassemblent des participants par dizaines de milliers. La FNC a dû compter plus d'un million d'adhérents. À la différence de l'avant-guerre où la mobilisation du peuple fidèle n'avait pas réussi à faire reculer les gouvernements anticléricaux, en 1924-1925 cette résistance bien organisée rencontre la sympathie d'une partie de l'opinion qui ne croit plus à la réalité d'un danger clérical, et contraint la gauche à renoncer à la réalisation de cette partie de son programme : elle a aussi trop de soucis sur d'autres terrains, notamment budgétaire et monétaire.

Il n'y aura plus de menace comparable, le Front populaire n'ayant pas relancé en 1936 d'offensive sur le plan religieux : en conséquence, l'épiscopat n'appelle plus les fidèles à s'engager politiquement. Les catholiques seront néanmoins invités à se constituer en force électorale sur un terrain qui n'était pas politique mais dont la politique ne pouvait être tout à fait absente. Le gouvernement ayant décidé de constituer auprès de chacune des stations de radio d'État un conseil des auditeurs procédant de l'élection par tous les détenteurs d'un poste de radio, l'approche de ces élections suscita la formation de deux réseaux opposés de comités présentant des listes de candidats : la gauche se regroupa sous la dénomination de Radio-Liberté ; en face, la droite laissa agir les catholiques sous l'appellation de Radio-Famille. Cet exemple souligne l'universalité tendancielle du politique et l'impossibilité de tracer une frontière qui délimite irrévocablement son territoire.

Sous la IIIe République, la vie politique s'est enrichie d'un phénomène nouveau, distinct de l'action ordinaire des sociétés de pensée : l'intervention collective dans le débat public d'une catégorie unifiée par sa référence à une activité de l'intelligence. L'apparition dans le vocabulaire d'un mot neuf qu'on peut dater de l'affaire Dreyfus, celui d'« intellectuels », signale cette émergence. La nouveauté n'est pas que des hommes de pensée, des écrivains, des poètes, des savants aient joué un rôle politique, exercé une influence sur la formation de l'opinion, pris position dans les grands débats : la liste est longue de Voltaire, Diderot et d'Alembert à Hugo et Zola, en passant par Chateaubriand, Lamartine et Arago, de ceux qui ont mené de front activité intellectuelle et responsabilités politiques, et exercé un magistère. C'est même un trait caractéristique, l'un de ceux qu'on cite chaque fois qu'on parle d'exception française, que le crédit dont jouissent dans l'opinion ceux qui ont acquis une notoriété par leur talent littéraire ou leur génie créateur, comme s'ils les qualifiaient nécessairement pour former un jugement politique. La nouveauté de la IIIe République est dans l'engagement collectif, et non plus seulement des prises de position individuelles, d'une corporation qui s'élargit pour inclure savants, chartistes, professeurs, médecins avant d'intégrer plus tard artistes, peintres et même comédiens. Leur intervention emprunte et invente des formes originales, notamment la rédaction et la diffusion de manifestes auxquels ils apportent ce qui leur appartient en propre, leur notoriété précisément, attestée par la signature apposée au bas d'un texte qu'ils contribuent à rendre crédible. À partir de la fin du XIXe siècle, il n'y aura plus un débat d'importance, une question divisant la France qui ne suscite manifestes et pétitions. Les intellectuels n'étant pas unanimes et leurs engagements reproduisant toute la gamme des opinions, avec peut-être une certaine surreprésentation des extrêmes, chaque circonstance donne lieu à des batailles de manifestes dont la longue succession concourt à écrire une histoire de la période. Quant à évaluer le poids de ces interventions, la chose n'est pas aisée, mais il n'est pas douteux qu'elles ont eu de l'influence : elles sensibilisent l'opinion, la pressent de s'intéresser aux débats. Surtout elles accentuent le tour idéologique des débats politiques, les intellectuels étant relativement éloignés des questions concrètes, attentifs par leur tour d'esprit aux enjeux philosophiques et aux implications éthiques des choix politiques. Ainsi se sont constamment renforcés au cours de la IIIe République deux traits connexes et relativement originaux de la vie politique française, l'engagement des intellectuels en politique et la propension à conférer aux problèmes politiques une dimension générale.

Catégories socio-professionnelles et groupes de pression

L'évolution sous la IIIe République, de ses débuts à ses dernières années, des rapports entre la société qu'aujourd'hui on dit civile et le monde politique atteste cette difficulté d'établir entre eux une démarcation claire qui soit indiscutable et vérifie qu'il n'est pas de secteur d'activité dont on puisse dire, sans crainte de recevoir un démenti, qu'il resterait toujours en dehors de la politique. La tradition politique instituée par la Révolution française établissait bien une séparation absolue entre l'ordre du politique dominé par l'État et dont les acteurs procèdent du choix du corps électoral formé des citoyens, et la société civile faite de l'infinie diversité des individus et des collectivités dont ils faisaient partie. Cette noble ambition à laquelle la réalité ne correspondait pas entièrement était le principe proclamé. Nous avons déjà eu l'occasion de signaler qu'il avait été peu à peu battu en brèche et que le législateur avait dû reconnaître progressivement l'existence d'une société civile à laquelle il a donné un statut. Dès 1884, la loi adoptée sur la proposition de Waldeck-Rousseau introduit une dérogation en faveur des groupements constitués sur la base des intérêts professionnels et autorise la formation de syndicats : le citoyen est reconnu comme salarié, exploitant, patron. En 1901, la grande loi sur les associations, pareillement liée au nom de Waldeck-Rousseau, étend la reconnaissance à tous les groupements, congrégations exceptées qui sont assujetties à un régime beaucoup plus contraignant, et fait de la liberté de s'associer le droit commun. La mesure qui symbolise peut-être le mieux ce renversement de perspective, ce changement de philosophie sociale et la reconnaissance par le monde politique de la nécessité de prendre en considération la société civile est la création par le gouvernement du Cartel, en 1924, d'un Conseil économique composé de représentants des catégories socioprofessionnelles et qualifié pour donner des avis, émettre des vœux, élaborer des rapports sur les problèmes sociaux et économiques : il n'empiète pas sur les prérogatives du Parlement ni n'intervient dans les décisions, mais sa seule existence et ses travaux transforment la conception et la pratique des rapports entre la politique et la société.

De toute façon, avec ou sans reconnaissance, qu'elles le veuillent ou non, les composantes de la société ne peuvent se dispenser d'avoir des rapports avec la politique, même si leur charte le leur interdit. L'histoire du syndicalisme ouvrier est instructive à cet égard. À la différence du mouvement ouvrier de Grande-Bretagne, qui participe activement au début du XXe siècle à la naissance du Labour Party et qui est représenté comme tel dans ses instances dirigeantes, la principale organisation de salariés, la Confédération générale du travail, issue en 1895 du rapprochement des fédérations professionnelles et des Bourses du travail, inscrit en 1906 dans la charte qu'elle adopte à son congrès d'Amiens une déclaration d'apolitisme : c'est la parade à l'unification, l'année précédente, des diverses formations socialistes. Les dirigeants de la CGT entendent tenir le syndicalisme à l'écart des querelles doctrinales et mettre l'union des travailleurs à l'abri des répercussions des divisions partisanes. Cette orientation est prise sous l'influence des anarcho-syndicalistes qui dédaignent la politique et fondent sur l'action directe des travailleurs leur espoir de détruire le régime capitaliste et d'instaurer l'ordre dont ils rêvent. La suite des événements démontrera bientôt le caractère illusoire de cet apolitisme : les poussées d'agitation sociale, les vagues de grèves auront un impact sur la politique et obligeront les gouvernements à négocier avec les organisations ouvrières.

En sens inverse, si le mouvement ouvrier est ainsi devenu une force dans le rapport avec les pouvoirs publics, la politique a eu des incidences sur la vie du syndicalisme : elle a commandé l'histoire de ses crises. La division, en 1922, de la CGT avec la scission d'une Confédération générale du travail unitaire (CGTU) – la dénomination d'unitaire est généralement revendiquée par les minorités qui font sécession, sans doute pour se justifier du reproche d'avoir brisé l'unité – est le contrecoup de la division qui, un an plus tôt, avait disloqué le Parti socialiste : la CGTU est la réplique sur le plan syndical du nouveau Parti communiste, et la rupture s'est faite sur la révolution soviétique et la IIIe Internationale. Si les deux organisations rivales se rapprochent et se réunifient en 1935-1936, c'est à l'initiative du Parti communiste mettant en œuvre sa toute nouvelle stratégie d'union de toutes les forces populaires sous le signe de la lutte antifasciste, c'est-à-dire pour des raisons éminemment politiques. Et c'est encore pour une raison de cette nature – le rapprochement entre l'URSS et le IIIe Reich attesté par la signature du pacte germano-soviétique, le 23 août 1939 – que se séparent de nouveau les anciens cégétistes et les ex-unitaires. Ainsi, par trois fois en moins de vingt ans, la politique a scandé les ruptures et les rapprochements de la principale organisation de salariés.

Le mouvement ouvrier n'est pas une exception. Il en est de même dans le monde agricole. Si plusieurs organisations se disputent sa représentation, ce sont des orientations politiques différentes qui expliquent leur pluralité et les distinguent : la Société des agriculteurs de France, sise rue d'Athènes, s'inscrivait dans une vision traditionaliste fortement marquée par le catholicisme, tandis que la Confédération, domiciliée boulevard Saint-Germain, était proche des gouvernements républicains. La fracture générale de la société entre droite et gauche passait aussi dans les campagnes.

Ce voyage à travers la société française, qui pourrait s'élargir à l'infini, montre que la vie politique ne s'enferme pas dans le cadre des institutions proprement politiques, ni ne se réduit aux débats parlementaires et aux activités partisanes. De proche en proche elle concerne la société tout entière, au moins par intermittences. De ce fait, dans le système démocratique tel qu'il fonctionne sous la IIIe République, chaque homme – et nous donnons à ce mot son sens restrictif puisqu'à l'époque les femmes ne font pas partie du corps électoral – est interrogé doublement par la politique : comme citoyen et comme individu à des titres divers : ouvrier, patron, catholique, libre-penseur. C'est dire l'universalité de la vie politique.

CHAPITRE XIV

Droite et gauche

La vie politique est faite d'affrontements entre grandes tendances relativement stables qui se disputent les suffrages des électeurs et sont en compétition pour le pouvoir. Si la politique ne se réduit pas toute à des rapports de force, cette dimension conflictuelle en est bien une composante irréductible. Les désaccords entre les forces politiques ont des raisons objectives : elles se divisent sur les questions posées par le destin collectif et qui sont les enjeux des débats et des combats qui nourrissent la vie politique. La clé la plus communément acceptée, la plus constamment sollicitée pour déchiffrer les péripéties de l'actualité, ordonner le champ des forces affrontées, découvrir les enjeux véritables et donner sens à une histoire qui risquerait, sans elle, d'apparaître comme une succession incohérente de querelles sans rime ni raison, est la classique et sempiternelle distinction-opposition droite/gauche. Elle n'est pas moins pertinente pour l'intelligence de la vie politique sous la IIIe République que pour d'autres périodes.

Cette distinction, la IIIe République ne l'a pas inventée : elle l'a trouvée dans l'héritage dont elle fait partie depuis les débuts de la Révolution. En 1879, elle a donc déjà quatre-vingt-dix ans. La IIIe République ne la renie point : bien au contraire, puisqu'elle se réclame de la Révolution dont elle revendique et l'inspiration et les conquêtes. Elle en honore fidèlement le souvenir : les premières mesures symboliques prises par les républicains sont de faire de l'anniversaire de la prise de la Bastille, ou plus exactement de son premier anniversaire célébré par la fête de la Fédération, le 14 juillet 1790, la fête nationale et de la *Marseillaise* l'hymne national. Dix ans plus tard, en 1889, elle célébrera avec éclat le centenaire de 1789, inaugurant à Paris une statue dédiée à la République. En 1939 encore, elle marquera son cent-cinquantenaire. L'instauration de la République a consacré la victoire définitive de la gauche et consommé la défaite de la droite avec toutes les conséquences que la IIIe République en tirera à mesure. Présente ainsi dès les débuts de la IIIe République, la distinction droite-gauche perdurera toute l'existence du régime. Périodiquement, les élections dresseront l'une contre l'autre ces deux grandes tendances de l'esprit public et aux toutes dernières élections de la IIIe République, celles de 1936, droite et gauche s'affronteront encore, bloc contre bloc. L'opposition de ces deux forces antagonistes et symétriques est bien le fil rouge qui court de 1879 à 1939 et prête sens à l'histoire politique de la France.

Droites et gauches au pluriel

Elle ne l'épuise pas pour autant. Elle ne rend pas pleinement compte d'une réalité qui ne se laisse pas réduire à une interprétation exclusivement dualiste de sa diversité. Si l'établissement de la République est indéniablement un succès pour la gauche et plus sûrement encore une défaite de la droite, fidèle à la monarchie, cette victoire est ambiguë.

D'abord elle n'aurait pas été acquise en 1875 sans le concours d'une fraction de l'Assemblée nationale qui n'était pas de gauche, sans être vraiment de droite, et qui a négocié son ralliement contre quelques concessions qui n'étaient pas mineures et ont suffi du reste à défigurer le régime aux yeux d'une gauche intransigeante et à susciter son opposition. Ainsi le clivage entre les fondateurs de la République et ses adversaires n'a-t-il pas exactement épousé la frontière majeure entre la droite traditionnelle et la gauche avérée. Ce type de chevauchement se reproduira souvent au cours des soixante années suivantes.

Ce serait une erreur grave d'attribuer ces transgressions à de simples raisons tactiques, à de médiocres calculs d'opportunité : elles correspondent à des fractures réelles à l'intérieur de chacun des deux blocs et révèlent aussi des communications entre eux. En termes de position sur le spectre des formations politiques tel qu'il se dessine par exemple dans l'hémicycle parlementaire, on repère au-dessus – à moins que ce ne soit au-dessous – de la grande division dualiste droite-gauche, dont il n'est pas question de sous-estimer la portée décisive, une division tripartite qui comporte une donnée de plus, avec le ou les centres qui se distinguent précisément par le refus du dualisme et de ses antagonismes irréductibles, la recherche obstinée du compromis, l'espoir d'y parvenir et le rejet catégorique des extrêmes, de droite ou de gauche. La place qui échoit aux centres au milieu du dispositif les rend indispensables : sans eux pas de majorité arithmétique possible compte tenu de la pluralité des partis. Ils sont donc de presque toutes les majorités ; ils en sont souvent l'axe, sinon l'âme qui, elle, est plus souvent à droite ou à gauche. En conséquence, toute l'histoire des gouvernements et des oppositions tient dans l'articulation et la tension entre le partage droite-gauche sur le plan des idées, des programmes et des luttes politiques et la domination des centres sur le plan des débats parlementaires et dans l'exercice du pouvoir. Cette dialectique se traduit dans l'alternance entre deux configurations. L'une associe toutes les gauches contre toutes les droites pour la réalisation d'un programme commun : ainsi le gouvernement du Bloc des gauches dans les années 1899-1906 ou les majorités du Cartel des gauches entre 1924 et 1926, et derechef entre 1932 et 1934, ou encore le gouvernement de Front populaire de 1936 à 1938. La figure symétrique et contraire, qui unirait l'ensemble des droites, est plus rare et même exceptionnelle : quand les droites sont au pouvoir sous la IIIe République, il n'y a pas d'exemple qu'elles le détiennent seules ; elles sont toujours associées à des fractions de gauche : la majorité du Bloc national (1919-1924) inclut des radicaux. L'autre configuration, de beaucoup la plus fréquente et la plus pratiquée, associait les centres de droite et de gauche et rejetait dans l'opposition les deux extrêmes.

C'est que droite comme gauche sont loin d'être homogènes. L'habitude d'en parler au singulier simplifie abusivement. Ce qu'on appelle la droite fédère plusieurs traditions dont chacune a une identité propre qui la distingue de ses partenaires. En 1879, ses différents courants ne s'opposent pas seulement par leurs choix dynastiques : les droites divergent dans leurs choix politiques, leurs visions de société et jusque dans leurs philosophies politiques. La gauche n'est pas moins divisée : ce sont donc au total quatre ou cinq grandes tendances qui coexistent dans le paysage politique. Il n'est pas rare que, sur des questions nouvelles ou des problèmes secondaires, telle tendance de droite se trouve plus proche des positions de la gauche que de ses alliés de droite et *vice versa*. D'où des majorités de rencontre, tantôt pour renverser un gouvernement, tantôt pour faire aboutir un projet qui leur tienne pareillement à cœur.

Il y a plus. Jusqu'à présent nous avons raisonné sur l'état des forces comme si le système que nous venons de décrire était immobile et avait traversé la durée sans en ressentir les effets. La réalité, on s'en doute, est autre. Le système a dû s'adapter aux changements : des problèmes surgirent auxquels les partis n'avaient pas encore été confrontés et auxquels il leur fallut inventer une réponse ; de nouvelles formations émergèrent qui modifiaient le paysage et obligèrent les plus anciennes à se serrer pour leur faire place : la leur s'en trouva changée. La distinction majeure entre droite et gauche n'est pas pour autant disqualifiée, mais son contenu en sort à la fois enrichi et transformé. Par exemple, en 1879, l'opposition des deux grandes tendances se fait essentiellement sur le régime politique : République ou monarchie ? En 1936, l'alternative est tout autre et fait référence à des termes et à des notions qui auraient déconcerté les fondateurs de la République : antifascisme contre anticommunisme. Mais elle met toujours en présence une droite et une gauche : seulement les critères qui les départagent ont changé.

Le renouvellement des enjeux, l'émergence de nouveaux acteurs, partenaires ou adversaires, ont pour conséquence qu'avec la relève des générations s'opèrent des déplacements et des glissements qui peuvent conduire telle ou telle formation à se retrouver dans le camp adverse. Telle nuance d'opinion qui faisait partie des gauches aux origines de la IIIe République se retrouve à droite : c'est le cas par exemple d'une partie des républicains progressistes, héritiers des fondateurs de la République, rejetés après la crise de l'affaire Dreyfus dans l'opposition au Bloc des gauches. La frontière entre droite et gauche n'est pas infranchissable parce qu'elle ne constitue pas une ligne continue : elle ménage des chicanes et dessine un tracé en zig-zag. Le parcours inverse, de la droite vers la gauche, est plus rare et presque exceptionnel. Pour une raison décisive dont l'énoncé complétera la description et parachèvera l'explication du système de relations entre toutes les composantes du paysage politique : le mouvement d'ensemble qui les emporte toutes de gauche à droite et qui n'a pas de pendant.

Les formations qui garnissaient les bancs de la droite au début de la République disparaissent ou s'amenuisent à mesure que s'évanouissent les espérances de restauration monarchique. L'émergence sur leur gauche de partis plus avancés repousse les républicains de gouvernement toujours plus à droite : la progression des radicaux rejette la descendance de ceux qu'on appelait les opportunistes dans les bras des conservateurs libéraux ralliés à une République modérée. L'entrée en force des socialistes à la Chambre en 1893 a les mêmes effets sur les radicaux et après 1920 c'est au tour des socialistes de se voir débordés par l'extrême gauche communiste. Dans la dernière législature de la IIIe République, celle élue en 1936, les droites monarchistes qui formaient l'opposition principale et comptaient encore plusieurs centaines de députés en 1876 ont entièrement disparu. Sur les bancs qu'elles occupaient siègent les descendants des républicains qui avaient fondé la République. Les radicaux, qui n'étaient alors qu'une poignée située à l'extrême gauche, forment maintenant une masse compacte au centre de l'hémicycle et à leur gauche ont pris place plus de deux cents députés qui représentent des formations dont le nom était totalement inconnu en 1880 : Section française de l'Internationale ouvrière, Parti communiste français, Union socialiste républicaine. Si les notions de droite et de gauche conservent un sens et demeurent encore pertinentes en dépit de tels changements, ce ne peut être évidemment qu'au prix d'un renouvellement de leur contenu. Et comment le tracé de la frontière qui les sépare n'en aurait-il pas été modifié ? C'est, ramassée en quelques mots, toute l'histoire de la vie politique en ces soixante années.

Une donnée complique l'identification des familles de pensée : la discordance déjà signalée entre les traditions politiques et les organisations partisanes, et singulièrement les groupes parlementaires. Ce serait trop simple s'il y avait entre elles une étroite correspondance. Un courant de pensée est souvent représenté sur le terrain par plusieurs groupes jaloux de leur autonomie : ainsi, après 1918, la droite libérale, postérité de l'orléanisme, est dispersée entre l'Alliance démocratique, les républicains de gauche, voire les radicaux indépendants et elle n'est pas absente non plus de la Fédération républicaine. Il advient inversement que coexistent au sein d'un même groupe des tendances qui relèvent de traditions différentes : ainsi, dans l'entre-deux-guerres encore, les deux courants du radicalisme, dont l'un penche à droite et se prête volontiers à la formation de majorités dites d'union nationale avec la droite modérée, tandis que l'autre rêve du regroupement de toutes les gauches dans une majorité de progrès social et de défense laïque.

L'évolution du système global ainsi constitué est de temps à autre brusquement précipitée par quelque crise qui bouscule les positions habituelles, remet en cause les alliances et les oppositions traditionnelles, et entraîne une recomposition de l'ensemble par le jeu des dissidences et des ruptures.

La plupart de ces crises ont eu leur point de départ dans le surgissement d'un problème inédit, ou qui se présente avec des données nouvelles, et qui, prenant les partis au dépourvu, fait éclater leurs divergences et provoque un reclassement des forces politiques. Le phénomène s'est répété plusieurs fois au cours de l'histoire agitée de la IIIe République avec le boulangisme, l'affaire Dreyfus, l'internationalisme et, après la Grande Guerre, le débat sur la guerre et la paix qui culmine au moment de Munich.

Nous avons désormais toutes les clés de l'histoire des rapports entre droite et gauche de 1879 à 1939.

Deux systèmes antagonistes

En 1879, les choses sont relativement claires : c'est le choix du régime qui départage droite et gauche. La gauche est acquise à la République, la droite rêve de restaurer la monarchie. Rien de plus simple. Mais le débat sur l'appellation du régime et sur les institutions n'est que le sommet, la part la plus facile à repérer d'un ensemble de divergences qui portent sur l'organisation de la société. Pour la gauche, la République est la figure visible de la démocratie : le désaccord à son sujet entre les deux fractions de l'opinion politique s'enracine plus profondément, il oppose des conceptions idéales de la société et des systèmes de valeurs contraires. La droite reste attachée à un ordre qui légitime les inévitables inégalités, assigne à chacun une place dans la hiérarchie sociale et l'invite instamment à n'en point changer, exalte l'autorité, que ce soit celle du pouvoir politique, du chef de famille, du patron, des autorités traditionnelles, du clergé, des notabilités sociales, et subordonne la satisfaction des aspirations de l'individu à des fins collectives qui le dépassent : la cohésion de l'institution familiale, l'indissolubilité du mariage, les devoirs à l'égard des enfants, la conservation du patrimoine, le dévouement à la patrie jusqu'au sacrifice suprême. La double exigence de liberté et d'égalité qu'implique et signifie la démocratie va à l'encontre de ces principes et bat en brèche l'édifice hérité de la société traditionnelle. La République entreprend d'affranchir l'individu des tutelles et des contraintes qui enserraient sa liberté personnelle : elle lui reconnaît le droit de rompre le contrat conjugal par le divorce et lui permet de recouvrer sa liberté de contracter une nouvelle union. Elle s'emploie, par la généralisation de l'instruction et la diffusion du savoir, à favoriser la promotion sociale qui bouscule la répartition héréditaire des métiers et des fonctions. Le désaccord politique s'approfondit ainsi dans une divergence de fond sur l'ordre social qui s'inscrit elle-même dans une opposition sur les références morales et les finalités de la société.

Le désaccord entre droite et gauche comporte une dimension plus essentielle encore : religieuse. La division politique débouche sur ce qu'on appelle alors la question religieuse. L'expression est à la fois juste et impropre. Impropre parce que la lutte engagée immédiatement par les ministères républicains contre l'Église catholique est une lutte pour le pouvoir et une compétition pour garder ou arracher l'influence sur les esprits : elle a pour enjeu le statut privilégié dont bénéficie l'Église. Le conflit est donc plus politique que religieux. Mais il est vrai qu'il comporte aussi une signification qui est bien religieuse. Il oppose terme à terme deux systèmes antagonistes : la raison critique à l'enseignement par voie d'autorité, la vérité à laquelle l'individu peut accéder par l'exercice de l'intelligence à l'adhésion à un dogme qui professe des mystères incompréhensibles, la science à la foi, la liberté à l'obéissance érigée en vertu cardinale. Les contemporains ont eu aussi le sentiment de deux morales dissemblables ; avec le recul du temps, on perçoit davantage aujourd'hui à quel point l'éducation morale de l'Église et l'instruction morale dispensée par l'école primaire de la République étaient sœurs, celle-ci n'étant que la sécularisation de la morale traditionnelle. Mais c'est précisément cette différence qui creuse à l'époque un fossé qui semble aux contemporains infranchissable : la morale laïque ne se réfère à aucune transcendance et les catholiques estiment alors qu'il ne peut y avoir de morale véritable qui ne se réfère explicitement au Décalogue et à la volonté divine. La rupture avec l'indissolubilité du mariage par l'institution du divorce en 1884 n'a pu que les confirmer dans cette façon de voir.

Cette opposition radicale de deux systèmes restera la toile de fond de la vie politique tout au long de la IIIe République. Avec les années, elle perdra de sa rigueur : les arêtes des idéologies s'émousseront, des rapprochements s'ébaucheront, des différences s'estomperont, mais elle demeurera à l'arrière-plan et à chaque crise les souvenirs se raviveront, les contrastes retrouveront leurs couleurs, en particulier ceux qui se rapportent à la question religieuse : la querelle de la laïcité se rallumera pour quelques mois au lendemain de la victoire du Cartel en 1924. On pourra alors se croire ramené de vingt ans en arrière, au temps de l'expulsion des congrégations et des inventaires.

Renouvellement des positions et des enjeux

Sur la trame ainsi dessinée de l'affrontement droite-gauche, les années vont venir inscrire des variations qui ajouteront d'autres significations à la coupure de la France en deux. Une première évolution s'esquisse dans les années 1887-1899, qui conjugue trois faits nouveaux. Le sentiment patriotique, sans cesser d'être partagé par tous les Français, change de couleur et son centre de gravité se décale de gauche à droite. Au lendemain de 1870, c'était le parti républicain qui incarnait la nuance la plus intransigeante de l'attachement à la grandeur de la patrie : la droite lui faisait alors reproche d'être le parti de la guerre à outrance et la pensée de relever la France de sa défaite n'est pas étrangère à l'intérêt des républicains pour l'enseignement dont ils attendent qu'il forme des citoyens prêts à défendre leur pays, éventuellement à mourir pour lui. Or s'amorce avec la crise du boulangisme un mouvement qui s'achèvera avec la crise suivante, celle de l'affaire Dreyfus, et qui entraîne mutation et translation du sentiment patriotique : au patriotisme à l'ancienne, associé aux souvenirs glorieux de la Révolution, aux soldats de l'an II, s'en substitue un autre qui devient l'axe et le moteur d'une idéologie organisée autour de l'armée, de la hiérarchie, de l'autorité, toutes valeurs de droite, et pour lequel il conviendra de trouver un terme différent : le nationalisme.

Ce glissement est accompagné et redoublé par un phénomène concomitant et corrélatif : la pénétration à gauche de l'internationalisme avec la diffusion et la progression des idées socialistes. Pour les écoles qui se réclament du socialisme, la division traditionnelle droite-gauche appartient au passé. La nouvelle division oppose le prolétariat des ouvriers d'industrie à la bourgeoisie capitaliste : partis conservateurs, bourgeoisie libérale, démocrates font tous partie de la classe dominante qui tire et sa richesse et son pouvoir de l'exploitation des travailleurs. La lutte des classes oppose les prolétaires de tous les pays, que leurs intérêts rendent solidaires, aux capitalistes cosmopolites. Les prolétaires n'ont pas de patrie ; la nation est une invention de la bourgeoisie pour diviser les travailleurs et dont elle-même du reste ne respecte pas les exigences. La diffusion de cette critique du patriotisme a accéléré le passage à droite de celui-ci. L'unanimité des Français à répondre à l'appel de la patrie le 2 août 1914, y compris des dirigeants socialistes et syndicalistes, l'extraordinaire endurance du peuple tout entier pendant quatre années à supporter les épreuves montrèrent que le thème de l'internationalisme n'avait pas atteint en profondeur le moral de la nation, mais sa diffusion avait cependant modifié la configuration des idéologies. Il resurgira après la guerre sous les espèces de la solidarité avec la révolution bolchevique et surtout du pacifisme.

Indépendamment de leur association avec l'internationalisme, l'émergence à gauche de formations qui dénonçaient la duperie ou les limites de la démocratie politique introduit dans le système une composante dont la nouveauté remet en question les analyses classiques. Les républicains étaient convaincus que le simple fonctionnement de la démocratie par le jeu normal du suffrage universel et de la représentation nationale résoudrait à mesure la question sociale, sans qu'il soit besoin de bouleverser l'ordre fondé sur la liberté d'entreprise et la propriété individuelle. Or les socialistes professent la thèse contraire : laissé à lui-même, le système capitaliste libéral entretient et aggrave les inégalités ; il en engendre sans cesse de nouvelles. Ils opposent aux libertés qu'ils appellent formelles, et qui sont à leurs yeux un leurre, les libertés réelles qui tendent, elles, à réaliser une véritable égalité. Cette critique de l'héritage de 89 rejoint sur certains points celle des contre-révolutionnaires si l'inspiration est différente ; pour les socialistes comme pour les animateurs du mouvement syndical dans ses expressions les plus avancées, il faut donc faire une nouvelle révolution qui, cette fois, ne s'en prendra pas aux institutions politiques mais transformera l'ordre social en supprimant la cause de toutes les inégalités et de l'exploitation de l'homme par l'homme : l'appropriation individuelle des moyens de production. Cette nouvelle gauche propose ainsi un programme qui est en porte-à-faux par rapport au clivage hérité de 89 entre droite et gauche : il advient que des propositions socialistes rejoignent certaines idées des catholiques sociaux et que leur critique de l'héritage libéral de 89 soit proche de celle articulée par les contre-révolutionnaires, même si elles procèdent de références tout à fait différentes. Mais que surgisse une crise politique, que l'on croie la République menacée par les agissements des réactionnaires et toutes les gauches resserrent les rangs et font bloc. De toute façon, le programme de la gauche comporte désormais des connotations sociales. Certains partis tentent de faire la synthèse de ces diverses préoccupations, comme les radicaux-socialistes qui greffent sur l'héritage de 89 un programme de réformes sociales visant à assurer une plus grande égalité, telle l'institution d'un impôt progressif sur le revenu, réforme dont la guerre a permis la réalisation en venant à bout de la résistance de ceux qui s'y opposaient au motif que ce serait une révolution.

L'épreuve de la guerre ne laisse pas les choses en l'état. Certes, elle n'efface pas toute trace des divisions séculaires ; l'union sacrée à laquelle toutes les familles de pensée ont sincèrement adhéré et dont elles ont loyalement respecté les engagements ne leur demandait pas de renoncer à leurs convictions : ce n'était pas le désaveu des luttes d'hier mais une suspension d'armes consentie dans l'amour partagé de la France pour la durée de la guerre et jusqu'à la victoire ; après quoi, chacun reprendrait sa liberté et ne négligerait aucun des moyens mis à sa disposition par la démocratie pour arriver à ses fins et réaliser son programme. Aussi, l'opposition droite-gauche, qui n'avait jamais été occultée, retrouve en 1919 toute sa force sur les esprits et demeure le cadre majeur des débats et des choix politiques.

Mais quatre années ont passé qui ont compté double et au cours desquelles les Français ont fait une expérience qui les a marqués profondément et dont le souvenir et l'évocation font désormais partie des références obligées en politique. Le danger partagé, la fréquentation quotidienne de la mort, la fraternité des tranchées ont fait pâlir certaines querelles et relativisé certaines animosités. En vivant côte à côte, les combattants ont appris à se connaître et à s'estimer ; ils ont découvert que leurs concitoyens appartenant à d'autres catégories sociales ou d'autres familles d'esprit ne ressemblaient pas aux clichés qu'on leur avait inculqués : si Waldeck-Rousseau avait pu déplorer, dans un discours fameux prononcé à Toulouse en 1900, que, du fait de l'existence de deux systèmes d'enseignement concurrents et rivaux, deux jeunesses grandissent séparées et s'ignorant, la guerre les avait réunies sous le même uniforme : le curé ou le séminariste découvrait que l'instituteur laïque n'était pas le suppôt du diable aux pieds fourchus que décrivait la couverture du *Pèlerin*, et réciproquement celui-ci s'avisait que le curé avec lequel il partageait sa gamelle était un homme comme un autre qui ne rêvait pas de rétablir l'Inquisition. Après 1918, l'anticléricalisme a perdu de sa virulence et la querelle religieuse n'est plus l'axe majeur des divisions politiques. Si elle connaît en 1924 un brusque et violent retour de flamme, en 1932 les passions sont très atténuées, et en 1936 pour la première fois la gauche reviendra en force au pouvoir sans que sa victoire électorale se traduise par une offensive contre l'Église catholique.

On ne peut en dire autant pour les divisions sociales. Le remords d'une partie des socialistes et des dirigeants syndicalistes d'avoir sacrifié la solidarité de classe à l'impératif du combat patriotique ravive leur ardeur revendicatrice, d'autant qu'une partie des travailleurs entend percevoir la rétribution des efforts et des sacrifices consentis pendant la guerre. L'ampleur de l'épreuve a fait lever une immense aspiration à une société plus juste, à un monde enfin libéré de l'oppression, des inégalités et de la guerre. Que cet objectif ne soit pas une chimère, que l'utopie puisse devenir la réalité de demain, un événement dont le retentissement est immense n'en apporte-t-il pas la preuve ? La révolution russe d'octobre 1917 réalise ce qui n'était qu'un thème de discours. Ce qui se passe à Moscou fait désormais partie du débat politique en France avec des effets divers. La référence aux Soviets dissocie l'unité du mouvement ouvrier et divise les socialistes. Les uns, le gros de la SFIO, près des trois quarts, souscrivent aux conditions posées par Moscou pour adhérer à la nouvelle Internationale, au congrès de Tours (Noël 1920). C'est pour les autres l'occasion de découvrir à quel point ils sont attachés à la démocratie et de refuser de sacrifier les libertés essentielles à la cause du prolétariat. À droite, la révolution bolchevique fait l'effet d'un épouvantail et la dénonciation de l'Union soviétique sera un thème majeur de la propagande de la droite avec une propension à soupçonner tout ce qui est plus à gauche qu'elle-même de faire – consciemment ou non, peu importe – le jeu du communisme. Voilà qui renouvelle le contenu de l'opposition droite-gauche.

S'il est un fait historique sur lequel l'expérience de la guerre totale qui vient de prendre fin a transformé radicalement les mentalités, c'est le jugement sur la guerre précisément et, corrélativement, le sentiment qu'inspire la paix. Avant 1914, sans être le moins du monde bellicistes, sans qu'ils aient souhaité une guerre pour retrouver les deux provinces perdues, les Français ne la redoutaient pas : elle faisait partie de la condition humaine. Les quatre ans de guerre leur en ont donné l'horreur. Ils ont fait courageusement leur devoir, ils en ont supporté toutes les conséquences, mais l'espoir les a soutenus que ce serait la dernière : la formule « Plus jamais cela » fait l'unanimité des anciens combattants. La guerre doit être mise hors la loi, l'humanité doit trouver le moyen de l'exorciser et de régler ses différends par d'autres voies que le recours à la force. D'où la popularité du président Wilson et l'espoir placé dans la future Société des nations dont on escompte qu'elle substituera le règne du droit à celui de la force brutale. La détestation de la guerre est l'un des sentiments qui expliquent la sympathie et l'admiration pour la Russie des Soviets ; sans nécessairement adopter la thèse du défaitisme révolutionnaire, une partie de la gauche sait gré aux bolcheviks d'avoir signé une paix sans annexion ni conquête, et puisqu'elle adhère à la thèse qui fait du capitalisme le responsable de l'impérialisme et des guerres, elle veut croire que l'abolition de la propriété privée des moyens de production éradiquera définitivement le germe des conflits. L'attachement à la paix est général : droite et gauche la désirent pareillement.

Et pourtant la référence à la paix divise : la meilleure façon de la préserver ou de la fonder a été dans l'entre-deux-guerres un enjeu et non des moindres des controverses idéologiques et des affrontements politiques. Pour certains, la paix est un absolu : aucune autre considération ne peut lui être préférée, ni l'indépendance nationale ni même la liberté et la démocratie. Tout vaut mieux que la guerre : plutôt la servitude que la guerre, parce que la guerre, c'est la mort. La vie mérite d'être préservée à tout prix. Il n'y a rien qui vaille que la paix lui soit sacrifiée ni qu'on expose sa vie. Position philosophique qui justifie aux yeux de qui la fait sienne l'objection de conscience, le refus de combattre, l'insoumission et légitime par avance toutes les concessions qu'on croira nécessaires pour éviter la guerre. Cette position extrême ne sera jamais le fait que de minorités, mais qui se grossiront parfois du ralliement de ceux qui désapprouvent qu'on puisse entrer en guerre pour tel ou tel problème, que ce soit pour l'Éthiopie, l'Espagne ou les Sudètes et refuseront de mourir pour Dantzig, selon le titre d'un éditorial fameux de Marcel Déat dans *L'Œuvre* au printemps 1939.

Si droite et gauche s'accordent à tenir la paix pour un bien précieux qu'il faut préserver, elles n'ont pas tardé à diverger sur la stratégie à mettre en œuvre à cette fin. La défense de la paix introduit ainsi une divergence de plus dans la classique opposition.

À droite, on entend ne pas gaspiller les fruits si chèrement payés de la victoire. On se défie de l'Allemagne : on ne croit pas qu'il y ait une bonne Allemagne démocratique et la République de Weimar n'inspire pas plus confiance que l'Empire wilhelmien ou bismarckien. Vaincue, l'Allemagne n'accepte pas sa défaite et ne peut que préparer sa revanche. La France pour sa sécurité doit veiller en conséquence à la stricte application des clauses qu'elle a fait inscrire dans le traité de Versailles. Comme, à droite, on ne croit guère que la guerre puisse être un jour éradiquée, la meilleure façon de l'éviter est encore, selon l'adage latin que tous les politiques ont appris par cœur en faisant leurs humanités, *Si vis pacem para bellum*, indéfiniment ressassé, de s'y préparer. Les vieilles recettes sont toujours d'actualité : ne pas abaisser sa garde, maintenir une supériorité militaire et entretenir les alliances traditionnelles pour compenser l'infériorité démographique de la France à faible natalité en face d'une Allemagne prolifique.

La gauche part de prémisses contraires : on ne peut se résigner à vivre toujours sur pied de guerre. Croyant au progrès de l'humanité, elle juge le moment venu d'exorciser la guerre. Les vieilles méthodes n'ayant jamais conjuré le risque de guerre, il faut rompre avec elles et construire la paix sur des bases nouvelles : la confiance entre les peuples, l'organisation des relations internationales, la sécurité collective garantie par l'accord entre les gouvernements, l'arbitrage des conflits et le désarmement contrôlé. Cette politique nouvelle s'appliquera en premier lieu au rapprochement avec l'ennemi d'hier. La réconciliation est d'autant plus faisable que l'Allemagne s'est débarrassée de ce qui en faisait une nation de proie, l'Empire, la domination des Junkers et du grand état-major, et que la France a maintenant en face d'elle une Allemagne démocratique gouvernée par des républicains et des sociaux-démocrates. La course aux armements ayant eu une grande responsabilité dans le déclenchement du conflit, il faut inverser la tendance et amorcer le désarmement. À la France de donner l'exemple en réduisant la durée du service militaire.

Ce sont ainsi deux stratégies opposées que proposent droite et gauche, deux inspirations contraires pour la politique extérieure. Le partage n'est pas toujours aussi tranché : il se trouve à droite quelques hommes pour faire confiance à l'Allemagne et croire à la possibilité d'un rapprochement comme il en est à gauche d'aussi soucieux de la sécurité du pays et également désireux de préserver sa supériorité militaire. C'est le cas notamment d'une partie des radicaux, même s'ils font partie des coalitions de gauche. Au reste, les gouvernements n'ont jamais nettement choisi entre les deux orientations : sauf à de rares moments, ils ont pratiqué concurremment les deux politiques, au risque de perdre le bénéfice des effets positifs de chacune et de cumuler leurs inconvénients. Briand, inamovible ministre des Affaires étrangères, architecte inspiré de notre diplomatie, a poursuivi sous les gouvernements d'union nationale dont la droite était l'axe la même politique visant à l'arbitrage des conflits et au désarmement contrôlé. Mais la question de la guerre et de la paix a été au cœur des débats politiques où elle a introduit un enjeu de plus et concouru à départager les deux grandes composantes du système politique.

Moscou, l'Allemagne : décidément l'étranger est très présent dans les débats de politique intérieure française. C'est de fait une caractéristique de l'entre-deux-guerres que les interférences de plus en plus fréquentes entre politique extérieure et politique intérieure. La chose n'était pas absolument nouvelle. Depuis la Révolution, les événements extérieurs avaient souvent fait irruption dans les débats intérieurs : les révolutions étrangères ont toujours trouvé des échos en France. Par deux fois, les nouvelles de Varsovie ont provoqué une agitation de rue et des émeutes, en septembre 1831 et en mai 1848. Une partie de l'opinion se sentait solidaire de tous les peuples qui luttaient pour leur indépendance ou résistaient à l'oppression, depuis l'élan de sympathie philhellène dans les années 1820 pour les Grecs combattant la domination turque jusqu'au mouvement en faveur des

Boers défendant leur existence contre l'impérialisme britannique. Depuis les *Lettres anglaises* de Voltaire les Français ont l'habitude de se tourner vers l'étranger pour y chercher des modèles. De surcroît, la propension à formuler les questions de circonstance en termes philosophiques et à penser pour la terre entière ont toujours jeté des traits d'union entre l'histoire que vivait la France et le reste du monde. Mais ce qui se passait au-delà de nos frontières n'avait pas d'incidence directe sur les choix de politique intérieure : les références à l'étranger étaient à peu près inexistantes dans les professions de foi des candidats aux élections législatives et il ne semble pas que les événements extérieurs, s'il advenait qu'ils soulèvent quelque émotion dans l'opinion, aient jamais pesé sur le vote des électeurs français. La cloison était étanche entre politique extérieure et politique intérieure.

Il n'en va plus ainsi après la Grande Guerre ; cette séparation, dont le constat était un axiome de l'explication politique, a perdu de sa rigueur et de sa pertinence. Le sort à réserver à l'Allemagne vaincue, la question des réparations interviennent dans les débats parlementaires et provoquent même des crises ministérielles. On a fait mention des répercussions sur l'unité du mouvement ouvrier, sur le syndicalisme et le socialisme, de la révolution russe qui est désormais au cœur des débats intérieurs. Le gouvernement Herriot est renversé en décembre 1932 sur le remboursement aux États-Unis des dettes interalliées. Dans les années 1930, le poids de l'extérieur sur la politique intérieure s'est considérablement alourdi, parallèlement à la détérioration de la situation internationale et à mesure que se précise l'éventualité d'une nouvelle guerre, jusqu'à entraîner une recomposition du paysage et une redistribution des forces et des idéologies politiques.

L'accession d'Adolf Hitler à la Chancellerie le 30 janvier 1933 n'a pas suscité de dissensions dans l'opinion française : l'événement n'inspire que défiance et aversion, à droite comme à gauche. La première ne voit dans le IIIe Reich qu'un avatar du traditionnel pangermanisme, et la seconde une variante du fascisme qui ne serait lui-même qu'un travestissement du capitalisme. La sauvagerie qui éclate par exemple lors de la nuit des Longs Couteaux, le 30 juin 1934, les confirme dans ces interprétations. Les désaccords entre les deux grandes tendances ne portent que sur les chances de durer qu'on accorde à ce régime et sur l'urgence du danger. Personne, même à l'extrême droite, peut-être même surtout à l'extrême droite en raison de son antigermanisme viscéral, n'a idée que ce régime puisse être un exemple à suivre, à la différence du fascisme italien qui inspire de la sympathie à tous ceux qui, à droite, déplorent la faiblesse du gouvernement, se désolent pour la grandeur et la sécurité de la France, et qui envient la sœur latine pour avoir à sa tête un homme d'État.

C'est précisément l'Italie et sa politique d'agression qui vont relancer l'antagonisme droite-gauche, tout en créant des fissures à droite qui présagent des retournements imprévus dans le débat sur la guerre et la paix. L'objet du débat est en effet en rapport avec la guerre que l'Italie a engagée en octobre 1935 contre l'Éthiopie, membre comme elle de la Société des nations : celle-ci a décidé d'appliquer les sanctions prévues par le pacte contre qui viole ses engagements. Cette résolution ne fait pas difficulté à gauche : l'attachement à la politique de sécurité par le droit est renforcé par l'animosité contre le fascisme. La droite, elle, se divise : une partie craint de perdre l'appui de l'Italie dans la résistance à l'expansionnisme allemand ; d'autres soupçonnent la gauche de n'être favorable aux sanctions que pour abattre un régime qu'elle déteste, et n'entendent pas faire le jeu de l'antifascisme. C'est l'amorce d'un glissement qui va entamer peu à peu la fermeté intransigeante de la droite nationale et susciter l'apparition d'un pacifisme de droite.

À peine la conquête de l'Éthiopie est-elle achevée qu'éclate un autre conflit plus proche et de nature différente : la guerre civile espagnole, qui a pris d'emblée une dimension internationale du fait de l'intervention, au côté des nationalistes, de divisions italiennes et de spécialistes allemands. Pour les Français, la guerre qui déchire la péninsule Ibérique n'est plus tout à fait un conflit extérieur du fait de sa proximité géographique et en raison du parallélisme des situations respectives : de part et d'autre des Pyrénées, les électeurs ont donné le pouvoir à une majorité de Front populaire. Aussi les Français de droite et de gauche ont-ils pareillement le sentiment d'assister à une projection et à une transposition de leurs propres divisions : la droite ne dissimule pas sa sympathie pour les défenseurs de la civilisation chrétienne contre les rouges et la gauche, qui se sent solidaire du gouvernement républicain, se reproche de ne pas lui apporter toute l'aide qu'il attend de la France. La politique de non-intervention à laquelle se résigne le gouvernement Blum enfonce un coin dans l'unité de la gauche. C'est dans le débat sur cette question que pour la première fois les voix des députés communistes ont fait défaut au gouvernement, en décembre 1936. Pendant deux ans et demi, droite et gauche assisteront le cœur serré, retenant leur souffle, au déroulement de la tragédie espagnole. Peu d'événements intéressant un pays étranger ont été à ce point vécus par les Français comme un drame intérieur.

L'attention ne tarde pas à se reporter sur l'Allemagne à cause de ses initiatives ; elle ne s'en détournera plus, dans un crescendo jusqu'au déclenchement de la guerre. Les positions sont fixées dès la crise de Munich qui a dessiné une nouvelle configuration idéologique : l'extérieur a décidément pris le pas sur les considérations d'ordre intérieur et détermine la recomposition des forces politiques, faisant éclater de l'intérieur la plupart des formations et provoquant des regroupements inhabituels, appelés à durer.

L'opinion se divise sur la conduite à tenir en face des coups de force successifs d'Hitler : l'annexion de l'Autriche, les revendications sur la Tchécoslovaquie, alliée de la France, les menaces sur la Pologne amie. La question se faisant de plus en plus pressante, les Français se regroupent autour de positions contraires : l'une préconise des concessions pour sauvegarder la paix, l'autre recommande une fermeté qui n'exclut pas d'accepter l'épreuve de force. L'une et l'autre puisent leurs arguments dans des analyses différentes et des appréciations dissemblables du fait national-socialiste. Les premiers veulent croire qu'Hitler n'a de revendications qu'à l'Est et prennent au sérieux ses déclarations de paix à la France : s'ils ne sont pas assurés de sa sincérité, ce n'est pour eux qu'une raison de plus de détourner sa voracité vers d'autres proies à l'Est. Les autres, ou par fidélité à leur antigermanisme traditionnel, ou par une lucidité qui leur a fait percevoir la perversité du système, sont persuadés que, tôt ou tard, Hitler s'en prendra à la France aussi : en conséquence, le moyen le plus sûr d'éviter la guerre est de porter un coup d'arrêt à ses entreprises criminelles, l'intérêt se conjuguant avec le sentiment de l'honneur. Les deux stratégies plongent leurs racines profondes dans une divergence plus essentielle : entre deux attitudes, celle qui estime qu'une mauvaise paix vaut encore mieux qu'un conflit et croit possible d'apaiser l'adversaire par des concessions, et celle qui n'exclut pas en certains cas la nécessité et le devoir de résister.

Autour de ces deux pôles antagonistes se regroupent des courants qui ne s'étaient jamais rencontrés. Dans le camp munichois se retrouvent naturellement la gauche pacifiste, partie par horreur de la guerre, partie par remords d'avoir été complice du massacre en 1914 et, pour une fraction, par une sorte de religion de la vie, mais aussi une partie de la droite par répugnance pour une guerre idéologique qui ne serait pas dictée par le seul souci des intérêts du pays, par crainte aussi de faire le jeu de la gauche et par anticommunisme. Dans le camp des antimunichois, une droite patriote qui n'a pas changé depuis 1918, la gauche démocratique qui déteste les régimes totalitaires et continue de croire envers et contre tout à un ordre international fondé non plus sur l'usage de la force brutale mais sur la sécurité collective garantie par le droit. Par solidarité avec l'URSS, le Parti communiste s'est rangé dans ce camp. Ce partage n'a plus grand-chose à voir avec la division classique : droite et gauche ont éclaté. Sans effacer tout à fait la frontière traditionnelle, s'est substituée à elle une autre qui préfigure les choix décisifs que vont imposer à tous, coup sur coup, l'entrée en guerre, la défaite et l'Occupation. Mais ce n'est plus l'histoire de la IIIe République.

CHAPITRE XV

La Grande Guerre et la vie politique

La conception et tout le développement de ce livre procèdent, on l'aura compris, du postulat que la continuité de la vie politique sous la IIIe République l'aurait emporté sur les ruptures, ne serait-ce que par comparaison avec toutes les expériences antérieures à partir de la coupure instauratrice de 1789. Sans méconnaître pour autant les changements qui ont affecté au cours de ces soixante et quelques années le fonctionnement des institutions et passablement transformé la vie politique : celle-ci, à la veille de la Seconde Guerre mondiale, a pris des plis qui la rendent bien différente de celle qu'avaient connue ou rêvée les républicains des premières générations. Aussi, de chapitre en chapitre, avons-nous décrit les évolutions et pris acte des acquis, secteur par secteur. Ce parti pris autorisait à négliger le récit circonstanciel, le lien étant moins direct entre l'événement et les changements de la vie politique, qui se sont effectués plus par étapes que par des accidents surgissant inopinément comme dans les régimes précédents.

La guerre : la République mise à l'épreuve

Il est pourtant un événement dont même une analyse de la vie politique qui se définit comme structurelle ne peut éviter de faire mention ni se dispenser de dresser un inventaire des conséquences, parce que c'est un bouleversement qui ne laisse rien en dehors de ses incidences : la guerre. La IIIe République est bien placée pour le savoir puisqu'elle-même est née d'une guerre perdue qui a rendu aux républicains l'espoir, anéanti par le résultat du plébiscite de mai 1870, et la possibilité de fonder la République.

À l'été 1914, la République se retrouve soudain confrontée à la guerre. Elle ne l'a ni voulue ni désirée, c'est l'Allemagne impériale qui la lui déclare : que faire d'autre que de relever le défi ? L'a-t-elle au moins bien préparée ? Il se trouve que, le 13 juillet, à un moment où l'on ne pouvait encore prévoir l'issue de la crise déclenchée le 28 juin par l'assassinat de Sarajevo, s'était ouvert au Sénat un débat sur l'état de la défense nationale : le sénateur Charles Humbert avait fait des révélations alarmantes sur notre impréparation, en particulier pour l'artillerie et les munitions : il aurait manqué deux millions de paires de chaussures pour équiper les réservistes.

Le régime bénéficiait de la légitimité que confère la durée qui avait tant fait défaut à ses prédécesseurs : la Constitution avait déjà près de quarante ans ; la dernière révision remontait à trente (août 1884). Depuis 1879, le parti républicain dans ses diverses expressions avait détenu le pouvoir sans discontinuer. Trois générations s'étaient succédé sans à-coups : après celle des fondateurs, les Ferry, les Gambetta, les Grévy, était venue celle de leurs cadets, les gambettistes ; c'est une troisième que la guerre trouvait aux postes de commande avec Poincaré, Barthou, Caillaux, Doumergue, Briand. Le régime était stabilisé, mais résisterait-il à la secousse de la guerre ?

Si le régime tenait bon, les Français étaient profondément divisés. L'opinion était traversée par deux grandes querelles qui dressaient les unes contre les autres familles de pensée et classes sociales. La guerre religieuse avait atteint un point culminant dix ans plus tôt avec l'expulsion des congrégations et les affrontements lors des inventaires : elle n'était pas éteinte ; elle laissait aux catholiques le sentiment d'être rejetés en marge d'une communauté nationale dont ils pensaient être les meilleurs fils, et leur amertume les rendait d'autant plus accueillants au discours de l'école d'Action française qui dénonçait la République comme un régime de division incapable de conduire le pays à la victoire. L'autre conflit opposait le mouvement ouvrier à l'ordre social, le syndicalisme à la société capitaliste libérale. Les dix dernières années avaient connu un réveil des conflits sociaux et une recrudescence de violence : chaque année ou presque avait apporté son lot de grèves et de heurts entre ouvriers et forces de l'ordre ; manifestations du 1er mai 1906 ; en 1907, grande grève insurrectionnelle des viticulteurs du Languedoc entraînés par Marcellin Albert, à laquelle avaient fait écho les vignerons champenois de l'Aube et de la Marne ; en 1908, graves incidents dans la banlieue parisienne ; en 1909, les postiers avaient fait une grève générale ; en 1910, cela avait été le tour des cheminots que le gouvernement Briand avait dû requérir.

Il y avait plus préoccupant dans l'éventualité d'une guerre : en partie par réaction contre l'utilisation de la troupe pour réprimer l'agitation sociale et briser les grèves en l'absence de corps spécialisés dans le maintien de l'ordre (ce n'est que dans l'entre-deux-guerres que sera créée à cette fin la garde mobile qui interviendra dans les journées d'émeute de février 1934), le mouvement ouvrier a été gagné par l'antimilitarisme. La tendance anarcho-syndicaliste qui le dominait dénonçait l'imposture de toute guerre et avait proclamé qu'elle répondrait instantanément à l'ordre de mobilisation par la grève générale. Son internationalisme l'avait convaincue que les travailleurs n'ont pas de patrie : ils ne seraient pas les dupes des intérêts des capitalistes. À quelques jours du déclenchement des hostilités, le 26 juillet, la CGT rappelle encore ses décisions en cas de guerre et son secrétaire général, Léon Jouhaux, publie dans son journal un article qui s'intitule « À bas la guerre ! ». Le lendemain 27 juillet, la Confédération invite les travailleurs à manifester contre la guerre.

La campagne électorale pour le renouvellement de la Chambre des députés, les 26 avril et 10 mai 1914, avait ravivé les passions et aggravé les tensions : la droite sortait aigrie de sa défaite, la nouvelle majorité de gauche était loin d'être unie. La mise sur pied du gouvernement avait été laborieuse : le cabinet de transition sorti de ces tractations, présidé par René Viviani, aurait-il l'autorité indispensable pour rassembler le pays, lui insuffler détermination et confiance, et prendre les décisions courageuses requises par la gravité et l'urgence de la situation ? Cet état d'esprit n'avait pas échappé aux regards étrangers et il n'est pas exclu que l'Allemagne ait spéculé sur les divisions de l'opinion française, escomptant un affaiblissement de la capacité combative de la France ou une défaillance de l'esprit public après de premières défaites.

Comment, d'autre part, les institutions, fondées sur la séparation des pouvoirs et la subordination de l'exécutif au contrôle permanent de la représentation parlementaire, qui faisaient dépendre toute décision de la délibération publique, pourraient-elles s'adapter à une situation exigeant au contraire décision prompte, exécution immédiate, secret rigoureusement préservé ? Le pays ne serait-il pas contraint de choisir entre l'impératif de la guerre à gagner à tout prix et le maintien d'institutions faites pour le temps de paix, en d'autres termes, d'opter entre le salut public et la République ? La question se subdivisait et se déployait en trois directions. Que seraient les relations entre le gouvernement et le haut commandement ? Le pouvoir civil parviendrait-il à maintenir autrement que de façon purement formelle sa suprématie sur les militaires, faute de quoi ce serait la subversion du fondement même de la démocratie ? Que deviendraient aussi les rapports entre le gouvernement et le Parlement ? Quel serait enfin le sort de ces libertés publiques que depuis quarante années les républicains s'étaient appliqués à instituer et à pratiquer, et auxquelles le pays avait commencé de prendre goût ? En d'autres termes, la vie politique fondée sur la libre expression des opinions les plus diverses et sur leur discussion ouverte pourrait-elle se poursuivre normalement ou devrait-elle être mise entre parenthèses ? En ce cas, serait-il possible encore de parler de République ? Singulier défi que l'entrée en guerre adressait aux politiques. Le nombre, la gravité de ces questions, l'importance des enjeux justifient, on en conviendra, que même une étude détachée des péripéties de la vie politique ne puisse faire l'économie d'un chapitre sur la guerre et ses incidences.

Une autre considération vient en renfort : les effets, directs ou indirects, de la situation de guerre n'ont pas cessé à l'arrêt des hostilités ; la fin de la guerre n'a pas marqué le terme du bouleversement qu'elle a suscité. Même si la vie politique a repris son cours habituel, si après quelques adaptations temporaires les institutions ont retrouvé leur pratique ordinaire, subsistent des habitudes contractées du temps de guerre. On ne s'expliquerait pas les crises qui ont scandé l'entre-deux-guerres, faute de savoir reconnaître les séquelles de quatre années d'épreuves. La guerre a modifié la nation dans ses profondeurs. Elle n'a pas été une parenthèse qui se serait refermée avec le retour à la paix, après quoi tout aurait repris le cours interrompu le 2 août 1914.

Est-ce pour cette raison qu'aujourd'hui l'épisode de la guerre de 1914-1918, à laquelle a été restituée son appellation première de Grande Guerre, suscite un tel regain d'intérêt dans un peuple qui ne compte plus guère de survivants de cette épreuve et inspire aux historiens tant de travaux originaux qui renouvellent notre vision de ces années à la fois tragiques et glorieuses ? Inscrivons-nous dans ce mouvement en tentant de décrire ce qu'est devenue la vie politique à partir du

2 août 1914. Le grand historien Pierre Renouvin avait fait, au début des années 1920, des méthodes du gouvernement de guerre l'objet d'un de ses premiers enseignements à la Sorbonne. Le sujet a été récemment renouvelé par la thèse de Fabienne Boch sur le parlementarisme de guerre.

La nouveauté des problèmes posés par l'entrée en guerre n'a pas pris les pouvoirs publics tout à fait au dépourvu : ils trouvent dans les textes des dispositions prévues à cette fin. Ainsi, la vieille loi du 9 août 1849 sur l'état de siège, adoptée par l'Assemblée législative de la IIe République pour réprimer les troubles intérieurs, a été complétée par une loi du 3 avril 1878 : l'état de siège doit être établi par la loi, mais si les conditions ne s'y prêtent pas, le gouvernement est autorisé à l'instaurer par décret, à condition que, dans les deux jours, le Parlement réuni de plein droit ratifie cette initiative. Pour renforcer la surveillance et organiser la défense en surface et la protection civile, un décret a prévu la mise sur pied de gardes civils, mais le texte n'a pas été publié au *Journal officiel*. Des précautions policières ont été prises de longue date : les deux ministères de l'Intérieur et de la Guerre, agissant de concert, tenaient à jour depuis des années un répertoire appelé « Carnet B » qui recensait tous les individus, français et étrangers, suspects de se livrer éventuellement à des activités d'espionnage ou de sabotage. Les listes étaient dressées à partir du croisement de trois critères présomptifs : appartenance syndicale, engagement politique, condamnations antérieures. Tous les dirigeants et militants de la fraction révolutionnaire de la CGT y étaient inscrits. À la fin de juillet 1914, 2 501 noms y sont portés. Il est prévu de les arrêter tous au premier jour de la mobilisation pour décapiter le syndicalisme, désorganiser l'opposition antimilitariste et prévenir une vague d'insoumissions.

Mais les questions les plus essentielles n'ont pas été réglées. Ainsi des relations entre gouvernement et commandement : qui aura l'autorité suprême pour les grands choix stratégiques ? Le ministre de la Guerre, mais celui-ci sera-t-il un civil ou un militaire ? Y aura-t-il un généralissime ? Le Parlement continuera-t-il à siéger et à délibérer ? Quel sera le statut des parlementaires en âge d'être mobilisés ? Comment s'exercera le contrôle de la représentation nationale sur la conduite des opérations comme sur les décisions gouvernementales ? Autant de questions dont il n'est pas nécessaire de souligner la portée, qui n'avaient pas reçu de réponse et dont la solution devrait en conséquence être improvisée.

L'Union sacrée

La façon dont les Français, que la presse entretenait davantage des audiences du procès Caillaux que du développement de la crise internationale et qui n'ont pressenti l'imminence de la guerre qu'*in extremis*, réagirent à l'événement dissipa instantanément toute inquiétude sur le moral. Sans accréditer la légende dont les historiens ont démontré le caractère fallacieux, d'une exaltation chauvine et d'un départ dans l'enthousiasme, la « fleur au fusil », l'élan et la promptitude de leur réponse balaya toutes les interrogations ; en quelques heures une vague de patriotisme efface les querelles ; les Français découvrent la profondeur de leur attachement à la patrie, ils s'en étonnent et s'en émeuvent. Le tocsin qui a annoncé à tous les villages de France la mobilisation, l'apposition sur les murs des mairies des affiches blanches ont d'un coup tourné une page. Édouard Vaillant et Albert de Mun, qui ne s'étaient jamais parlé dans les couloirs de la Chambre, se saluent. Cette prise de conscience marque une date capitale dans l'histoire de la nation et laissera à tous ceux qui l'ont vécue le souvenir inoubliable d'une grande émotion collective, à laquelle ils se référeront plus tard tantôt avec fierté, tantôt avec amertume, toujours avec nostalgie, comme à un moment incomparable.

Pas question pour les pacifistes inconditionnels de se mettre en travers de ce mouvement : comment préconiser le refus de répondre à sa feuille de mobilisation alors que tous les mobilisables s'empressent de rejoindre leur centre ? Les dirigeants syndicalistes en conviennent. « La vérité, dira en 1918 Ludovic-Oscar Frossard, c'est qu'on ne fait pas de grève générale sans grévistes [...]. Nous n'avons rien fait parce que nous ne pouvions rien faire. » L'état-major raisonnait à partir de l'expérience des conflits précédents, sur un taux de réfractaires de 13 % : il ne dépassera pas 1,5 %. Ceux qui, fidèles à leurs convictions, refusent de se laisser emporter par le mouvement et entendent se tenir « au-dessus de la mêlée », tel Romain Rolland, font scandale. La France est injustement attaquée sans qu'il y ait eu de sa part la moindre provocation. C'est l'occasion de laver l'affront de la défaite de 1870, de réparer l'injustice qui a été imposée à la France, de recouvrer les deux provinces perdues : on n'aurait certes pas déclenché un conflit à ces fins, mais puisque le Reich en a pris la responsabilité, on en tirera profit. D'emblée, l'affrontement entre les deux peuples se charge aussi de significations qui dépassent les enjeux immédiats : c'est le choc de deux systèmes contraires, de la République contre le Reich, de la démocratie contre l'absolutisme et la domination d'une caste militaire, du droit contre la force brutale, de la paix contre une nation de proie, avant de devenir la lutte de la civilisation contre la *Kultur*. La défaite de la France serait celle des grands principes universels ; à l'inverse, la victoire de nos armes achèvera l'œuvre de la Révolution et sonnera la fin des guerres impérialistes. La gauche n'a pas donc moins de raisons que la droite nationaliste de s'engager dans la guerre avec la volonté de gagner.

La réponse immédiate et unanime de la nation a grandement facilité la tâche du gouvernement dont le comportement a lui-même encouragé ce mouvement de réconciliation. L'historien ne saurait dire ce qui a été premier : si les dispositions du gouvernement ont répondu aux premiers mouvements de l'opinion ou si ses initiatives ont contribué à les susciter, le plus probable étant que les deux se sont mutuellement renforcés. Toujours est-il que, dès sa première réunion, le Conseil des ministres a pris, sur proposition du ministre de l'Intérieur Malvy, deux décisions de la plus haute importance qui ont instauré une trêve dans les deux querelles qui divisaient le pays : le conflit de classes et la querelle religieuse. Deux gestes qui pariaient sur la confiance.

Le gouvernement décide d'abord de ne pas procéder aux arrestations prévues des sujets inscrits au carnet B : une circulaire à cet effet en annule une première. La confiance du gouvernement ne sera pas déçue. Aux funérailles de Jean Jaurès, Léon Jouhaux prononce des paroles d'union patriotique : lui-même accepte de faire partie du Comité national de secours qui se constitue pour faire face aux besoins les plus pressants et même d'exercer les fonctions, à la vérité assez mal définies, de commissaire à la Nation qui font de lui une sorte de ministre d'État *in partibus*. Les syndicalistes entrent dans des organismes paritaires où ils collaboreront avec les représentants du patronat : ces commissions mixtes enquêteront sur les conditions de travail, les affectations spéciales, le travail des femmes, participeront aux procédures de conciliation et d'arbitrage ainsi qu'à la fixation des salaires par voie réglementaire. La guerre a eu ainsi pour conséquence d'associer le mouvement syndical à l'exercice des responsabilités sociales et d'en faire pour un temps un partenaire de l'État.

La portée de l'autre initiative n'est pas moindre : c'est la décision, pareillement signifiée par une circulaire du ministre aux préfets, de suspendre pour la durée de la guerre l'application des lois contre les congrégations qui avaient contraint des milliers de religieux, entendant rester fidèles aux vœux qu'ils avaient prononcés, à s'exiler : les intéressés reviennent aussitôt en grand nombre prendre leur place dans les combats au côté de leurs concitoyens. Le geste du gouvernement est apprécié des catholiques. D'autres suivront : en août, le nombre des aumôniers militaires est porté à deux cent cinquante ; ils percevront une solde à partir de novembre. Le cardinal Amette, archevêque de Paris, entre lui aussi au Comité national de secours. En 1915, le recteur de l'Institut catholique de Paris, Mgr Alfred Baudrillart, avec le concours actif d'un jeune éditeur catholique venu du Sillon, Francisque Gay, fonde un Comité catholique de propagande française à l'étranger, qui sera subventionné par le Quai d'Orsay, pour contrebattre auprès des catholiques étrangers, en Espagne, en Irlande, aux États-Unis, la propagande des Empires centraux qui prend argument de la politique anticléricale des gouvernements républicains, et reconquérir les sympathies perdues ou hésitantes.

Cet élan d'unanimité, cet instant de communion nationale qui s'accompagne de l'apaisement momentané des querelles a un nom qu'il tient du président de la République, Raymond Poincaré : l'Union sacrée. Le 4 août, le président du Conseil, René Viviani, a donné lecture à la tribune de la Chambre des députés du message du chef de l'État au Parlement et à travers lui à la nation. « Dans la guerre qui s'engage, la France [...] sera héroïquement défendue par tous ses fils, dont rien ne brisera devant l'ennemi l'Union sacrée. » La formule était appelée à caractériser la situation. L'Union sacrée n'est pas l'oubli des divisions politiques antérieures ni la renonciation à tout ce qui opposait en temps de paix individus et familles de pensée. C'est une trêve consentie pour la durée de la guerre, une suspension d'armes en présence de l'ennemi. Si certains ont pu concevoir alors le rêve d'éteindre définitivement les antagonismes, c'était une illusion à laquelle les responsables politiques n'ont jamais cédé. Mais l'impératif patriotique commandait une mise entre parenthèses de tout ce qui aurait pu compromettre l'effort de guerre. La mise en pratique de l'Union sacrée ne sera jamais que partielle et connaîtra à partir de la troisième année de guerre un relâchement et même sa dislocation.

L'adaptation des pratiques institutionnelles

Les politiques reconnaissent la nécessité de traduire l'union dans les structures gouvernementales. Après la bataille des frontières qui a été perdue, le président du Conseil Viviani procède le 26 août à un remaniement de son gouvernement qui, dans sa composition initiale, ne devait être qu'un cabinet de transition destiné à passer l'été. Pour asseoir son autorité, il y fait entrer des personnalités connues et estimées, dont certaines ont été battues aux élections du printemps : c'est, implicitement, effacer partiellement leurs résultats et surmonter la coupure majorité-opposition. Théophile Delcassé revient aux Affaires étrangères qu'il avait dû quitter en 1906 sous la pression de l'Allemagne qui avait exigé son éviction. À la Guerre Alexandre Millerand, dont on sait les qualités d'organisateur, à la Justice Aristide Briand, ancien président du Conseil, aux Finances Alexandre Ribot. Le cabinet s'élargit ainsi en direction du centre droit. Il y a plus significatif encore du côté opposé, à l'extrême gauche, avec l'entrée au gouvernement de deux socialistes et non des moindres, Marcel Sembat, qui prend le portefeuille des Travaux publics, et surtout Jules Guesde, l'intransigeance doctrinaire incarnée, qui devient ministre d'État. Sa présence symbolique a été acceptée par la SFIO qui suspend pour la durée de la guerre l'observance du principe de non-participation sur lequel s'était opérée naguère l'unification de tous les courants socialistes. La France a désormais, pour diriger la guerre, un cabinet d'Union sacrée où la plupart des partis sont représentés. Le clivage droite-gauche est pour un temps mis entre parenthèses.

Le gouvernement a les mains libres. Le 5 août, les Chambres avaient voté à l'unanimité, SFIO comprise, et pratiquement sans débat, toutes les mesures proposées : une loi avait confirmé le décret proclamant l'état de siège. La censure est instituée ainsi que le contrôle des correspondances. Voilà pour les libertés publiques. Des dispositions sont prises pour assurer le financement des débuts de la guerre : les billets de la Banque de France reçoivent cours forcé, le plafond d'émission est relevé. Le Parlement accorde au gouvernement, avec le droit d'engager des dépenses, une délégation du pouvoir législatif : il est habilité à prendre par décret toutes mesures jugées nécessaires pour l'exécution des contrats. C'est dans ce cadre juridique que, le 14 août, est décrété un moratoire des loyers qui sera reconduit de trimestre en trimestre jusqu'au-delà des hostilités. Après quoi les Chambres se mettent en congé *sine die* sans qu'il y ait clôture de la session : elles laissent au gouvernement le soin de les rappeler. De ce fait, rompant avec la tradition parlementaire, Viviani ne présente pas aux Chambres son cabinet remanié : l'habituelle déclaration gouvernementale est remplacée par un manifeste signé de tous les ministres et adressé au pays.

Première dérogation, imposée par une situation exceptionnelle, aux usages de la démocratie représentative telle qu'elle se pratiquait depuis les débuts de la IIIe République. Les travaux parlementaires resteront suspendus quatre mois, jusqu'à ce que le gouvernement rappelle les Chambres le 22 décembre pour voter le budget 1915.

Ce n'est pas seulement l'activité parlementaire qui est ralentie, c'est la vie politique tout entière qui est suspendue. Les conditions élémentaires font défaut : l'état de siège, le poids de l'autorité militaire dans la zone des armées, la censure, le contrôle postal asphyxient toute discussion. Les partis ont perdu leurs cadres et leurs adhérents : les effectifs de la SFIO tombent de 72 000 à 22 000. Les occasions qui scandaient le déroulement de la vie politique ont disparu : toutes les élections sont ajournées, y compris celles des conseils municipaux. Le renouvellement d'une série du Sénat aurait dû intervenir en 1915 : il est renvoyé à la fin de la guerre ; de même pour la série suivante en 1918. Quant à la Chambre dont le mandat aurait dû expirer au printemps 1918, elle sera prorogée jusqu'à l'automne 1919. Le personnel politique vieillira ainsi en l'absence de toute relève de générations. Surtout, les Français ont des sujets de préoccupation plus prenants : tous les regards sont tournés vers le front et le communiqué quotidien du GQG sur les opérations a plus d'importance à leurs yeux que les combinaisons politiques. Il y a un accord tacite et général pour renvoyer à d'autres temps la politique.

La vie politique ne se réveillera pas avec la rentrée des Chambres en janvier 1915. Tous les votes en 1915 seront acquis à la quasi-unanimité, qu'il s'agisse du budget, des projets de lois ou de la confiance au gouvernement. L'union sera même élargie avec l'entrée en octobre 1915, dans le cabinet que forme Briand succédant à Viviani, de Jules Méline à l'Agriculture et de Denys Cochin à un poste de sous-secrétaire d'État aux Affaires étrangères : il est le premier catholique à faire partie d'un gouvernement depuis 1879 ; c'est la levée d'une exclusive de plus d'un tiers de siècle qui frappait tout homme politique suspect d'être dévoué à l'Église. Sa présence au côté d'Émile Combes, dont le nom est lié à la politique la plus anticléricale, de Léon Bourgeois, apôtre du solidarisme radical, et de Freycinet, survivant du gouvernement de la Défense nationale de 1871, est symbolique de la réconciliation générale qui ôte momentanément tout objet et toute raison d'être à la vie politique en dehors de la guerre à mener jusqu'à la victoire : car s'il y a un sujet sur lequel les Français sont unanimes, c'est bien le refus du défaitisme.

Mais ni les politiques ni l'ensemble des Français n'avaient prévu en 1914 que la guerre durerait. Pas plus qu'on ne l'avait vu venir, on n'avait imaginé qu'elle pût se prolonger au-delà de la fin de l'année : les mobilisés rentreraient chez eux pour Noël. Les plans de l'état-major se fondaient sur la certitude d'une guerre courte, les crédits demandés en août 1914 devaient suffire. La trêve des passions était d'autant plus aisément acceptée que c'était un armistice consenti pour un semestre. Avec la guerre qui s'installe et s'éternise, la vie politique se réveille progressivement et la zizanie s'insinue entre les pouvoirs.

La prolongation de la guerre repose le problème des rapports entre le gouvernement et le haut commandement. En théorie, sa solution ne souffre pas discussion : la responsabilité suprême appartient au seul gouvernement ; le grand quartier général, quelles que soient son importance et sa légitimité, n'est pas un pouvoir, moins encore un contre-pouvoir ; ce n'est qu'un agent supérieur d'exécution. Dans la pratique, les choses sont plus compliquées : qui arrêtera les choix stratégiques majeurs, notamment sur les théâtres d'opérations ? Le Conseil des ministres est un organe trop lourd et incompétent. Dans les premiers mois, le gouvernement a laissé une grande liberté de manœuvre aux militaires ; sur injonction de l'état-major, il a quitté la capitale pour se replier à Bordeaux, loin du GQG. Les ministres se voient interdire d'aller dans la zone des armées. Les généraux excipent des pouvoirs que leur confère l'état de siège et s'arrogent des attributions non prévues. Ils dessaisissent les administrations. La référence au secret et la crainte des fuites, la défiance à l'égard des politiques conduisent le GQG à interdire aux préfets de transmettre au ministre de l'Intérieur des informations qui pourraient toucher au secret militaire : il leur refuse de communiquer téléphoniquement avec la place Beauvau. Les militaires en usent de même avec les parlementaires qu'ils éconduisent, les empêchant d'exercer le moindre contrôle. Le mécontentement est vif chez les députés qui s'en prennent au ministre, Millerand : au lieu de faire respecter la suprématie du pouvoir civil, il est entré dans les vues de l'état-major dont il défend les thèses auprès de ses collègues, réduits à l'impuissance par la coalition du haut commandement et du ministre. La commission de l'Armée mène contre lui une campagne qui aboutira à la chute du cabinet Viviani (octobre 1915).

La nomination au ministère de la Guerre d'officiers généraux, Gallieni, Roques, Lyautey, ne dirimera pas les difficultés ; le dernier provoquera même à la tribune de la Chambre un vif incident qui entraînera la chute du cabinet. Les relations avec le GQG varieront avec la personnalité des commandants en chef : elles seront bonnes avec le général Nivelle, bien vu des milieux politiques auxquels il inspire confiance, mais l'échec de la malheureuse offensive du 16 avril 1917, qui déclenchera la grave crise du moral, dissociera l'attelage. Dans la dernière année de la guerre, le soutien sans réserve donné par Clemenceau à Foch résoudra les difficultés.

L'entrée en guerre n'a pas eu de conséquence directe sur la fonction présidentielle. En 1914, c'est Raymond Poincaré qui détient depuis dix-huit mois la magistrature suprême : il sera le président pour toute la durée de la guerre et ne quittera l'Élysée que bien après la signature du traité de Versailles, en janvier 1920. Précédée par une réputation d'autorité et d'énergie, son élection en janvier 1913 avait été saluée par tout un courant d'opinion comme le signe d'un sursaut national et avait suscité l'espoir d'une réévaluation de la fonction de président. On le savait attaché à une politique de fermeté, au maintien de l'alliance franco-russe et hostile à la politique d'apaisement de Caillaux et Briand. Mais, enfermé dans le palais présidentiel, tenu dans l'ignorance des opérations par l'état-major, Poincaré ne sort que pour quelques visites aux combattants dans un étrange accoutrement. Il exprimera dans ses Mémoires l'amertume de n'avoir pas prise sur les processus de décision. Lui revint cependant une initiative de la plus haute importance, le jour de novembre 1917 où, surmontant son antipathie personnelle, il appelle Georges Clemenceau à la direction du gouvernement, tout en sachant que c'est renoncer pour lui à toute possibilité d'intervenir dans les choix décisifs. La guerre n'a donc pas ramené le pouvoir à la présidence de la République.

Est-il au gouvernement ? Davantage assurément. Cinq hommes se sont succédé à la tête de six cabinets. Succession rapide dont le rythme s'emballe et qui traduit la lassitude des hommes, usure des gouvernements dans l'opinion et auprès des parlementaires. René Viviani, surpris par le déclenchement des hostilités à la tête du gouvernement, a remanié son cabinet à la fin d'août pour élargir son assise parlementaire. Après seize mois, il cède la place à Aristide Briand qui dirige deux gouvernements consécutifs seize autres mois, jusqu'en mars 1917. Lui succède alors pour moins de six mois, du 20 mars au 7 septembre, un cabinet Ribot qui s'efface ensuite devant un cabinet Painlevé démissionnaire après deux petits mois. L'accélération du rythme sanctionne la dégradation de l'autorité. C'est alors que Poincaré fait appel à Clemenceau : un coup d'arrêt est porté à l'instabilité croissante des gouvernements et à leur impéritie. Clemenceau sera le chef incontesté d'une équipe soudée comptant peu de personnalités fortes, et qui restera en charge vingt-six mois, jusqu'au 18 janvier 1920.

Les impératifs de la conduite de la guerre se sont conjugués avec des nécessités proprement politiques pour entraîner d'importantes modifications dans la composition et la structure des gouvernements. L'extension des compétences de l'État appelle la création de nouveaux départements ministériels avec à leur tête des ministres à part entière ou des sous-secrétaires d'État (on se souvient que la IIIe République ne connaît pas l'échelon intermédiaire des secrétaires d'État). Ainsi sont créés en 1915 cinq sous-secrétariats : Marine marchande, Artillerie et munitions, Ravitaillement et intendance, Service de santé, Aéronautique militaire. Dans le second ministère Briand, Armement et fabrications de guerre sont érigés en un ministère plein tandis que surgissent de nouveaux sous-secrétariats d'État : au Blocus, pour les Administrations financières, les Inventions intéressant la défense et l'Administration générale de l'armée. Dans le bref cabinet Painlevé on voit poindre un sous-secrétariat au Contentieux et aux Pensions, amorce du futur ministère, dont on conçoit qu'il est encore trop tôt pour porter cette dénomination des Anciens Combattants. Autre anticipation qui est une prise de gage sur l'avenir, la création dans le gouvernement Clemenceau d'un ministère du Blocus et des régions libérées, qui sera suivie après la cessation des combats de plusieurs autres innovations pour faire face aux tâches de l'après-guerre : reconstitution industrielle, démobilisation, liquidation des stocks.

La recherche de soutiens politiques concourt aussi à accroître l'effectif ministériel : 14 ministres et 8 sous-secrétaires d'État dans le cabinet Viviani, 17 et 6 dans le premier gouvernement Briand, 14 et 11 dans le cabinet Ribot. Le total s'élève à 29 avec Painlevé : 18 dont quatre ministres d'État et 11 sous-secrétaires d'État pour redescendre à 24 avec Clemenceau. Par rapport aux ministères d'avant guerre dont la moyenne tournait autour de quatorze ou quinze, l'effectif s'est accru d'une bonne dizaine. Cette augmentation qui survivra à la guerre commande des changements dans les méthodes de travail et de délibération : l'émergence de conseils interministériels d'une part et une formule plus ramassée, celle des comités de guerre qui ne réunissaient que les ministres ayant des responsabilités directes dans la conduite de la guerre.

Les nécessités de la guerre ont naturellement mis à l'épreuve les formules de rapports entre exécutif et législatif mises au point en temps de paix. Dans les premiers mois, on l'a vu, le problème ne se pose pas, le Parlement s'étant ajourné : le décret de clôture de la session est pris le 3 septembre. Le gouvernement est seul en place et exerce une quasi-dictature avec le consentement tacite des Chambres. En les convoquant pour une session extraordinaire, les 22 et 23 décembre, afin de voter six douzièmes provisoires, le gouvernement devance la rentrée de plein droit fixée au 12 janvier 1915. Le gouvernement renonce à user de son droit de clore par décret la session ordinaire, laissant au Parlement le soin de suspendre éventuellement ses travaux, ce qu'il ne fera point. Le Parlement a ainsi siégé toute la durée de la guerre, manifestant la permanence des institutions et signifiant que la situation, pour exceptionnelle qu'elle fût, ne portait pas atteinte aux prérogatives de la représentation nationale : voter la loi, adopter le budget, contrôler l'exécutif.

Cependant leur exercice souffrira des dérogations imposées par l'urgence et la nécessité de décisions promptes. Le pouvoir exclusif de faire la loi a subi des restrictions. Le 5 août, les Chambres avaient consenti au gouvernement une délégation du pouvoir législatif en l'autorisant à prendre par décret toutes mesures visant à régler l'exécution des contrats. Il en usera plus largement pour interdire le commerce avec l'ennemi, la vente de l'absinthe, soumettre les exemptés à un nouvel examen médical et « limoger » les généraux tenus pour responsables des premières défaites. Cent quatre-vingts décrets au total furent pris dans ce cadre. L'historien ne saurait attacher trop d'importance à cette procédure, car ces décrets sont la matrice de la future pratique des décrets-lois qui prendront tant d'extension dans l'entre-deux-guerres.

L'étendue du pouvoir réglementaire suscita à la fin de 1916 une très vive controverse sur la délimitation des pouvoirs respectifs du gouvernement et du Parlement en l'absence dans les textes constitutionnels et la tradition juridique française d'une définition claire. Le 14 décembre 1916, Briand déposait un projet de loi pour lequel il demandait un vote d'urgence et qui autorisait le gouvernement jusqu'à la fin des hostilités à prendre par décrets toutes mesures commandées par la défense nationale, notamment en ce qui concerne la production agricole et industrielle, les ports, les transports, le ravitaillement, l'hygiène, la main-d'œuvre, la vente et la répartition des denrées, et à fixer lui-même les pénalités contre les infractions. Déjà considérable, l'énumération, n'étant pas limitative, aboutissait à accorder au gouvernement une délégation générale du pouvoir législatif. Tous les partis s'élevèrent contre pareille abdication du Parlement et surtout l'instauration d'un régime arbitraire : il n'était pas concevable d'abandonner à l'exécutif le soin de fixer la nature des peines ; c'eût été la confusion des pouvoirs et la transgression d'un principe constitutionnel fondamental. Le projet fut retiré et, quelques jours plus tard, le Parlement fit une concession en instituant une procédure spéciale d'urgence simplifiant les débats et abrégeant les délais.

Instruit par le précédent, Clemenceau, quand il formula une demande d'autorisation de suspendre par décret nombre d'activités, renonça au point litigieux de la détermination des sanctions. Adoptée en date du 10 février 1918, cette loi prévoyait qu'elle continuerait de s'appliquer dans les six mois qui suivraient la fin des hostilités.

Pour le contrôle des finances publiques, les relations entre le gouvernement et les Chambres suivirent à peu près la même ligne d'évolution. Croyant à une guerre de courte durée, le Parlement avait, le 4 août, ouvert à l'exécutif de grandes facilités : il l'autorisait à engager par décret des crédits extraordinaires et à créer aussi des recettes exceptionnelles. Le gouvernement ouvrit, entre le 5 août et le 22 décembre, afin de subvenir aux dépenses de la guerre, pour 6 milliards 441 millions de crédits.

Avec la rentrée des Chambres, le gouvernement perdait ces droits et on revint à une procédure moins exorbitante. La guerre ne permit pas, cependant, de revenir tout à fait aux règles ordinaires : impossible par exemple d'établir un projet raisonnable de budget pour tout un exercice annuel ; on se contenta de voter des crédits provisoires pour six mois et même bientôt de trois mois en trois mois. La répartition par chapitres des crédits votés n'est plus qu'indicative et le gouvernement peut y apporter des modifications et opérer des reports par décret. On a renoncé à équilibrer dépenses et recettes et on fait très largement appel à l'emprunt pour financer la défense ; la charge de la dette sera un legs de la guerre aux législatures d'après guerre. Les commissions des finances des deux assemblées s'efforcèrent en dépit de toutes ces difficultés d'exercer leur contrôle sur l'exécution des budgets.

Mais de toutes les modalités par lesquelles le Parlement exerce les droits de la représentation nationale, c'est le contrôle de l'action gouvernementale qui souffrit les altérations les plus marquées du fait de la situation exceptionnelle. Comment concilier le droit de regard des élus avec l'impératif du secret ? Comment, sans compromettre le succès des opérations engagées, préserver le droit d'investigation des parlementaires ? Comment, sans ébranler l'indispensable confiance de la nation dans ceux qui ont la responsabilité du pouvoir, critiquer les ministres, relever les insuffisances et dénoncer les impréparations ? À la rentrée des Chambres en décembre 1914, le gouvernement n'acceptant pas de discussion publique et s'opposant à l'exercice du droit d'interpellation, on s'était mis d'accord pour renvoyer en commissions les questions des parlementaires. Mais les députés ne faisant pas tous partie des grandes commissions intéressées, cette pratique conduisait à la séparation de deux classes de parlementaires dont seule une minorité aurait libre accès à l'information et serait en mesure d'exercer cette forme de contrôle. En outre, elle ne comportait pas la possibilité de sanctionner le gouvernement. En août 1915, la guerre se prolongeant et devant les erreurs accumulées, le malaise, latent depuis quelques mois, éclate et un conflit très vif oppose la commission de l'Armée au ministre de la Guerre, Millerand, qui finit par entraîner la chute du cabinet Viviani, le 29 octobre 1915.

Pour prévenir la répétition de pareils conflits, on invente la formule des comités secrets ; à la différence des débats en commission, tous les députés ou sénateurs y assistent mais la séance n'est pas publique et les débats ne donnent lieu à aucune publication. La réunion en comité secret est de droit à la demande de cent parlementaires et elle doit avoir un objet précis : l'état de l'artillerie, les affaires de Grèce, l'aviation... Le premier de ces comités secrets s'ouvrit le 16 juin 1916. La Chambre en tint huit et le Sénat quatre entre le début de l'été 1916 et l'automne 1917. Le dernier comité secret se tint le 10 octobre 1917. Il n'y en eut plus au temps du gouvernement Clemenceau, leur disparition confirmant que le regain d'activité parlementaire a coïncidé avec les phases de faiblesse gouvernementale. Si la vigilance parlementaire a souvent harcelé les gouvernements, un seul a été renversé par un vote explicite de la Chambre des députés, celui dirigé par Paul Painlevé qui n'avait que deux mois d'existence, le 14 novembre 1917, par 277 voix contre 91. Parallèlement, la faculté restait ouverte à tout parlementaire d'adresser aux ministres des questions écrites. Ils ne se firent pas faute d'en user : pour la seule année 1915, on en compte 6 921.

Les grandes commissions permanentes – de l'Armée, de la Marine, des Affaires étrangères ou du Budget – ont cherché avec ténacité à étendre le champ de leurs attributions : soucieuses d'enquêter dans les services et les unités militaires, elles se heurtèrent à la mauvaise volonté des autorités militaires. Elles ont cependant réussi à obtenir partiellement gain de cause : dès 1915, la commission des Armées réclame des laissez-passer pour enquêter dans la zone des armées. En 1916, la Chambre tout entière se saisit de la question : elle finit par obtenir satisfaction en juillet 1916.

***

Ainsi la vie politique a-t-elle connu dans les cinquante-deux mois de la Grande Guerre trois phases successives. Dans la première, qui correspond aux cinq premiers mois, la vie politique, anesthésiée par le caractère exceptionnel de la situation, est réduite à sa plus simple expression : les Chambres sont en vacances, le gouvernement échappe au contrôle parlementaire et lui-même laisse les mains libres au haut commandement. Les partis ont suspendu toute activité, la presse est soumise à la censure, et l'opinion n'a d'autres préoccupations qu'ordonnées aux opérations militaires.

Une deuxième séquence commence quand il devient évident que la guerre est appelée à durer. Les combattants s'installent dans une guerre de position ; la vie politique sort peu à peu de sa léthargie ; les Chambres sont rentrées et cherchent à rétablir un contrôle sur le gouvernement, tant pour restaurer une pratique plus conforme à la tradition républicaine que pour aiguillonner l'action des ministres jugée insuffisante ; à défaut de pouvoir renverser les cabinets, les commissions font campagne contre tel ou tel ministre, des formules nouvelles comme les comités secrets rétablissent une forme de contrôle plus adaptée aux circonstances. Les ambitions personnelles, les dissensions entre partis font le reste. Les gouvernements s'affaiblissent et l'union devant le danger n'est plus aussi forte pour contrecarrer les facteurs de discorde. Durant l'été 1917, la rupture survient entre les socialistes et les autres partis : c'est la fin de l'Union sacrée. Il y a désormais une opposition. Le point extrême de la dégradation est atteint ce jour du 14 novembre 1917 où, pour la première fois après trois ans de guerre, une majorité parlementaire refuse la confiance au gouvernement que dirige Paul Painlevé.

Point extrême de la crise morale, c'est aussi le point de départ d'un redressement et d'un infléchissement de la vie politique avec le gouvernement Clemenceau. Il ne dispose pas de pouvoirs exceptionnels, mais, prenant appui sur une opinion qui aspire à être dirigée, sa volonté fait loi. Il a pris acte de la cassure de l'Union sacrée : renonçant à former une équipe à l'image de la diversité du paysage politique, il gouverne avec une équipe homogène. Il ne met pas les Chambres en vacances, il leur témoigne même considération et attention : il pose la question de confiance et obtient un soutien sans faille de sa majorité. Il le conservera bien audelà de la fin des combats.

Celle-ci, en effet, ne signifie pas l'abandon des pratiques du temps de guerre. L'état de siège sera maintenu jusqu'au 12 octobre 1919, presque une année entière après la signature de l'armistice, et c'est la date du 24 octobre qui sera retenue pour marquer officiellement la fin des hostilités et le retour à la paix. La censure est maintenue. Tout ce temps, Clemenceau a continué de gouverner par décret et rejeté toute interpellation. Prétendant s'en tenir à la lettre de la Constitution, il oppose un refus catégorique à toutes les demandes des Chambres d'être tenues informées du cours des négociations sur la paix. Les députés supportent son autorité avec une impatience croissante, mais, à l'exception du groupe socialiste qui a choisi d'être dans l'opposition, le reste de la représentation nationale n'ose affronter le Tigre ni le mettre en difficulté. Si bien que les conditions particulières imposées à la vie politique par la guerre se sont prolongées une année entière après la cessation des combats.

Le retour à la normale s'effectue par étapes. Une grande opération de révision des listes électorales, rendue indispensable par les déplacements de population et l'importance des pertes humaines, a été menée à bien. Cinq jours après le vote de ratification du traité de Versailles, le Conseil des ministres adopte un projet de loi qui fixe au 7 décembre 1919 la limite des pouvoirs de la Chambre des députés élue en avril-mai 1914 et qui avait été prorogée *sine die.* Il arrête le calendrier des élections pour le renouvellement de toutes les assemblées. 16 novembre : élections législatives à un tour et rentrée de la nouvelle Chambre le 8 décembre. Élections municipales les 23 et 30 novembre ; 7 décembre, désignation par les nouveaux conseils des délégués appelés à compléter le collège des électeurs sénatoriaux. Élection des conseillers généraux et d'arrondissement les 14 et 21 décembre ; 11 janvier 1920, renouvellement des deux tiers du Sénat. Couronnant ce marathon électoral mené tambour battant sept dimanches de suite, élection le 17 janvier du successeur de Raymond Poincaré à la présidence de la République ; le résultat est acquis dès le premier tour sur le nom du président sortant de la Chambre, Paul Deschanel ; Clemenceau remet sa démission dès le lendemain et sort définitivement de la vie politique qu'il avait animée plus d'un demi-siècle. Dès le 19, Alexandre Millerand lui succède à la présidence du Conseil. C'est la fin du gouvernement de guerre, après cinq ans et demi. Tout rentre apparemment dans l'ordre et la vie politique reprend son cours ordinaire.

Le régime a résisté : les institutions n'ont pas été emportées ni même suspendues. La République a triomphé là où l'Empire avait succombé. La victoire est autant la sienne que celle de la nation, et la plupart de ceux qui avaient des doutes ou des objections contre la République au nom du patriotisme rendent les armes au régime ; la droite est ralliée et fait partie de la nouvelle majorité qui a adopté l'appellation, combien significative ! de Bloc républicain national, qui rapproche et réconcilie la référence à la République et l'attachement à la nation.

Est-ce à dire que la vie politique reprend au point précis où elle s'était arrêtée le 2 août 1914, comme s'il était possible de refermer la parenthèse que la guerre avait ouverte comme par effraction ? L'épreuve laisse à la fois des problèmes, des habitudes, des souvenirs aussi. Elle lègue toutes sortes de problèmes insolites qui constitueront l'ordre du jour des gouvernements et seront le calvaire des majorités : les droits des victimes à réparation, les dommages de guerre, la reconstruction, les régions sinistrées, le fardeau de la dette accumulée pour faire face aux dépenses de guerre. Autant de tâches qui pèseront quinze ans sur les ressources du pays, compromettront l'équilibre du budget, entraîneront la dépréciation du franc et l'abandon des maximes de l'orthodoxie financière, dissocieront les majorités, disloqueront les coalitions.

Ces problèmes contraindront à conserver certaines habitudes contractées pendant la guerre, l'opinion attendant du gouvernement qu'il continue de réglementer l'activité économique. Le fonctionnement des institutions restera obéré par les pratiques du temps de guerre affranchissant partiellement l'exécutif du contrôle parlementaire ; dès 1924, on recourra à la pratique des décrets-lois par laquelle les représentants de la nation se déchargent sur le gouvernement de leur mission propre : le vote de la loi. C'est un autre mode de relation entre les pouvoirs qu'avant 1914 ; une autre façon aussi pour la vie politique.

Le changement le plus important est peut-être celui qui a affecté les hommes, leurs idées, leurs sentiments, leurs passions. Ceux qui reviennent du front après quatre années ont été marqués à jamais ; ils sont différents de ce qu'ils étaient en 1914. De ce bouleversement les conséquences sont multiples, parfois de sens contraire. Ainsi, la querelle qui opposait cléricaux et laïques a perdu de sa virulence ; les catholiques ont donné des gages de leur civisme et l'anticléricalisme ne mobilise plus. On en fera la découverte en 1924 quand le gouvernement du Cartel devra renoncer au chapitre de son programme sur la remise en vigueur des lois laïques suspendues aux premières heures du conflit. En sens inverse, la lutte des classes va s'exaspérer, en partie sous l'impulsion de la révolution bolchevique ; l'extrême gauche, qui a rompu avec l'Union en 1917, a mauvaise conscience d'avoir sacrifié la défense intransigeante des intérêts du prolétariat à la collaboration de classe et souhaite se racheter. Surtout, l'épreuve laisse dans la conscience collective un traumatisme ineffaçable, une horreur de la guerre qui a pour contrepartie un attachement inconditionnel à la paix érigée en absolu, rien, aucune valeur ni aucun régime ne paraissent justifier qu'on leur sacrifie le bien le plus précieux, le seul qui soit irremplaçable, la vie. De cet état d'esprit procédera la division profonde de l'esprit public devant la montée en Europe d'une volonté hégémonique incarnée dans un régime, le IIIe Reich, une idéologie, le national-socialisme. Il n'est pas déraisonnable de penser que les crises de conscience de la nation, en 1938 à propos de l'accord de Munich et, en 1940, de l'armistice, procèdent de cette guerre qui fut la grande épreuve de la IIIe République.

CHAPITRE XVI

Une étape majeure de l'histoire de la vie politique française

Durée et légitimité

Quand le gouvernement français déclare, le 3 septembre 1939, la guerre à l'Allemagne, les réservistes qui rejoignent leur centre mobilisateur, dont bon nombre ont déjà fait la guerre vingt ans plus tôt, n'ont pas connu d'autre régime que la IIIe République. De même tous les Français qui ont moins de soixante-dix ans révolus. Seuls ceux qui ont voté pour la première fois avant les élections de 1893 ont vécu sous un autre régime, mais, pour s'en souvenir, il n'y a plus que ceux qui avaient atteint la majorité légale en 1877 au plus tard et qui auront quatre-vingts ans ou plus en 1940 : c'est le cas par exemple de Philippe Pétain, né en 1856, qui aurait pu voter pour la première fois en 1877, si le droit de vote n'avait pas été retiré aux militaires en 1872 pour tenir l'armée à l'écart des luttes politiques. La République n'est pas seulement le régime politique du moment, le cadre institutionnel en place : elle est avec le temps devenue l'identité de la nation. La France, en entrant en guerre, ne défend pas seulement ses intérêts vitaux, sa sécurité menacée par une ambition hégémonique, sa position diplomatique, ses alliances, et son honneur ; elle se bat aussi pour la démocratie : c'est le combat de la IIIe République contre le IIIe Reich. Cette identification de la nation au régime est la conséquence de la durée. Pourquoi ne se prolongerait-elle pas, la guerre gagnée, aussi longtemps qu'elle a déjà duré ?

La durée, voilà le fait majeur. Et ce, quel que soit le point de départ qu'on convienne d'adopter pour dater la naissance de la IIIe République. 4 septembre 1870 : proclamation par le peuple de Paris de la République après la déchéance de l'Empire ; 31 août 1871 : vote par l'Assemblée nationale de la loi Rivet conférant au chef du pouvoir exécutif, Adolphe Thiers, le titre de président de la République française ; 30 janvier 1875 : adoption de l'amendement Wallon introduisant le terme dans les textes constitutionnels et conférant au régime à venir son identité définitive en disposant que le président de la République sera élu par le Sénat et la Chambre ; ou bien les élections des 20 février et 5 mars 1876 qui achèvent la mise en place des pouvoirs publics prévus par les trois lois constitutionnelles. Ou encore la date que nous avons choisie pour que l'objet de notre étude soit moins les institutions que la pratique de la vie politique, la démission, le 30 janvier 1879, du maréchal de Mac-Mahon, immédiatement suivie de l'élection du républicain Jules Grévy et de la formation, le 4 février, du cabinet présidé par Waddington, qui scellent la conquête définitive des pouvoirs par les républicains. Même dans cette dernière délimitation, la plus restrictive, la durée est pour la France considérable : soixante années, celle d'une vie humaine.

Le fait est capital, parce que tout à fait insolite : la IIIe République est à ce jour encore le plus long de tous les régimes que la France ait connus. Aucun de ceux qui l'ont précédé n'avait duré plus du tiers et la durée moyenne était bien inférieure. De 1879 à 1939, c'est autant de temps que de 1789 à 1848 où se sont succédé une dizaine d'expériences, ou de 1814 à 1875 où les contemporains n'en ont pas connu moins d'une demi-douzaine. Pourquoi cette dissymétrie qui fait soudain succéder la stabilité à la discontinuité ? Nous avons dans les premières pages de ce livre passé en revue quelques-unes des explications qui viennent à l'esprit et qui ont été avancées tantôt par les tenants et tantôt par les adversaires du régime. Lassitude de l'opinion et aspiration au repos et à la stabilité ? Mérites propres de cette Constitution dont les pères auraient enfin su trouver le point d'équilibre entre l'attachement invétéré à la liberté et l'acceptation du minimum d'autorité nécessaire à la conservation de la société, entre l'attachement à l'unité et la reconnaissance du droit à l'expression des différences ? Toujours est-il que le régime a duré : il a résisté à l'usure du temps, il a aussi déjoué les conspirations.

Deux traits qui caractérisent ce chapitre de notre histoire et concourent à le rendre différent de ceux qui l'ont précédé éclairent cette singularité et contribuent peut-être à en rendre raison : la capacité du régime à dissoudre les oppositions et à rallier ses adversaires ; la répudiation de la violence comme instrument de la lutte politique et le consentement à la décision des électeurs.

La capacité à désarmer les opposants ? C'est un peu une lapalissade ou l'énoncé d'une relation de causalité réciproque : la IIIe République a pu rallier ses adversaires parce que le temps qui avait manqué à ses prédécesseurs ne lui a pas fait défaut. La monarchie restaurée en 1814 n'a pas su convaincre les libéraux qu'ils pourraient y trouver leur place ; le raidissement sous le règne de Charles X et le gouvernement Polignac a achevé de les convaincre du contraire. La Monarchie de Juillet n'a pas davantage réussi à rallier les républicains. Ne parlons pas de la IIe République qui a illustré la précarité des expériences démocratiques. Le Second Empire y serait peut-être parvenu sans la malheureuse décision de déclarer la guerre à la Prusse : le régime avait infléchi sa ligne et donné des gages appréciables à l'opposition libérale ; le succès éclatant du plébiscite de mai 1870, bien que sa signification ne fût pas dépourvue d'équivoque, avait paru sceller pour vingt ans l'échec de l'opposition républicaine. Le sort des armes en disposa autrement.

La République aussi a connu des tempêtes auxquelles ses ennemis ont bien cru qu'elle succomberait : ce sont ces crises récurrentes qui se reproduisirent de dix ans en dix ans, généralement dans la seconde moitié de chaque décennie ; crise du 16 mai 1877, crise du boulangisme, crise de l'affaire Dreyfus. Leur répétition quasi régulière invite à les rapprocher de celles qui emportèrent les régimes précédents. La IIIe République aurait-elle trouvé sans le savoir le secret de dénouer pacifiquement les crises auxquelles les précédents régimes avaient succombé ? Si ce raisonnement par analogie est pertinent, quel est-il, ce secret qui a permis à la République de surmonter les épreuves ?

La répudiation de la violence

Il tient pour partie dans un regard nouveau porté sur la violence politique. C'est l'essence de la politique que de réguler la violence latente en toute société. Depuis la Révolution, la violence avait partie liée avec la politique. Non pas que la pensée politique ait déjà inventé le concept de violence d'État et accrédité cette idée que l'État par sa seule existence exerce une violence sur les individus et la société civile ; c'est le XXe siècle qui imposera cette interprétation, délégitimant l'État et justifiant le recours à la violence de la rue pour le combattre ou le renverser : l'État ne serait que violence solidifiée, institutionnalisée, dont la formalisation par la règle de droit n'effacerait pas la tache originelle. Mais depuis les prodromes de la Révolution l'histoire avait marié violence et politique. Toute l'histoire des dix années de la tragédie révolutionnaire a été scandée par l'irruption de la violence : il n'est pas un tournant de cette histoire qui n'ait été pris par un acte de rupture avec la légalité. Quand ce n'est pas l'émeute de la rue ou l'insurrection comme au 14 juillet, au 10 août ou aux 31 mai et 2 juin, c'est par un coup d'État qui bouscule l'État de droit à l'initiative de l'un des pouvoirs. La Révolution elle-même prend fin par un coup de force, au 18 brumaire. Le pli est pris. Tous les régimes périront par la violence : la violence guerrière, ou la violence insurrectionnelle. Cette régularité confère une sorte de légitimité à toute tentative de renverser le régime en place. Il y a plus : le culte de la Révolution, l'aura qui s'attache à son histoire ont comme sacralisé la violence. La Convention n'avait-elle pas proclamé que le droit à l'insurrection pouvait être un devoir sacré ? Sacré : c'est le mot qui convient. C'est un sentiment de nature religieuse qui s'attache à la conspiration, à la prise d'armes, à l'insurrection, à la barricade. Les trois journées de juillet 1830 qui renversent la monarchie restaurée des Bourbons sont appelées les Trois Glorieuses, comme on le dirait d'une grande victoire sur l'ennemi. La guerre civile, au lieu d'inspirer horreur ou répulsion, est exaltée et les insurgés qui sont tombés au cours de ces combats sont honorés comme des martyrs. Le lyrisme romantique achève de transmuter en gloire l'usage de la violence. Cet état d'esprit règne encore en 1871 ; il explique et l'explosion de fureur de la Commune et la férocité de la répression. Jusqu'en 1870, tout donne à croire que les Français ne connaissent pas un sentiment, qui paraîtra élémentaire à leurs descendants, et qui leur fera préférer la recherche du compromis à l'épreuve de force : l'horreur du sang versé entre concitoyens.

La Commune sera le dernier maillon de cette longue chaîne de violences. Comme si l'excès même de violence l'avait soudain et définitivement exorcisée et délégitimée. La renonciation de fait à y recourir pour imposer ses vues marque un changement profond de la culture politique française qui la rapprochera de celle des autres démocraties. Entendons-nous bien. Toute violence n'a pas immédiatement cessé ni totalement disparu. La vie politique connaîtra encore des affrontements physiques, des rencontres armées : plus d'un Français paiera de sa vie son engagement politique. La liste serait longue des meetings, des réunions contradictoires, des heurts entre colleurs d'affiches, crieurs de journaux, services d'ordre adverses qui ont entraîné mort d'homme. Si l'on était porté à croire que l'histoire de la violence est close avec la naissance de la IIIe République, la soirée sanglante du 6 février 1934 suffirait à faire justice de cette illusion. Mais, précisément, l'ampleur de l'émotion suscitée par les seize victimes de cet épisode et que les tendances politiques se soient trouvées unanimes pour éviter une escalade de la violence confirment la mutation du caractère français. Au lendemain du 6 février, c'est un lieu commun de rappeler que Paris n'avait rien connu de tel depuis plus d'un demi-siècle, depuis la Commune précisément. La violence, hier sacralisée, est désormais diabolisée : renversement de perspective. L'idée de substituer un régime à un autre par la force ne sera plus mise en œuvre : c'est par un vote ayant les signes extérieurs de la légalité qu'il sera mis fin, le 10 juillet 1940, à la IIIe République. En 1958, même si la force n'a pas été à l'origine tout à fait absente de la crise qui instaurera un nouveau régime, les acteurs n'auront tous qu'une même préoccupation : canaliser la violence, rétablir un processus régulier, donner la parole aux citoyens dans une consultation qui fera d'eux les arbitres suprêmes.

Tel est l'autre trait qui explique que la IIIe République ait duré plus que les autres régimes : pour opérer les changements souhaités, les Français ont trouvé un autre mode que la violence insurrectionnelle, moins coûteux en vies humaines : la consultation du peuple souverain. La violence recule devant la libre expression du suffrage populaire. Elle a été désacralisée par le prestige de l'élection. La IIIe République a bénéficié de la confiance que les citoyens font de plus en plus au suffrage pour dénouer les crises ou trancher les dilemmes : le bulletin de vote a remplacé le fusil, le bureau de vote la barricade. Le peuple en a fait la première expérience en 1877 pour sortir de la crise du 16 mai. En 1830, le peuple de Paris, agissant comme mandataire du peuple de France, avait riposté à la dissolution de la Chambre des députés par l'insurrection et renversé le trône. En 1877, les électeurs – tous les électeurs cette fois, ceux aussi des campagnes, comme de la capitale – ont sagement attendu cinq mois, de mai à octobre, pour se prononcer et désapprouver l'initiative du maréchal-président qui a eu, lui aussi, la sagesse de s'incliner devant le verdict des urnes comme les leaders républicains avaient eu celle de s'en remettre aux électeurs pour arbitrer leur différend avec le président sur l'interprétation de la Constitution. Les élections de 1889 consommeront pareillement l'échec de l'agitation boulangiste et celles de 1902 mettront de même fin au psychodrame de l'affaire Dreyfus. L'habitude est prise : le recours au suffrage universel a remplacé l'usage de la violence par des minorités agissantes. Cause et conséquence réciproques, la IIIe République a inculqué aux citoyens le respect de la règle constitutionnelle et la pratique de la consultation et elle-même en a recueilli le bénéfice. Ce n'est pas le moindre de ses apports à l'instauration d'une vie politique démocratique.

Quant aux politiques, ils n'ont pas tardé à faire entrer dans leurs calculs cette donnée neuve que désormais l'avenir des régimes ne dépendrait plus des humeurs et des émotions du peuple de Paris, mais des choix de la province et en particulier des masses rurales qui resteront longtemps encore la majorité du corps électoral. Ce fut l'intuition anticipatrice de ce connaisseur pénétrant de l'électorat, de ce tacticien avisé qu'était Gambetta de percevoir que la victoire du parti républicain et l'enracinement de la République passaient par la conquête des campagnes. Il amorça le mouvement qui fera de l'opinion républicaine, jusque-là le fait des villes et des plus grandes, le choix de la France rurale. Pour ce faire, les républicains doivent inspirer confiance, rassurer, chasser les mauvais souvenirs qui associent l'idée de République à la violence, au désordre, aux projets de révolution sociale. Le ralliement des campagnes a pour prix et pour condition le ralliement des républicains à l'ordre et à la stabilité : les deux mouvements sont liés. Le temps, sans lequel ces évolutions naturellement lentes n'auraient pu s'effectuer, a rendu possibles l'un et l'autre. Vingt ans plus tard, les républicains radicaux feront à leur tour le même cheminement.

Les oppositions successives, de gauche comme de droite, se tiendront aussi le même raisonnement. Le temps est révolu où des minorités décidées pouvaient renverser le régime établi pour lui substituer celui de leur choix. Il n'y a plus d'autre voie pour accéder au pouvoir que celle du suffrage universel. Pas d'autre moyen, en conséquence, que de le gagner à ses vues par un patient effort de persuasion pour conquérir des sièges, un par un. Si, dans les premiers temps de leur présence au Parlement, les élus des oppositions, qui siègent aux extrêmes, trop peu nombreux encore pour qu'on ait besoin d'eux, campent sur leurs positions intransigeantes et se cantonnent dans une opposition systématique, le temps et l'expérience font peu à peu leur œuvre. Ils découvrent que la délibération ménage des possibilités d'action, que le droit d'amendement permet d'infléchir l'orientation de certains textes. Ils se convainquent aussi que le régime a quelques avantages. Les élections successives leur gagnant des sympathies dans l'électorat et des sièges à la Chambre, l'effectif de leur groupe croît et avec lui leur pouvoir d'influence et le prix que les formations ministérielles attachent à leur vote. Le moment n'est plus éloigné où leurs dirigeants se verront proposer d'entrer au gouvernement. Même s'ils déclinent un temps encore ces offres par fidélité doctrinale, comme les socialistes unifiés après 1905, ils ne peuvent éluder la question dans les situations de crise : à se cantonner dans une opposition totale, ne risquent-ils pas de faire le jeu d'adversaires plus redoutables que le gouvernement ? Ainsi, au plus fort de la crise nationaliste, les socialistes ont soutenu le gouvernement de défense républicaine : pour bourgeoise qu'elle soit, la République parlementaire doit être défendue contre la réaction. Les oppositions de gauche sont ainsi peu à peu amenées à épouser les valeurs de la démocratie et à défendre les institutions. Ce que firent, après les radicaux, les socialistes et en dernier lieu les communistes entre 1935 et 1939 sous le drapeau de l'antifascisme. Les extrêmes gauches entrèrent tour à tour dans le système pour le défendre d'abord, le gérer ensuite.

À droite, les choses ne se passèrent pas tout à fait de la même façon : les motivations d'un éventuel ralliement ne pouvaient être les mêmes, la défense de la démocratie. Si la gauche reprochait à la République de ne pas être assez démocratique, la droite, elle, lui faisait grief de l'être trop. Aussi les premiers ralliements à droite furent-ils dictés par le souci de retenir la République sur la pente d'une plus grande démocratie et l'idée de se concerter avec les éléments les plus modérés du parti républicain pour faire front contre les plus radicaux. Telle fut l'inspiration du premier ralliement, celui qui s'écrit encore avec une majuscule et le seul qu'il n'y ait pas lieu d'expliciter par une épithète qui le qualifie : le Ralliement dont le pape Léon XIII prit l'initiative en 1890 et auquel il invita les catholiques. L'objectif avoué était d'accepter la Constitution, soit la forme républicaine du régime et le cadre des institutions, pour changer la législation, c'est-à-dire la politique de laïcisation poursuivie depuis une dizaine d'années par tous les gouvernements et qui visait à soustraire la société à la tutelle de l'Église catholique. Cette initiative ne rencontre de part et d'autre qu'un accueil mitigé : une partie des fidèles conteste au pape, dont ils se flattent d'être en matière de foi les plus obéissants serviteurs, le droit d'intervenir sur le terrain politique et objectent leur liberté de citoyens qui entendent demeurer fidèles à la monarchie. La proposition laisse aussi les républicains perplexes et divisés : si elle convient aux modérés, pas seulement parce qu'elle les arrange tactiquement contre les radicaux et les socialistes, mais aussi, parfois même surtout, parce qu'ils désapprouvent le sectarisme des laïcisateurs, elle en inquiète d'autres : elle est inacceptable pour tous ceux qui voient dans la République – on va y venir – tout autre chose qu'un cadre institutionnel, une philosophie sociale et même une manière de religion. Pour ces raisons, ce fut un échec et aussi du fait des circonstances – l'affaire Dreyfus –, mais celles-ci auraient-elles empêché le Ralliement d'aboutir politiquement si de part et d'autre on l'avait sincèrement voulu ? Le demi-échec du Ralliement des catholiques n'est que l'expression et la sanction d'une incompatibilité que l'on estime irrémédiable. Ce n'est que trente ans plus tard et après que la guerre avait profondément transformé les mentalités que le gros des catholiques se ralliera à la République. L'initiative de Léon XIII, probablement prématurée en 1890, produira ses effets au début des années 1920 : plus tard les historiens parleront pour qualifier ce moment d'un second ralliement, réussi celui-ci, et plus encore à partir de 1926 après la rupture entre le pape Pie XI et l'école d'Action française. Ralliement positif ? Assurément. Irrévocable ? La question se posera en 1940 et c'est l'après-Libération qui apportera la réponse.

D'autres droites se rallieront à la République pour des raisons plus politiques, principalement la défense de la patrie. Dès lors que la République s'était montrée capable de gagner la guerre, pourquoi ne pas s'en accommoder ? Pour les nationalistes ou les républicains qui se définissent comme nationaux, l'objection majeure qui les retenait d'adhérer à la République était son incapacité présumée à préférer l'intérêt supérieur du pays aux intérêts particuliers des partis. Le souvenir s'était effacé de la guerre de 1870-1871 où les républicains s'étaient faits les défenseurs intransigeants de l'intégrité du territoire, partisans derrière Gambetta de la guerre à outrance contre les avocats d'une conclusion pacifique du conflit et d'une paix de compromis dans la majorité royaliste. L'expérience de la guerre de 1914-1918 a fait tomber l'objection en dissipant les craintes ; même si à droite on a souvent critiqué les hésitations et les lenteurs des gouvernements, leur retard à prendre certaines décisions pour la conduite de la guerre, il reste que la République a gagné la plus grande guerre de toute notre histoire : la victoire de la France est aussi celle de la République. Aussi les droites parlementaires sont-elles en 1919 sincèrement ralliées. Elles y ont d'autant plus de facilité que les élections leur ont donné la victoire, qu'une partie de la gauche accepte désormais leur concours : elles font partie de la nouvelle majorité, leur point de vue est écouté et elles sont associées aux responsabilités du pouvoir.

Du troisième cas de ralliement à la République nous avons déjà parlé à propos des ligues : c'est la conversion, en juin-juillet 1936, de la nébuleuse formée autour du colonel de La Rocque à partir de l'association des Croix de feu, en parti de type classique dont il n'y a plus lieu de suspecter les intentions. Cette métamorphose illustre les motivations proprement politiques : la conviction que la seule voie pour assurer le succès de ses idées passe par la compétition électorale, la conquête des mandats, la participation à la délibération parlementaire et l'exercice des responsabilités. C'est aussi le signe que, même dans ses dernières années, le régime républicain a conservé sa capacité de dissoudre les oppositions, de rallier ses cadres, d'absorber et comme de phagocyter ses adversaires pour finir par les intégrer dans le système. Ce régime que, non sans raison, l'on dit faible a encore assez de ressources pour venir à bout de ses ennemis et les amener à résipiscence.

République et parlementarisme

Que la IIIe République ait ainsi résisté à l'usure du temps et mis la durée de son côté a eu de grandes conséquences pour la vie politique. La toute première est d'avoir apporté à l'idée républicaine la légitimité que le temps seul peut conférer. Jusque-là preuve n'avait pas été faite que cette idée puisse être autre chose qu'une chimère ou une idée pernicieuse. Les précédents n'avaient pas été heureux : brutalement interrompus ou ayant mal tourné. La République, c'était encore l'aventure et ce n'est pas la brève histoire du gouvernement de la Défense nationale en 1870-1871 qui pouvait dissiper la défiance. Les droites monarchistes avaient beau jeu alors de dénoncer les risques d'une expérience républicaine et de se présenter comme les garants de la stabilité. Chaque année qui passe et qui prolonge d'autant la durée de l'expérience contribue à renverser la charge de la preuve : c'est la République qui est en possession d'état et ce sont ceux qui préconisent un changement de régime qui deviennent suspects de vouloir jeter le pays dans une aventure. L'instinct de conservation, le désir de tranquillité joueront de plus en plus en faveur de la République, les républicains s'entendant à développer cet argument auprès des électeurs, en particulier de la province et des campagnes. Si durer légitime un mode de gouvernement, la durée a légitimé la République avant que vienne le temps où on lui objectera au contraire son ancienneté même au nom du désir de nouveauté et de la nécessité d'opposer un régime fort et efficace aux régimes étrangers qui se prévalent insolemment de leur jeunesse.

À l'idée de République le temps va donner un contenu en précisant son identité. Les antécédents laissaient une grande incertitude sur sa nature : était-ce le gouvernement d'assemblée comme sous la Convention, ou la dictature des comités ou encore le pouvoir d'un homme qui tient son autorité du peuple ? La pratique imposera une interprétation essentiellement parlementaire de la République. Le rejet de l'Empire dont les républicains ont gardé un mauvais souvenir leur lègue une détestation de tout ce qui approche de près ou de loin un gouvernement de caractère personnel : ils préféreront toujours la collégialité à la singularité. Aussi s'emploieront-ils à affaiblir la présidence de la République et se garderont-ils de reconnaître à celui qu'on appelle le président du Conseil, bien qu'il n'exerce point sa présidence en la présence du chef de l'État, une primauté autre qu'honorifique. La crise du 16 mai imprudemment ouverte et maladroitement conduite par Mac-Mahon a fait prévaloir l'interprétation parlementariste des lois de 1875 : aucun président de la République n'osera user du droit de dissolution dont la désuétude rompra l'équilibre des pouvoirs. Ainsi la République sera-t-elle identifiée à la prépondérance du Parlement sur le gouvernement et à celle de la Chambre des députés sur la Haute Assemblée. Le parlementarisme deviendra un attribut majeur, un critère de la République : à l'inverse, tout projet de rétablissement ou de renforcement de l'autorité de l'exécutif sera dénoncé comme antirépublicain. Il n'est de République que parlementaire. Or cette équation n'était pas prédestinée : d'autres combinaisons auraient pu être envisagées ou avaient même eu un commencement de réalisation. C'est la IIIe République qui a consacré la réconciliation entre parlementarisme et République, au détriment de toute autre interprétation. La IIIe République reprend à son compte de ce fait l'héritage des Chambres de la monarchie constitutionnelle et l'inscrit dorénavant dans la tradition démocratique.

L'existence d'une effective représentation et le fonctionnement de la délibération parlementaire requérant un minimum de liberté tant pour l'électeur que pour l'élu, la République ne peut se désintéresser des libertés publiques. Elle s'inscrit dans la filiation du libéralisme qui n'était pas républicain ; elle en a démocratisé l'application en étendant à tous l'usage de ces libertés. Elle a ainsi réduit la fracture qui opposait libéralisme à démocratie ; elle les a réconciliés dans un État de droit qui garantit les libertés essentielles, celles dont se nourrit la vie politique. Comme Bonaparte avait consolidé une partie de l'œuvre de la Révolution en l'inscrivant dans un régime d'autorité, mais en sens contraire, la IIIe République a assuré la conservation des acquis de l'esprit libéral : gouvernement représentatif, origine élective des pouvoirs, libertés publiques, en les greffant sur la démocratie politique.

Le modèle républicain

Pour les vrais républicains, ceux qui en particulier n'avaient pas composé avec l'Empire, la République c'est beaucoup plus. Elle ne se réduit pas à des institutions, si démocratiques qu'elles soient, ni à l'État de droit. Il y a plus dans la République que la République. C'est ce plus qui rendra les ralliements si difficiles et les rendra aussi suspects aux républicains hésitant à croire que les ralliés puissent adhérer à tout ce que signifie pour eux la République : des valeurs, une philosophie sociale, une idéologie et, pourquoi ne pas le dire ? une religion. La République, c'est un tout dont les fidèles attendent qu'il soit accepté dans sa totalité pour être un vrai républicain ou, pour reprendre le mot de Clemenceau, un bloc.

Pour désigner cet ensemble et signaler sa cohérence qui est grande, les historiens parlent volontiers aujourd'hui d'un modèle républicain, qui a connu un âge d'or dans les années 1880-1900. Le vocable peut être pris dans ses deux acceptions : modèle au sens épistémologique comme constituant un système effectivement cohérent et qui doit à sa logique d'être performant ; mais aussi modèle au sens de réussite exemplaire et qui resterait, un siècle plus tard, une référence actuelle et dont les citoyens comme les politiques seraient, aujourd'hui encore, bien avisés de demander la réponse à leurs problèmes. De fait l'idée de la République qui inspire les fondateurs de la République, troisième du nom, qu'ils ont traduite dans la législation et qui a façonné alors la société française, reste vivante et la comparaison avec ce qu'est devenue la vie politique suscite chez ses fidèles quelque nostalgie.

À ce qui vient d'être rappelé pour les institutions et la représentation nationale s'ajoute la souveraineté de la nation française dont les républicains ne conçoivent pas qu'elle puisse souffrir le moindre abandon. Le pouvoir est tout entier concentré dans l'État central, garant de l'unité nationale : les républicains sont jacobins, toute diversité étant suspecte d'entretenir ou de rétablir l'Ancien Régime. Au reste la société politique ne connaît ni ne reconnaît la société civile : elle est constituée de citoyens tous semblables puisqu'ils se définissent par ce qu'ils ont en commun, cette appartenance précisément au corps politique, qui fait abstraction de ce qui les différencie et qui serait source de division. C'est dans cette configuration conceptuelle que s'inscrit la laïcité : pour ces républicains, la République ne peut être que laïque. Pas seulement pour des raisons de circonstances ou dans une visée stratégique pour affaiblir l'adversaire idéologique qu'est l'Église catholique, mais pour des raisons supérieures, impérieuses et intemporelles. La référence à la laïcité est une pièce maîtresse de ce système philosophique. Politiquement, l'enfermement du fait religieux dans la sphère des opinions privées individuelles et l'interdiction signifiée aux croyances religieuses de se manifester dans l'espace public tirent les conséquences de ce que la religion ne peut plus prétendre à être le ciment de l'unité de la nation puisque la reconnaissance de la liberté de conscience comme liberté individuelle entraîne inévitablement une diversité qui pourrait être source de dissension entre les citoyens et affaiblir l'unité nationale, si elle était admise à se déployer dans la société politique. Laïcité et unité sont sœurs. Philosophiquement aussi, l'idée de République appelle celle de laïcité comme corollaire. Depuis que, déçus par l'expérience de la IIe République, les républicains ont répudié les illusions sentimentales et la religiosité de l'esprit de 48, ils ont adopté comme référence et fondement philosophiques un positivisme rationaliste qui renoue avec l'esprit des Lumières. La République professe le culte de la raison : elle a la mission d'assurer son triomphe sur l'ignorance, l'erreur et la superstition par la généralisation et la diffusion de l'instruction. De là le lien quasi consubstantiel entre le nouveau régime et l'école publique, surtout dans le premier degré qui doit éduquer le citoyen. De là aussi que la République soit engagée avec le catholicisme dans une lutte qui n'est pas seulement un conflit de pouvoirs, mais une guerre de religion. Car la République est bien une religion qui dispute à l'Église son empire sur les intelligences, sinon les âmes. C'est cet aspect philosophique qui rend *a contrario* impensable pour nombre de fidèles le ralliement à la République. Celle-ci est le champion de la raison contre l'obscurantisme, de l'esprit critique et du doute méthodique contre la foi et l'enseignement par voie d'autorité, de la science contre les énoncés dogmatiques.

Tous ces éléments sont liés entre eux et dessinent une configuration idéologique originale : souveraineté et unité nationale, État unitaire et administration centralisée, école publique et laïcité. Pour les fondateurs de la IIIe République, il n'est aucun de ces éléments qui n'en fasse partie constitutive et qu'on puisse en dissocier sans en altérer l'idée ou sur lequel les républicains sincères puissent consentir des concessions ou des atténuations. Tel est le modèle que la République a introduit autour de 1880 dans l'histoire de la vie et de la culture politiques françaises.

Ce modèle a défini un moment de notre histoire. Il est accordé au patriotisme blessé par la défaite comme à l'aspiration à l'unité que partagent alors toutes les familles de pensée, même si elles la conçoivent de façons diverses. Ce modèle sera ensuite crédité dans la mémoire collective d'un souvenir positif, celui d'un âge d'or. Même si la France souffre alors d'avoir été vaincue, les Français ne doutent pas qu'elle soit une grande nation. Elle s'est rapidement relevée du désastre. Elle a édifié un grand empire colonial qui fait d'elle une puissance mondiale. Elle apporte la civilisation à des populations encore enfoncées dans la barbarie : elle met fin à l'esclavage, éradique les maladies. Le français est encore la langue universelle, celle de la diplomatie et de la culture. Les deux noms de Victor Hugo pour les lettres et de Pasteur pour les sciences rayonnent sur toute la planète et symbolisent l'universalité du génie français. La République est associée à cette image.

Cette idéalisation a été confortée par la victoire de 1918 : si la France l'a cette fois emporté sur l'ennemi qui l'avait vaincue précédemment, comment ne pas penser que le mérite en revient quelque peu au régime qui a conduit nos soldats à la victoire, mais les avait surtout préparés à supporter l'épreuve parce qu'il a su former des citoyens ? N'avait-on pas dit, au lendemain du traité de Francfort qui nous avait arraché l'Alsace et la Lorraine, que c'était la victoire de l'instituteur prussien ? De même que l'Empire avait été tenu pour responsable des malheurs de l'année terrible, parce qu'au lieu de s'adresser aux Français comme à des adultes et de parler à leur raison, il les avait étourdis avec les flons-flons de la fête impériale et avait abandonné l'instruction des enfants aux congrégations religieuses, ne devait-on pas penser, en vertu de la même relation de causalité que, si les Français avaient fait preuve d'autant d'endurance dans la guerre, si leur unité avait résisté à tant d'épreuves, c'était parce que les instituteurs de la République avaient formé des citoyens ?

Il n'est pas étonnant qu'un siècle plus tard le souvenir de cette incontestable réussite pour fonder un pacte nouveau entre le régime politique et les citoyens inspire encore admiration et nostalgie à tous ceux qui s'inquiètent que la France ait perdu son rang dans le monde, qui se désolent de devoir constater que le français est supplanté par l'anglais, qui n'acceptent pas qu'elle renonce à sa souveraineté, ni qu'une décentralisation transfère aux collectivités territoriales une partie des prérogatives de l'État au risque de voir s'établir des pratiques dissemblables d'une région à une autre. Pareillement, ils n'acceptent pas l'abandon d'une conception stricte de la laïcité : la reconnaissance d'une pluralité des familles spirituelles ne remet-elle pas en question non seulement l'unité mais la philosophie inspiratrice de la République ? À plus forte raison si cette reconnaissance s'étend à l'islam qui ignore toute distinction entre religion et société civile : ils se sentent plus jacobins que jamais et fortement tentés de penser que le remède est dans le retour aux principes qui ont fait la grandeur de la France aux débuts de la IIIe République : souveraineté nationale, État unitaire, centralisation, laïcité. Ils refusent de dissoudre la République dans une démocratie consensuelle. C'est ainsi que l'expérience vécue par les Français dans les années 1880-1900, magnifiée par l'éloignement dans le temps, sublimée par le travail de mémoire collective, devient un siècle plus tard une référence dans le débat que provoque l'entrée dans un autre âge de la vie politique.

Légende ou réalité ?

C'est une question à laquelle nous ne répondrons pas ici, mais que nous reprendrons peut-être dans le volume que nous consacrerons aux chapitres les plus récents de l'histoire de notre vie politique, que de savoir si le retour aux principes et aux pratiques des débuts de la IIIe République, dont les effets ont alors été assurément positifs pour le pays, est le remède approprié aux maux contemporains et la réponse pertinente aux questions radicalement nouvelles posées par l'évolution générale de la société et du monde. Mais c'en est une autre et qui relève, elle, de notre propos de se demander si cette image fortement idéalisée correspond bien à la réalité du temps, en d'autres termes si celle-ci fut conforme à la légende. Ou, pour poser la question différemment, le modèle, système cohérent, fut-il aussi un modèle exemplaire ? Sur deux points au moins, cette représentation flatteuse appelle des réserves et des nuances. Rien d'abord ne serait plus erroné que d'imaginer tout un peuple adhérant à l'idée républicaine, encore plus donnant son assentiment sans réserve à la totalité du contenu dont nous avons fait l'inventaire. Ni le régime ni moins encore sa philosophie n'ont jamais fait l'unanimité. La République n'a pas été plus acceptée que les régimes précédents. Cela reste encore sous la IIIe République un trait constitutif et peut-être distinctif de la culture politique française que le dissentiment sur les institutions. Le paysage politique comprend des tendances qui ne s'opposent pas seulement aux orientations politiques mais au régime lui-même. Ces oppositions, de droite ou de gauche, sont actives, fortes, déterminées : leur addition, à plus forte raison leur conjonction ont suspendu une menace permanente sur les institutions ; la République a été presque constamment sur la défensive. S'il est vrai, comme nous l'avons dit, qu'elle a toujours surmonté les épreuves, déjoué les complots, dissous les oppositions et rallié ses adversaires, elle n'a jamais joui d'une sécurité absolue. Peut-être aussi parce que les républicains intransigeants exigeaient trop : que les opposants acceptent l'intégralité de leur conception de la République. En tout cas, on se gardera d'imaginer un peuple rassemblé autour d'elle. Les Français n'ont cessé d'être divisés sur la plupart des sujets ; quand l'accord se faisait sur l'un qui cessait d'être un thème de division, d'autres surgissaient et prenaient le relais, occasionnant de nouveaux clivages. Sur ce point, nous renvoyons à notre chapitre « Droite et gauche » qui esquisse une généalogie de ces thèmes et des divisions qu'ils entraînèrent dans l'opinion. L'étonnant – certains diraient le miracle – fut que ces divisions qui donnaient à l'étranger l'impression que le peuple français était irrémédiablement divisé – et qui sait si ce sentiment n'est pas entré en ligne de compte dans les calculs des puissances étrangères se persuadant que la France ne résisterait pas à une guerre ? – firent bon ménage avec un sentiment très fort d'appartenance nationale. Sur ce point, l'hommage rendu à l'école publique est pleinement justifié : elle n'a peut-être pas fait de tous les enfants d'ardents républicains, mais elle en a certainement fait des patriotes. Du reste, il n'y eut pas de différence appréciable dans la conduite au feu et la bravoure entre les élèves de l'école publique et ceux de l'école catholique où ne leur était pas enseigné l'amour de la République. Si modèle républicain il y eut, il n'était tel que pour une partie seulement des Français.

D'autre part, ce modèle qui marque de grands progrès sur les régimes précédents et satisfait les aspirations des contemporains, tant pour les libertés publiques que pour une pratique plus démocratique de la vie politique, comporte encore à nos yeux beaucoup d'insuffisances que les progrès parallèles de la réflexion critique et de la mise en œuvre découvriront à mesure. La IIIe République a fait assurément franchir une étape décisive à la vie politique en direction de la démocratie ; mais, contrairement à ce qu'ont sincèrement cru les républicains d'alors comme à ce que s'imagine aujourd'hui leur postérité, elle n'a pas été le terme de cette évolution. D'autres progrès restaient à faire dont certains ont été accomplis depuis. Il n'est pas présomptueux de penser que la vie politique est aujourd'hui plus proche de l'idéal démocratique qu'avant 1939. En attendant que ceux qui viendront après nous dénoncent à leur tour et nos insuffisances et nos aveuglements.

La politique telle qu'elle fut pratiquée par les républicains nous semble aujourd'hui assez éloignée de l'idée que nous nous faisons désormais de l'État de droit. Ils sont encore imbus de la mystique révolutionnaire qui fait de la volonté générale exprimée par la majorité de l'assemblée élue par le peuple souverain l'autorité suprême. Sa légitimité s'impose sans contrôle. Même si telle ou telle disposition est, au regard du droit, inique au sens propre. L'esprit du temps ne fait pas la distinction entre légalité et légitimité : dès lors que la décision a été prise par les instances régulières et les conditions réglementaires observées, elle s'impose à tous sans discussion ; il n'y a ni appel possible ni contrôle de juridiction. On dira plus tard quelle a pu être la part de cette confusion entre la légalité formelle et la légitimité, qui interdit aux exécutants comme aux citoyens de s'interroger sur le bien-fondé d'une législation, dans l'obéissance des fonctionnaires à certaines mesures décidées par le gouvernement de Vichy. Mais on peut relever dans l'action des gouvernements de la IIIe République et les votes des Chambres des initiatives qui, de nos jours, susciteraient l'indignation de l'opinion publique, la dénonciation par les médias et l'annulation par la juridiction constitutionnelle au motif qu'elles entrent en contradiction avec les principes généraux du droit. Un juriste a pu intituler son livre *La République contre les libertés*. Ainsi, que, peu de temps après leur arrivée au pouvoir, les républicains aient suspendu provisoirement l'inamovibilité des juges et que le gouvernement se soit fait reconnaître le droit de mettre à la retraite plusieurs centaines de magistrats sans autre motif qu'il n'était pas assuré de leur loyalisme à la République, quelle atteinte au principe, sacro-saint aujourd'hui, de l'indépendance de la magistrature et de la séparation des pouvoirs ! Autre exemple : l'application de la politique anticléricale. Le Conseil constitutionnel n'annulerait-il pas aujourd'hui une loi comme celle, adoptée en 1904, qui interdisait d'enseigner à tout membre d'une congrégation religieuse du seul fait de son appartenance ? Comment justifier au regard du principe d'égalité que l'on prive une catégorie de citoyens, en raison de leur état, du bénéfice d'un droit reconnu à tous ?

On ne s'étonnera pas de ces anomalies et moins encore on ne songera à blâmer leurs auteurs si l'on se place dans une perspective historique, où la démocratie se construit par étapes, régime après régime. À plus forte raison si l'on a présents à l'esprit les antécédents : la IIIe République succède au Second Empire né d'un coup d'État et qui ne s'embarrassait guère de scrupules légalistes au temps de l'Empire autoritaire. La IIIe République a été une étape sur le chemin de l'État de droit, et une étape considérable qui a fait franchir un grand pas à la démocratie et a été en particulier décisive pour l'apprentissage de la vie politique par les citoyens.

La longévité de la IIIe République, la pratique régulière des élections qui n'a en soixante ans connu d'autre solution momentanée de continuité que la prorogation des Chambres en 1918-1919 à cause de la guerre ont permis l'apprentissage par les électeurs d'un comportement autonome et parachevé à cet égard l'œuvre du

Second Empire. Le régime impérial, en trois plébiscites et quatre élections générales, avait donné l'habitude aux Français de prendre le chemin des bureaux de vote et de mettre un bulletin dans l'urne. Mais la pratique était encore contrainte, prise en tenaille entre la pression administrative s'exerçant sans retenue en faveur des candidats officiels, et la tutelle des autorités sociales et celle du clergé. Sous la IIIe République, l'électeur s'affranchit progressivement de ces influences et apprend à émettre un vote personnel libre. L'installation des isoloirs et l'introduction de l'enveloppe pour le bulletin à la veille de la guerre garantissent enfin le secret du vote et sa sincérité. C'est sous la IIIe République que la participation électorale devient comme une seconde nature et l'attachement du citoyen à l'exercice du droit de vote un élément constitutif de la culture de la démocratie française.

Avec la généralisation de l'instruction primaire qui éradique l'analphabétisme et apprend à tous les enfants qu'ils sont citoyens d'une nation dont l'histoire leur est enseignée, les adultes peuvent s'informer par eux-mêmes : ils ne sont plus astreints à solliciter l'assistance d'un tiers pour déchiffrer les affiches ou distinguer les bulletins de vote. Le développement rapide d'une presse à bon marché dont le tirage, à la fin de la IIIe République, égalera approximativement le nombre des électeurs inscrits mettra à la disposition du plus grand nombre informations et opinions qui feront l'éducation politique des Français et permettront un vote autonome.

C'est alors aussi que le vote acquiert sa pleine signification politique : sous la IIIe République, les citoyens achèvent de se situer dans l'espace politique. Pour que les choix de l'électeur aient en effet un sens et se fassent pour d'autres raisons que les sentiments que lui inspirent les candidats, ils doivent s'ordonner par rapport à des enjeux globaux et des références qui relèvent d'options de nature philosophique. C'est sur ce point qu'intervient l'opposition droite-gauche : elle inscrit les choix circonstanciels dans une perspective d'ensemble, un cadre de référence général. Elle structure le champ politique. De surcroît, elle inscrit les prises de position du moment dans une tradition historique. Certes, la plupart des électeurs n'avaient pas attendu la mise en place des institutions républicaines pour savoir s'ils étaient de droite ou de gauche : à tout le moins ils savaient fort bien ce dont ils ne voulaient point, le rétablissement des droits féodaux, le gouvernement des curés, ou le retour de la Terreur ou de la dictature des « partageux ». Mais l'affrontement périodique des deux camps, la nécessité de prendre position sur les nouveaux problèmes et de raccorder ces positions à une tradition ont beaucoup fait pour permettre à chaque citoyen de s'identifier à l'un de ces deux camps et de définir sa propre identité. La naissance des partis, leur développement, la responsabilité qu'ils prennent dans la présentation des candidats, l'élaboration des programmes agissent dans le même sens et structurent l'électorat qui se compose de plus en plus de clientèles fidèles à leur famille d'esprit.

C'est leur attachement qui explique la grande stabilité d'une France partagée en deux camps alignant des effectifs sensiblement égaux et dont le rapport de force n'a pas subi au long de la période de bouleversement notable. Étonnante stabilité en regard de la succession des enjeux et du renouvellement des forces organisées qui composent ces deux camps : dans les Chambres de 1939 ne se retrouve plus aucun des groupes auxquels appartenaient les députés de l'Assemblée nationale élus en 1871 et, réciproquement, aucune des formations présentes dans la Chambre élue en 1936 n'était représentée dans celle élue en 1876. Et pourtant leurs membres continuent de s'opposer, droite contre gauche. Par sa durée, la IIIe République a permis ce mystère de la continuité dans la succession.

La IIIe République a enraciné dans les institutions, les esprits et les habitudes les comportements de la démocratie politique. Elle a fondé les libertés publiques. Elle a façonné les structures, intellectuelles comme institutionnelles, de la vie politique. Elle a achevé de faire des Français des citoyens qui ont conscience d'être acteurs et non plus sujets. La plupart lui en sont reconnaissants et attachés à préserver ces acquis. Même s'ils critiquent ses défectuosités, s'ils souhaitent parfois un gouvernement plus efficace, s'ils dénoncent ses limitations et ses insuffisances, ils ne sont pas disposés à troquer leur liberté. Peu nombreux sont ceux qui rêvent sérieusement pour la France qu'elle modèle son fonctionnement sur l'exemple des pays voisins qui se sont donné des régimes s'inspirant de principes contraires. C'est en partie pour défendre cet acquis qu'ils entrent en guerre. Certes, la ferveur n'est pas au rendez-vous : on n'en trouverait guère qui, comme Péguy prenant congé de ses amis en rejoignant son corps, déclarait partir se battre pour instaurer la République universelle. Mais les mobilisés de septembre 1939, s'ils avaient été interrogés sur les motivations de leur combat, auraient sans doute répondu que c'était d'abord pour conjurer la menace que Hitler faisait peser sur la sécurité de la France, pour soustraire aussi le continent européen à l'hégémonie de l'Allemagne puisqu'il n'y avait pas d'autre moyen de sauver la paix que de faire la guerre. Mais aussi pour défendre l'héritage de la Révolution dont la France venait de célébrer le cent-cinquantenaire précisément dans l'été. Préserver l'héritage d'un siècle et demi de vie politique de plus en plus démocratique ; telle était entre autres l'une des significations de la guerre qui s'engageait et dont aucun combattant ne doutait alors qu'elle ne se termine victorieusement.

Neuf mois plus tard, tout est perdu : la guerre et avec elle la République, ses principes, ses valeurs, ses références. La perte serait-elle définitive ? En 1940, la réponse est incertaine. Sur le moment la République ne trouve plus guère de défenseurs, même parmi ceux qui n'acceptent pas la défaite de la France mais qui blâment le régime déchu pour n'avoir pas préparé le pays à la guerre, et qu'ils tiennent pour responsable du désastre. Mais par ailleurs la pratique régulière sur trois générations d'une vie politique démocratique n'a-t-elle pas constitué comme une seconde nature réfractaire à toute tentative d'instaurer un régime et une vie politique reposant sur d'autres principes ? Cette alternative n'est pas le moindre des enjeux du drame qui va se jouer pendant quatre années dont le caractère tragique dépasse celui de l'année terrible qui avait présidé aux premiers pas de la IIIe République.

ANNEXE

Les présidents du Conseil de la IIIe République

1er et 2e cabinets Dufaure : 19 février 1871 - 24 mai 1873.
1er cabinet Broglie : 25 mai - 24 novembre 1873.
2e cabinet Broglie : 26 novembre 1873 - 16 mai 1874.
Cabinet Cissey : 22 mai 1874 - 25 février 1875.
Cabinet Buffet : 10 mars 1875 - 23 février 1876.
3e et 4e cabinets Dufaure : 23 février - 3 décembre 1876.
Cabinet Jules Simon : 12 décembre 1876 - 16 mai 1877.
3e cabinet Broglie, dit du « 16-Mai » : 17 mai - 19 novembre 1877.
5e cabinet Dufaure : 13 décembre 1877 - 30 janvier 1879.
Cabinet Waddington : 4 février - 26 décembre 1879.
1er cabinet Freycinet : 28 décembre 1879 - 19 septembre 1880.
1er cabinet Jules Ferry : 23 septembre 1880 - 10 novembre 1881.
Cabinet Gambetta : 14 novembre 1881 - 27 janvier 1882.
2e cabinet Freycinet : 30 janvier - 28 juillet 1882.
Cabinet Duclerc : 7 août 1882 - 28 janvier 1883.
Cabinet Fallières : 29 janvier - 18 février 1883.
2e cabinet Ferry : 21 février 1883 - 30 mars 1885.
1er cabinet Brisson : 6 avril - 29 décembre 1885.
3e cabinet Freycinet : 7 janvier - 3 décembre 1886.
Cabinet René Goblet : 11 décembre 1886 - 18 mai 1887.
1er cabinet Rouvier : 30 mai - 4 décembre 1887.
1er cabinet Tirard : 12 décembre 1887 - 30 mars 1888.
Cabinet Floquet : 3 avril 1888 - 14 février 1889.

2e cabinet Tirard : 22 février 1889 - 14 mars 1890.
4e cabinet Freycinet : 17 mars 1890 - 19 février 1892.
Cabinet Loubet : 27 février - 28 novembre 1892.
1er cabinet Ribot : 6 décembre 1892 - 10 janvier 1893.
2e cabinet Ribot : 11 janvier - 30 mars 1893.
1er cabinet Charles Dupuy : 4 avril - 25 novembre 1893.
Cabinet Casimir-Perier : 3 décembre 1893 - 23 mai 1894.
2e cabinet Dupuy : 30 mai - 27 juin 1894.
3e cabinet Dupuy : 1er juillet 1894 - 17 janvier 1895.
3e cabinet Ribot : 26 janvier - 28 octobre 1895.
Cabinet Léon Bourgeois : 1er novembre 1895 - 23 avril 1896.
Cabinet Méline : 29 avril 1896 - 15 juin 1898.
2e cabinet Brisson : 28 juin - 26 octobre 1898.
4e cabinet Dupuy : 1er novembre 1898 - 18 février 1899.
5e cabinet Dupuy : 18 février - 12 juin 1899.
Cabinet Waldeck-Rousseau : 22 juin 1899 - 4 juin 1902.
Cabinet Combes : 7 juin 1902 - 18 janvier 1905.
2e cabinet Rouvier : 24 janvier 1905 - 18 février 1906.
3e cabinet Rouvier : 18 février - 9 mars 1906.
Cabinet Sarrien : 14 mars - 19 octobre 1906.
1er cabinet Clemenceau : 25 octobre 1906 - 20 juillet 1909.
1er cabinet Briand : 24 juillet 1909 - 2 novembre 1910.
2e cabinet Briand : 3 novembre 1910 - 27 février 1911.
Cabinet Monis : 2 mars - 23 juin 1911.
Cabinet Caillaux : 27 juin 1911 - 11 janvier 1912.
1er cabinet Poincaré : 14 janvier 1912 - 18 janvier 1913.
3e cabinet Briand : 21 janvier - 18 février 1913.
4e cabinet Briand : 18 février - 18 mars 1913.
Cabinet Barthou : 22 mars - 2 décembre 1913.
1er cabinet Doumergue : 9 décembre 1913 - 3 juin 1914.
4e cabinet Ribot : 9 juin - 13 juin 1914.
1er cabinet Viviani : 13 juin - 26 août 1914.
2e cabinet Viviani : 26 août 1914 - 29 octobre 1915.

5e cabinet Briand : 29 octobre 1915 - 12 décembre 1916.
6e cabinet Briand : 12 décembre 1916 - 18 mars 1917.
5e cabinet Ribot : 20 mars - 7 septembre 1917.
1er cabinet Painlevé : 12 septembre - 13 novembre 1917.
2e cabinet Clemenceau : 16 novembre 1917 - 18 janvier 1920.
1er cabinet Millerand : 20 janvier - 18 février 1920.
2e cabinet Millerand : 18 février - 23 septembre 1920.
Cabinet Leygues : 24 septembre 1920 - 12 janvier 1921.
7e cabinet Briand : 16 janvier 1921 - 12 janvier 1922.
2e cabinet Poincaré : 15 janvier 1922 - 26 mars 1924.
3e cabinet Poincaré : 26 mars - 1er juin 1924.
Cabinet François-Marsal : 9 - 10 juin 1924.
1er cabinet Herriot : 14 juin 1924 - 10 avril 1925.
2e cabinet Painlevé : 17 avril - 27 octobre 1925.
3e cabinet Painlevé : 29 octobre - 22 novembre 1925.
8e, 9e et 10e cabinets Briand : 28 novembre 1925 - 17 juillet 1926.
2e cabinet Herriot : 19 - 21 juillet 1926.
4e cabinet Poincaré : 23 juillet 1926 - 6 novembre 1928.
5e cabinet Poincaré : 11 novembre 1928 - 27 juillet 1929.
11e cabinet Briand : 29 juillet - 3 novembre 1929.
1er cabinet Tardieu : 3 novembre 1929 - 17 février 1930.
1er cabinet Chautemps : 21 - 25 février 1930.
2e cabinet Tardieu : 2 mars - 4 décembre 1930.
Cabinet Steeg : 13 décembre 1930 - 22 janvier 1931.
1er cabinet Laval : 27 janvier - 13 juin 1931.
2e et 3e cabinets Laval : 13 juin 1931 - 16 février 1932.
3e cabinet Tardieu : 20 février - 10 mai 1932.
3e cabinet Herriot : 3 juin - 14 décembre 1932.
Cabinet Paul-Boncour : 18 décembre 1932 - 28 janvier 1933.
1er cabinet Daladier : 31 janvier - 24 octobre 1933.
1er cabinet Sarraut : 26 octobre - 23 novembre 1933.
2e cabinet Chautemps : 26 novembre 1933 - 27 janvier 1934.
2e cabinet Daladier : 30 janvier - 7 février 1934.

ANNEXE

2e cabinet Doumergue : 9 février - 8 novembre 1934.
Cabinet Flandin : 8 novembre 1934 - 31 mai 1935.
Cabinet Bouisson : 1er - 4 juin 1935.
4e cabinet Laval : 7 juin 1935 - 22 janvier 1936.
2e cabinet Sarraut : 24 janvier - 4 juin 1936.
1er cabinet Blum : 4 juin 1936 - 21 juin 1937.
3e et 4e cabinets Chautemps : 22 juin 1937 - 10 mars 1938.
2e cabinet Blum : 13 mars - 8 avril 1938.
3e cabinet Daladier : 10 avril 1938 - 20 mars 1940.
Cabinet Paul Reynaud : 21 mars - 16 juin 1940.
Cabinet Pétain : 16 juin - 10 juillet 1940.

INDEX DES NOMS DE PERSONNES

D

F

M

N

P

Q

R

S

T

V

W

Y

Z

TABLE DES MATIÈRES

Composition et mise en pages réalisées
par ÉTIANNE COMPOSITION
à Neuilly-sur-Seine.

Impression réalisée sur CAMERON par
BRODARD ET TAUPIN
La Flèche
en avril 2002

Édition exclusivement réservée aux adhérents du Club
Le Grand Livre du Mois
15, rue des Sablons 75116 Paris
avec l'aimable autorisation des Éditions Fayard

Imprimé en France
Dépôt légal : avril 2002
N° d'impression : 12958
ISBN : 2-7028-7709-5